행복의 메커니즘

행복의 메커니즘

나의 행복은
타인의 행복과 연결돼 있다

이용범 지음

클라우드나인
CLOUD 9

당신은 지금 행복한가

"당신은 지금 행복한가요?"

이런 질문을 받으면 선뜻 대답하기가 쉽지 않다. 행복은 돈, 지위, 가족, 사랑, 건강 같은 여러 요인들에 영향을 받기 때문이다. 한 가지가 충족되면 다른 한 가지는 충족되지 않는다. 가령 건강이 그렇다. 우리는 얻은 것만큼 잃는다. 얻은 것이 많을수록 포기해야 하는 것들도 많아진다. 인간은 모든 것을 가질 수 없기 때문에 행복하면서도 불행한 존재다.

가장 행복했던 순간을 떠올려보자

인생에서 가장 행복했던 순간은 언제인가? 아마 지금이 가장 행복한 순간이라고 말하는 사람은 거의 없을 것이다. 지금 살 만하다고 여겨도 더 원하는 것이 있다. 더 나은 삶을 꿈꾸는 사람일수록 현실은 늘 모순으로 가득 차 있다. 그래서 사람들은 과거의 한 시기를 가장 행복했던 순간으로 기억한다. 그러나 그것은 왜곡된 기억이 만들어낸 환상일 뿐이다. 행복한 시기는 본래 존재하지 않았다. 우리는 늘 과거에서 고통의 순간들을 지우고 지금보다 좋았던 일만을 떠올림으로써 지나간 시간들을 아름답게 채색한다.

그 시절이 정말 행복했을까? 돌아가신 당신의 할아버지가 환생하여 현재의 세상을 바라본다면 아마 지금 이곳이 천국이라고 생각할 것이다. 그런데도 사람들은 매일 원형경기장에 갇힌 검투사처럼 살아간다. 검투사는 함께 식사하는 사람과도 언젠가 목숨을 걸고 싸워야 한다. 오직 살기 위해, 그들은 서로에게 칼을 겨누어야 한다. 승리는 잠시 희열을 주지만 행복을 주지는 않는다. 경기장 밖에는 또 다른 검투사가 그 경기가 끝나기만 기다리고 있다. 승자 또한 다음 경기의 승자와 목숨을 건 싸움을 벌여야 한다. 경기를 기다리는 검투사는 들것에 실려 나가는 다른 검투사의 시체를 바라보며 자신은 절대로 패배하지 않을 것이라 믿고 싶어 한다.

검투사의 비유는 2,000년 전 후기 스토아학파 철학자였던 세네카의 저술에서 빌려온 것이다. 고대 로마인과 현대인의 삶이 이토록 유사하다는 사실이 놀랍지 않은가?

완전한 행복에 이르는 길은 있는가

지금으로부터 2,400여 년 전 철학자 아리스토텔레스는 삶의 궁극적 목적이 행복이라고 선언했다. 그에 따르면 인간이 추구할 수 있는 최고의 선善은 행복이다. 그는 행복이 육체적 쾌락에 있는 것이 아니라 덕을 실천함으로써 획득된다고 생각했다. 노예도 육체적 쾌락을 즐길 수 있지만 그가 행복하리라 믿는 사람은 없다. 어떤 것에도 예속되지 않은 상태에서 정신적 만족을 추구할 수 있는 사람만이 진정한 행복에 이를 수 있다.

아리스토텔레스의 선언에서 가장 인상적인 대목은 노력을 통해 행복해질 수 있다는 것이다. 행복은 우연히 얻은 행운이 아니며 욕망을 충족한 결과도 아니다. 아리스토텔레스의 행복은 무엇을 소유하거나 이룬 상태가 아니라 전 생애를 통해 달성해야 하는 일종의 경지다. 그러므로 지금 행복하다는 말은 의미가 없다. 그 사람의 삶이 행복했는가 하는 판단은 그의 최후를 보고 나서야 가능하기 때문이다.

그로부터 2,200여 년이 지난 뒤 임마누엘 칸트가 이 위대한 철학자에게 반기를 들었다. 칸트는 최고의 선으로 자리 잡고 있던 행복을 밑으로 끌어내리고 그 자리에 도덕을 올려놓았다. 그는 행복과 도덕이 항상 비례하는 것은 아니라고 생각했다. 도덕적인 사람이 반드시 행복한 것은 아니다. 때로는 도덕적 의무를 다하기 위해 행복을 포기할 수 있어야 한다. 아리스토텔레스는 도덕을 행복으로 가는 수단으로 파악했다. 반면 칸트는 자신의 행복만이 아니라 타인의 행복까지 고려하는 것이 도덕이고 그 의무를 충실히 행하는 것이 완전한 행복에 이르는 길이라 생각했다.

두 철학자의 이야기는 매우 고상하지만 설득력은 없다. 그것이 완전한 행복에 이르는 길일지라도 인류 역사를 통틀어 그 길을 걸어간 사람은 찾아보기 어렵다. 더구나 선을 추구해서 행복에 도달한 사람도 없다. 정녕 우리는 노력을 통해 행복에 도달할 수 없는 것일까?

행복을 갈구하는 한 살아간다

안타깝게도 우리는 영원히 행복에 도달할 수 없다. 모든 것이 충족되던 황금시대는 존재하지 않았고 앞으로도 존재하지 않는다. 설령 우리 시대에 에덴동산과 같은 낙원이 재현된다고 하더라도 여전히 새로운 유토피아를 찾으려고 한다. 매일 먹는 우유와 꿀은 금세 지겨워지고, 넓고 푸른 초원은 지나치게 단조롭고, 성자의 설교는 재미가 없다. 천사들에 둘러싸여 있는 사람들은 가끔 악마를 초청해서 강연을 들어야 한다고 떠들어댈지도 모를 일이다. 영원한 행복은 지옥이다. 우리는 위험에 도전하고 선과 악 사이를 줄타기하면서 쾌감을 느끼는 동물이다.

우리를 살아가도록 하는 힘은 행복에 대한 갈구다. 하지만 인간은 행복을 손에 쥘 수 없다는 사실을 뻔히 알면서도 죽을 때까지 행복을 얻기 위해 몸부림친다. 존재 자체에 만족하지 못하고 끊임없이 다른 무엇이 되기 위해 항상 애쓴다.

행복에 이르는 길은 수없이 많다

행복을 바라보는 두 가지 관점이 존재한다. 하나는 행복을 삶의 완성으로 보는 관점이다. 이때 행복은 이성, 도덕, 깨달음 같은 것에 의해 지탱된다. 다른 하나는 애초에 도덕 철학자들이 주장하는 행복 같은 것은 존재하지 않고 다만 인간은 쾌감을 좇고 고통을 피하도록 유전적으로 프로그래밍돼 있다는 관점이다. 첫 번째 관점은 주로 철학에서 논의돼 왔다. 두 번째 관점은 생물학과 심리학에서 논의돼왔다.

과학자들은 대개 두 번째 관점을 지지한다. 행복은 육체적 쾌락이며 뇌가 느끼는 쾌감에 지나지 않는다는 것이다. 인간의 진정한 성감대는 뇌다. 뇌의 특정 영역을 자극하면 누구나 행복감을 느낄 수 있을 뿐만 아니라 심지어 수행자들이 느끼는 정신적 절정을 체험할 수도 있다.

두 가지 관점을 관통하는 공통점은 행복은 개인적 체험이라는 것이다. 우리의 경험은 모두 다르다. 모든 사람에게 적용되는 행복의 비밀은 없다. 행복에 이르는 길은 수없이 많다. 행복에 대한 오해 중 하나는 행복이 늘 만족스러운 상태라고 생각하는 것이다. 하지만 매 순간 만족을 경험하는 사람은 없다. 깨달음을 얻은 성자조차도 희로애락의 감정에서 완전히 벗어날 수는 없을 것이다. 감정이 없다면 깨달음의 희열도 느낄 수 없기 때문이다.

고대 로마 시대 스토아학파는 행복이 인간의 수중에 있다고 생각했다. 즉 행복은 이성으로 통제할 수 있기 때문에 물질적 부만이 아니라 심지어 육체적 고문조차도 영향을 주지 않는다고 믿었다. 그들은 오랜 수양을 통해 세운 이성의 성채가 절대 무너지지 않는다고 믿었다. 하지만 이들의 수사는 지적 허세에 불과하다. 스토아학파를 대표하는 세네카는 서기 58년에 고리대금업을 했다는 혐의로 고발됐다. 당시 그는 정원이 2개나 딸린 호화주택을 비롯해 500개 이상의 상아로 만든 식탁 등 호화로운 장식품들을 소유하고 있었고, 그의 부인은 3,000만 냥이나 되는 은화를 가지고 있었다고 한다. 명성에 큰 타격을 입은 세네카는 이렇게 변명했다.

"현자는 재물을 영혼 속으로 끌어들이는 것이 아니라 단지 집 안에 간직할 뿐이다."

행복한 삶이란 영원한 지복至福에 머무르는 것이 아니라 고통을 바라보는 시각을 바꾸는 것이다. 어떤 심리학자는 쾌락, 만족, 행복의 개념을 구분한다. 쾌락은 감각과 정서에 관한 것이고 만족은 미덕을 실행하여 심취, 전념, 몰입을 경험하는 것이다. 만족은 쾌락보다 훨씬 오래 지속된다. 하지만 행복은 한순간의 느낌으로 체험하는 순간에만 온다. 즉 행복은 현재에만 존재한다. 따라서 행복을 오래 경험하려면 가장 행복한 순간에 삶의 의지를 멈추어야 한다. 그래서 행복의 비밀이 '여기, 지금, 이 순간!'에 있다고 말하는 것이다.

그러나 우리는 현재에 만족하는 법이 없다. 불행히도 인간은 오늘보다 나은 내일과 현재보다 나은 미래를 추구한다. 인간 외의 동물에게는 미래를 상상할 능력이 거의 없다. 오직 인간만이 오늘의 배부름에 만족하지 못하고 내일의 먹을거리를 걱정한다. 이것이 행복의 근원적 비밀인 동시에 모든 불행의 출발점이다.

2025년 1월
이용범

차례

나의 행복은 타인에게 달려 있다

1. 인간에게 가장 필요한 것은 타인이다

13세기 시칠리아의 왕이자 신성로마제국의 황제였던 프리드리히 2세는 최초의 근대인으로 불린다. 그는 이슬람 문화를 수용할 만큼 개방적이었으나 교황과 잦은 마찰로 3번이나 파문당했다. 그의 지적 호기심을 보여주는 재미있는 이야기가 전해진다. 그는 인간이 자연 상태에 있을 때 어떤 언어를 사용했는지 궁금했다.

그는 갓 태어난 아이들을 독방에 격리했다. 그런 다음 생존에 필요한 것을 제공하되 일체 언어적 접촉을 금했다. 널리 알려진 바와 같이 아이들은 시름시름 앓다가 한 명씩 죽어나갔다고 한다. 훗날 이 사건을 기록한 이는 그 이유를 이렇게 설명했다. "아무도 아이들에게 손뼉을 쳐주지 않았고, 어떤 몸짓이나 표정도 보여주지 않았고, 어떤 달콤한 말도 들려주지 않았기 때문이다."

프리드리히 2세는 인간이 언어를 배우지 않으면 신의 언어인 히

브리어를 사용할 것으로 여겼다고 한다. 하지만 그가 끔찍한 실험을 통해 확인한 것은 태초의 언어가 아니라 인간이 뼛속까지 사회적 동물이라는 사실이었다.

인간관계는 수명에도 영향을 미친다

미국인 7,000여 명을 대상으로 한 연구에 따르면 유년 시절에 이사 다닌 횟수가 많을수록 삶의 만족도가 낮았다.[1] 이사를 자주 다닐수록 인간관계가 불안정해지기 때문이다. 삶의 만족도에서 외향적인 사람은 별 차이가 없는 반면에 내향적인 사람은 급격히 낮아졌다.

인간관계는 수명에도 영향을 미친다. 런던대학교 연구팀이 2004년부터 2012년 3월까지 영국인 6,500명을 추적 조사한 결과 사회적 고립은 성별, 재산, 교육 수준, 결혼 여부, 인종, 건강지표와 관계없이 사망률에 상당한 영향을 미쳤다.[2] 사회적으로 고립된 사람들은 흡연, 활동 부족, 부실한 식사 같은 좋지 않은 습관을 지녔을 가능성이 크고 사고가 났을 때 대처하기 어렵다.

심리학자들은 행복한 사람들은 대인관계가 넓고 친구나 가족과의 연대감이 강하다고 말한다. 2002년 마틴 셀리그먼Martin Seligman과 에드 디너Ed Diener는 222명의 대학생 중에서 행복도가 높은 상위 10%의 생활 패턴을 분석했다. 행복한 학생과 그렇지 않은 학생의 가장 두드러진 차이는 인간관계였다.[3] 행복한 학생들은 그렇지 않은 학생들과 운동, 수면, 음주, 종교 같은 부분에서 크게 차이가 나지 않았으나 혼자 있는 시간 대신 다른 사람들과 함께 있는 시간이 많았다. 또 대인관계가 넓고 친구나 동료들과 연대감이 강했다. 7개국 666명을 대상으로 한 연구에서도 사람들이 행복하고 의미 있는 삶을 위해 가장 필요하다고 믿는 것은 가족과 사회적 관계였다.[4]

행복은 결국 관계의 문제다. 좋은 사람과 함께 있으면 행복하고 불편한 사람과 함께 있으면 괴롭다. 우리는 타인과의 관계에서 행복을 느끼는 것이지, 부를 통해 행복을 느끼는 것이 아니다. 그래서 『나 홀로 볼링』의 저자 로버트 퍼트넘Robert Putnam은 이렇게 썼다.

"좋은 친구를 사귀는 것은 급여가 세 배 오르는 효과가 있고 동아리에 가입하는 것은 급여가 두 배 오르는 효과가 있다."

뇌는 인간관계를 잘하기 위해 발달했다

'사회적 뇌 가설social brain hypothesis'에 따르면, 우리 뇌가 진화한 이유는 타인과 원활한 관계를 맺기 위해서다. 인류학자 로빈 던바Robin Dunbar는 1990년대 이후 줄곧 뇌의 진화와 사회적 관계에 관해 연구해왔다. 그는 오랜 연구 끝에 대뇌피질의 부피와 집단의 크기가 비례한다는 사실을 알아냈다. 함께 어울려 사는 집단이 큰 동물일수록 뇌가 더 발달했다는 것이다.

당신이 지금 가장 힘들어하는 것이 무엇인지 떠올려보라. 우리를 힘들게 하는 것은 타인과의 관계에서 생기는 문제를 해결하는 것이지 곡식이나 살코기를 구하는 것이 아니다. 식량을 구하고 포식자와 싸우는 일은 원시적인 뇌로도 충분하다. 그러나 다른 사람과의 관계에서 발생한 문제들을 해결하려면 고도로 지적인 뇌가 필요하다. 집단의 구성원으로 살아가려면 다른 사람의 생각과 감정을 이해하고 상대방을 배려하거나 경쟁해야 한다. 대인관계의 폭이 넓어지면 넓어질수록 처리해야 할 정보의 양도 기하급수적으로 증가한다. 이것이 뇌가 진화한 이유라는 것이다.

안타깝게도 우리 뇌가 처리할 수 있는 인간관계는 150명 정도이다. 이를 '던바의 수Dunbar's number'라 부른다.[5] 우리가 맺을 수 있는 친밀한 인간관계가 150명에 한정된 것은 뇌의 진화가 집단이 커지는 속도를 따라가지 못했기 때문이다. 그래서 시골 마을에서는 이웃집 밥상에 올라가는 숟가락 숫자까지 셀 수 있지만 수만 명이 모여 살아가는 도시로 범위를 확장하면 이웃에 대해 아는 것이 거의 없다. 우리 뇌는 전통적인 씨족사회의 삶에 맞추어져 있는 것이다.

집단에 소속되고 싶은 욕구는 유전자에 본능이라는 이름으로 새겨져 있다. 그러므로 무리 지어 살아가는 동물에게 추방과 고립은 죽음을 의미한다. 인간 역시 사회적 관계에서 소외될 때 엄청난 심리적 고통을 느낀다. 매달 만나는 다섯 명의 친구들이 당신만 쏙 빼놓고 여행을 떠났다고 상상해 보라. 아마 배신감 때문에 며칠간 잠을 이루지 못할 것이다. 울분은 며칠 밤의 불면으로 끝나지 않는다. 친구들이 당신을 소외시킨 이유를 찾기 위해 고민할 것이며 수긍하기 어렵다면 당한 만큼의 고통을 되돌려줄 복수를 꿈꿀 것이다.

우리는 죽을 때까지 관계의 끈에 매여 있도록 진화했다. 예컨대 무리에서 따돌림을 당하면 뇌의 배측 전대상피질이 활성화된다.[6] 흥미로운 점은 이 부위가 신체적 고통을 느낄 때도 활성화된다는 것이다. 관계에서 소외됐을 때의 고통은 가시에 찔리거나 뺨을 맞을 때 느끼는 고통과 같은 것이다. 따라서 마음이 아플 때 진통제를 복용하면 마음의 통증이 가라앉는다.[7] 몸과 마음의 고통은 뇌의 똑같은 영역에서 만들어지기 때문이다.

혼자보다 함께 있을 때 행복하다

사회적 고립은 마음만이 아니라 몸까지 병들게 한다. 1997년 셸든 코헨Sheldon Cohen 연구팀은 18~55세의 건강한 실험 참가자 276명을 6일 동안 격리한 후 코 안으로 감기 바이러스를 투입했다. 참가자들은 실험에 참여하기 전에 설문조사를 통해 열두 가지에 이르는 사회적 관계를 체크했다. 실험 결과 사회적 관계가 거의 없는 사람은 다양한 사회적 관계를 맺은 사람에 비해 감기에 걸릴 확률이 세 배나 높았다.[8]

풍부하고 원만한 사회적 관계는 혈압을 낮추고 치매를 늦추고 모든 연령대의 사망률을 낮춘다. 반면 부정적 인간관계는 염증과 스트레스를 일으킨다. 특히 50세 이상의 여성은 인간관계에 문제가 생길 때 고혈압의 위험성이 더 높아진다. 불편한 인간관계는 우리 몸에 독을 주입하는 것과 다를 바 없는 것이다.

사회적 관계는 우리의 감각마저 변화시킨다. 초콜릿을 혼자 먹을 때와 함께 먹을 때 어느 쪽이 더 맛있을까? 2014년 존 바그John Bargh 연구팀은 쓴맛과 달콤한 맛을 동시에 가진 다크초콜릿으로 재미있는 실험을 진행했다. 대개 카카오 함량이 35% 이상이면 다크초콜릿으로 분류하며 함량이 50%를 넘으면 단맛보다는 쌉싸래한 맛이 더 많이 난다. 연구팀은 쓴맛이 강한 70% 다크초콜릿과 90% 다크초콜릿을 실험 참가자들에게 나누어준 후 혼자 먹을 때와 다른 사람과 함께 먹을 때 어떤 맛을 느끼는지 조사했다. 실험 결과 혼자 초콜릿을 먹은 사람보다 누군가와 함께 초콜릿을 먹은 사람이 더 맛있다고 답했다. 90% 다크초콜릿 역시 누군가와 함께 먹었을 때 불쾌감을 덜 느끼는 것으로 나타났다.[9]

불행을 줄이려면 사람들 사이에 있어야 하고 좋은 관계를 맺으려면 자주 눈에 띄어야 한다. 심리학자 레온 페스팅거Leon Festinger는 70여 년 전에 MIT 기숙사에서 생활하는 학생들을 통해 이 사실을 입증했다. 제2차 세계대전이 끝난 후 MIT는 참전 학생들에게 270실의 기숙사를 제공했다. 페스팅거는 이들을 대상으로 친구가 될 수 있는 조건을 분석했다. 연구 결과 친구를 맺는 데 가장 중요한 요인은 방 사이의 거리였다. 참가자의 60%가 옆집에 사는 동료를 친구로 지목한 반면 네 가구 이상 떨어진 곳에 사는 동료를 친구로 지목한 학생은 4%에 미치지 못했다. 또 두 가구 사이의 거리가 5.7미터를 벗어날 때마다 친구가 될 가능성이 절반씩 감소했다.[10]

우리는 자주 보는 사람에게 호감을 느낀다. 따라서 가까이하고 싶은 사람이 있으면 먼저 다가가거나 다가올 수 있게끔 적당한 거리를 내주어야 한다. 눈에서 멀어지면 마음도 멀어지기 때문이다. 우리는 혼자 있을 때보다 누군가와 함께 있을 때 행복감을 느낀다. 설령 처음 만난 사람일지라도 함께할 때 즐거움이 커지고 불쾌감이 줄어든다. 결국 행복해지는 가장 확실한 방법은 무엇을 하든 당신이 가까이하고 싶은 사람과 함께 있는 것이다.

인간관계가 행복도 불행도 준다

우리를 힘들게 하는 것 역시 인간관계임을 잊지 말라. 관계에 집착할수록 사람을 향한 그리움은 더욱 절실해지고 그만큼 외로움은 깊어진다. 듬뿍 애정을 쏟은 사람과의 뜻하지 않은 이별을 떠올려보라. 관계가 끈끈하고 사랑이 깊을수록 이별의 상처는 쓰리다. 이별만이 아니다. 사랑하는 이의 모든 언행이 당신의 행복에 영향을 미친다. 사소한 말 한마디가 날카로운 비수가 돼 당신의 심장을 그을 수 있다. 당신 역시 상대에게 상처를 주지 않기 위해 모든 언행에 주의해야 한다. 이것은 엄청난 스트레스다. 단지 우리는 관계를 통해 얻은 행복감으로 관계에서 오는 고통을 살짝 덮고 있을 뿐이다.

관계의 끈이 조금씩 느슨해지는 순간 행복과 고통의 관계는 역전된다. 관계에 틈이 생기고 조금씩 벌어지는 시점부터 두 사람의 모든 행동이 서로에게 상처가 된다. 사소한 행동이 오해를 낳고 오해는 더 큰 오해를 낳는다. 그렇게 되면 관계 자체가 지옥이 된다. 그래서 사랑한다는 것은 행복과 불행 사이를 아슬아슬하게 넘나드는 행위다. 관계의 줄타기에서 추락할 때 불행의 정점을 경험한다. 그래서 사랑은 천상의 행복인 동시에 끔찍한 고통이다.

인간관계에 목매지 말라. 타인과의 관계는 그리 멀지도 가깝지도 않은 지점에서 맺는 것이 좋다. 상대방이 손을 놓으면 당신 역시 손을 놓아도 가슴 아프지 않을 정도의 지점에서 관계를 시작해야 한다. 관계로 인해 불행의 나락으로 떨어지지 않으려면 언제든 이렇게 외칠 준비가 돼 있어야 한다.

"네까짓 거! 갈 테면 가라!"

그렇다고 건조한 관계만 유지하면서 속마음을 나눌 친구가 없는 삶은 우울하다. 친구는 있어야 하지만 많을 필요는 없다. 우리가 친구라고 부를 수 있는 사람은 상당히 많다. 대개 학창 시절의 친구들이다. 이들 중 1년에 한 번이라도 만날 수 있는 친구들은 많지 않다. 외롭지 않으려면 이들 친구와 적절한 거리를 유지하면서 관계를 이어가야 한다. 그러나 나이 들어서까지 만남을 지속할 친구들은 많지 않아도 된다.

2. 인간은 반려견에게도 위안을 받는다

　꼬리를 흔들며 몽둥이를 든 주인의 손을 핥는 동물은 개밖에 없다. 개는 가장 비천한 인간을 칭할 때 호명되기도 한다. 하지만 어떤 측면에서는 인간보다 낫다. 개가 위기에 처한 주인을 구했다는 이야기는 매우 흔하다. 그러다 보니 사람들은 개가 인간을 보호하는 역할을 했기 때문에 함께 살게 됐을 것으로 상상한다. 하지만 그것이 전부는 아니다.

　가축은 식량, 노동력, 그리고 털과 가죽을 제공해 주었기 때문에 마을의 구성원이 될 수 있었다. 그러나 그런 도움을 주지 않고도 인간과 함께 살아가는 동물이 있다. 바로 반려동물이다. 동물이 인간과 함께 살아가려면 몇 개의 진화적 관문을 통과해야 한다. 먼저 날카로운 신체 무기를 가진 육식동물은 곤란하고 식성이 까다로워서는 안 되고 행동 영역이 지나치게 넓어도 안 된다. 육식동물은 인간과 가축을 해칠 염려가 있고, 식성이 까다로우면 인간이 남긴 음식물 쓰레기를 처리하지 못하고, 행동 영역이 넓으면 집 안에 가두어 놓을 수 없다.

개의 조상인 늑대가 어떻게 인간의 삶 속으로 들어왔는지를 설명하는 두 가지 가설이 있다. 하나는 인간 근처에서 음식물 쓰레기를 먹던 늑대가 자연스럽게 친밀한 관계를 유지하고 파수꾼 역할을 하게 되면서 마을 안으로 들어왔다는 것이다. 다른 하나는 인간이 사냥에 활용하려고 일부러 늑대를 길들였다는 것이다.[1]

침대 위에서 장난감과 함께 뒹굴고 있는 강아지에게서 늑대의 흔적을 찾기는 쉽지 않다. 먼 옛날 늑대 무리 중 일부가 공짜 먹이에 매력을 느껴 사람 곁에 머물게 된 것은 분명해 보인다. 늑대가 사람과 함께 살면서 위험을 알리고 사냥에 도움을 주었으며 가축을 지켰을 것이다. 유전적으로 보면 개가 늑대 무리에서 분리된 시기는 3만 2,000년 전으로 거슬러 올라간다. 하지만 언제부터 인간과 함께 살게 됐는지는 분명치 않다. 개는 약 1만 3,000~3만 년 전부터 인간과 함께 살았을 것으로 추정된다.

개는 인간과 친구가 될 수 있게 진화했다

우리가 개에게 남다른 애정을 쏟는 것은 사람과 교감이 가능하기 때문이다. 가령 고양이는 인간과 감정적으로 소통하기 어렵다. 야생 고양이는 8,000~9,000년 전쯤 먹이인 쥐를 쫓다가 인간의 삶 속으로 들어왔다.[2] 하지만 인간은 고양이를 길들이는 데 실패했다. 고양이는 인간이 주는 먹이에 전적으로 의존하지 않기 때문에 본능을 버리면서까지 길들일 필요가 없었다.

고양이와 달리 개는 인간의 식습관에 완벽히 적응하면서 잡식성 동물로 진화했다. 더구나 개는 인간의 거주지에 머물기 때문에 야생 늑대와 교배할 기회를 거의 얻지 못했다. 야생 개가 자신의 본능을 버리고 인간과 함께할 수 있었던 이유다.

개는 새로운 환경에 재빨리 적응했다. 개의 조상은 육식동물이지만 탄수화물 분해 효소를 만드는 유전자를 많이 가지고 있다.[3] 인간이 먹는 빵이나 밥은 물론 음식물 쓰레기를 먹는 데도 문제가 없었던 것이다. 무엇보다도 개가 인간의 안방까지 차지할 수 있었던 것은 놀라운 사회성 덕분이다. 인간의 7번 염색체 해당하는 개의 6번 염색체는 공격성을 낮추고 사교성을 높이는 역할을 하는 것으로 알려져 있다. 개는 인간의 친구가 되도록 유전적으로 선택된 것이다.[4]

개가 인간의 삶에 맞추어 진화한 단적인 예로 안면근육을 들 수 있다. 늑대와 달리 개는 대부분 둥글고 초롱초롱한 눈빛을 가지고 있다. 반면 늑대는 가느다란 눈에 날카로운 눈빛을 가지고 있다.[5] 이는 개가 인간과 친밀하게 소통하기 위해 눈 근육을 발달시켰기 때문이다. 개는 눈 위쪽 근육과 눈 옆 근육이 발달하여 귀여운 눈을 가지고 있다. 하지만 늑대 혹은 늑대를 닮은 시베리아허스키는 이 근육이 덜 발달했다. 개는 일찌감치 얼굴과 눈의 움직임이 인간과 상호작용할 때 얼마나 중요한 역할을 하는지 알았던 것이다.

개는 사람의 말을 알아듣고 주인의 감정 상태를 읽을 줄도 안다. 개가 주인의 말을 알아듣는 것은 뇌에 사람의 목소리를 인식하는 영역이 있기 때문이다. 이 영역은 인간이 가진 뇌 영역과 유사하고 활성화되는 패턴도 비슷하다.[6] 또 개는 다양한 표정으로 자신이 원하는 것이 무엇인지를 표현할 줄 안다. 특히 먹이를 요구할 때 불쌍한 표정을 지음으로써 주인의 마음을 흔들어놓는다.

개는 사람의 음성과 표정을 연결할 줄도 안다. 한 연구팀이 개 17마리에게 사람의 웃는 얼굴 사진과 화가 난 표정의 얼굴 사진을 보여준 다음 반가워하는 음성과 화난 음성을 각각 들려주었다.[323] 개들은 반가운 음성을 들었을 때 웃는 사람의 사진에 관심을 보였고 화난 음성을 들려줄 때는 화난 사람의 사진을 바라보았다. 또 다른 실험에서는 의미가 담긴 말을 들었을 때 개의 왼쪽 뇌가 활성화되고 기분 좋은 말을 들었을 때 오른쪽 뇌가 활성화됐다. 이는 사람에게도 똑같이 나타나는 반응이다. 개는 사람과 마찬가지로 칭찬하는 말을 들었을 때 뇌의 보상회로가 강하게 반응했다. 이는 보상을 통해 다양한 학습과 훈련이 가능하다는 것을 의미한다. 개는 주인의 냄새를 맡을 때도 보상회로가 활성화된다.[7] 주인과 함께 있는 것 자체가 개에게는 보상인 것이다.

개와 주인의 교감은 아기와 엄마가 주고받는 교감과 비슷하다. 개의 사진을 바라볼 때와 아이의 사진을 볼 때 주인의 뇌는 똑같이 반응한다.[8] 두려운 상황에 직면했을 때 다른 동물은 위협을 주는 대상으로부터 무작정 반대편으로 피하지만 개는 주인을 향해 몸을 피한다. 이는 아이가 엄마 품을 파고드는 행위와 같다. 또 개는 영장류를 제외한 동물 중에서 유일하게 사람과 눈을 마주 보는 동물이다. 그래서 개와 사람은 서로 무엇을 원하는지를 금세 알아차린다. 사람이 개에게 사랑스러운 감정을 느끼는 것이 모성 호르몬으로 불리는 옥시토신 때문이라는 연구도 있다. 주인이 개와 눈을 맞추고 교감을 나누면 주인과 개의 소변에서 옥시토신 농도가 높아지는 현상이 확인됐다.[9] 따라서 개와 사람의 유대감은 부모와 자식 간에 느끼는 유대감과 같다고 할 수 있다. 늑대를 대상으로 실험했을 때는 이러한 현상이 나타나지 않는다.

놀라운 점은 주인과 개가 점점 닮아간다는 것이다. 예컨대 머리카락이 긴 주인은 기다란 귀를 가진 개를 좋아하고 머리카락이 짧은 주인은 귀가 뾰족한 개를 선호한다.[10] 실제로 일본에서 진행된 실험에서 500명의 실험 참가자들은 연구팀이 제시한 주인과 개 45쌍의 사진을 보고 누가 주인인지 쉽게 알아맞혔다.[11] 이들은 개와 주인의 눈만 보고도 74%의 정확도로 주인을 알아냈다.

반려동물을 키우는 사람이 더 행복하다

개는 인간의 표정이 보내는 신호에 예민하게 반응한다. 그것은 개가 늘 주인의 표정을 살피고 반응한다는 것을 의미한다. 주인이 불행하면 개도 불행하고 주인이 행복하면 개도 행복하다. 그래서 개는 당신이 행복하기를 원한다.

개가 주인의 병을 알아차린다는 사실은 널리 알려져 있다. 그래서 최근에는 개의 후각을 이용해 병을 알아내는 연구도 활발히 진행되고 있다. 실제로 개가 주인의 암을 조기에 발견하여 치료에 성공한 예도 드물지 않다. 오스트리아 연구팀의 조사 결과에 따르면 일정한 훈련을 받은 개들은 발달한 후각으로 폐암 환자의 78.6%를 감지했다.[12]

여러 연구에 의하면 반려동물을 키우는 사람들이 더 행복하고 더 건강하며 더 좋은 인간관계를 유지한다. 개를 키우는 사람들은 스트레스나 심혈관 질환에 걸릴 가능성이 낮고 사망 위험도 낮다. 1980년 미국국립보건원NIH이 동물매개치료의 효과를 입증한 후 이와 관련한 긍정적 연구 결과가 연이어 쏟아지고 있다. 가령 2017년 스웨덴 연구팀은 40세에서 80세까지 스웨덴인 340만 명을 12년간 추적 조사하여 반려견을 키우는 사람이 키우지 않는 사람보다 사망 위험은 33%, 심혈관 발생 위험은 36% 감소한다는 사실을 확인했다.[13] 재미있는 사실은 사냥개를 키울 때 더욱 효과가 컸다. 이는 개와 산책하거나 활동하는 것이 건강에 유익하다는 증거다.

개를 키우면 정신건강에도 좋다. 2001년 미국 뉴욕주립대학교 연구팀이 미혼인 펀드매니저 48명을 두 그룹으로 나눈 후 한 그룹에 6개월 동안 반려동물을 키우게 했다. 펀드매니저는 스트레스가 매우 높은 직업이다. 6개월 후 이들의 혈압을 측정한 결과 반려동물을 키운 그룹의 혈압이 유의미하게 낮아졌다.[14] 개는 가족 이상으로 정신적 위안을 준다. 맨체스터대학교 연구팀이 정신질환을 앓는 환자들에게 평소 정신건강에 도움을 주는 것이 무엇인지 조사한 결과 약 60%의 환자들이 가장 중요한 것으로 반려동물을 꼽았다. 개는 가족만큼이나 가장 강력한 사회적 지지자인 셈이다.

내가 힘든 상황에 부닥치면 가족조차 귀찮을 때가 있다. 하지만 개는 주인이 어떤 상황에 부닥쳐도 늘 곁에 있다. 더구나 개는 잔소리를 하지 않으며 주인에 대한 어떤 판단도 하지 않고 편견도 갖지 않는다. 개에게는 주인이 세상에서 가장 아름다운 선인이고 도덕이며 신이다. 가족은 그럴 수 없다. 그러나 안타깝게도 개는 주인이 살아 있는 동안 계속 곁에 있어줄 수 없다. 사람보다 수명이 짧기 때문이다. 대개는 15년을 넘기지 못한다.

얼마 전에 필자는 강아지를 잃었다. 잠시 여행을 떠난 사이 강아지가 급성 췌장염 진단을 받았다. 연락받고 병원에 도착할 때까지 강아지는 의식을 찾지 못했다. 처연한 눈빛으로 필자를 바라보고 있었는데 이미 초점을 잃은 뒤였다. 정밀검사를 위해 강아지를 병원에 맡긴 밤 우리 가족은 잠을 이루지 못했다. 이튿날 아침 강아지가 병원에서 눈을 감았다는 소식을 들었다. 뜨거운 화로 속에서 작은 몸이 재로 변하는 동안 아이들은 펑펑 눈물을 쏟았다.

이제 반려동물은 사회적 자본의 형태를 띠고 있다. 그러나 반려동물과 함께하려면 언젠가 맞게 될 이별을 준비해야 한다. 주변에서 반려동물을 하늘로 보낸 후 우울증을 호소하는 사람들을 여럿 보았다. 내 가족이 그러했듯 반려동물과의 이별은 고통스럽다. 반려동물이 가족의 삶에서 차지했던 비중이 클수록 상실감은 더욱 깊다. 단언하건대 그것은 사랑하는 사람과의 이별 못지않다. 위안을 주는 존재는 언젠가 우리 곁을 떠나게 마련이다. 그러므로 누군가에게 위안을 얻고 있다면 이별도 미리 준비해야 한다.

3. SNS에 빠져들수록 외로움이 깊어진다

현대인에게 고질적인 악성 질환은 외로움이다. 인간은 혼자 있는 시간을 고통스러워한다. 수많은 군중에 둘러싸여 있어도, 심지어 사랑하는 가족과 함께 있어도 외로움을 느끼는 사람이 있다. 외로움은 타인과의 물리적 거리만을 의미하지 않는다. 동료와 동족에게 둘러싸여 있을 때조차 외로움을 느끼는 존재는 인간밖에 없을 것이다.

오래전 조상들은 공동체에 해를 끼친 구성원을 처벌할 때 무리에서 추방하는 방법을 사용했다. 공동체 자체가 생존의 울타리 역할을 했던 그 시대에 추방은 죽음을 의미했다. 그러나 오늘날 인간에게 가장 혹독한 처벌은 추방이 아니라 군중 속의 고독 혹은 격리다. 격리는 사회적 죽음을 선고하는 것이나 다를 바 없다.

외로움은 건강에 해롭고 치명적이다

코로나19로 사회적 거리두기가 장기화됐을 때 정신적 고통을 호소하는 이들이 늘었다. 모임은 취소되거나 연기되고 개인에게 잠시 걸터앉을 공원의 벤치마저 허용되지 않았다. 외로움을 견디지 못하는 사람들에게는 힘든 시기가 아닐 수 없었다. 비대면 방식의 비즈니스가 일상화되고 그만큼 일자리를 잃는 사람들도 증가했다. 디지털 방식의 비즈니스가 노동을 대체한다고 해도 인간의 사회적 본성까지 대체할 수는 없을 것이다.

미국 공중보건서비스단PHSCC이 발간한 보고서에 의하면,[1] 사회적 단절로 인한 외로움은 매일 담배 15개비씩을 피우는 것만큼 건강에 해롭다. 이 보고서는 코로나19가 유행한 최근 몇 년 사이 미국인의 절반가량이 외로움을 경험하고 있다고 밝혔다. 또 외로운 사람은 조기 사망 위험이 26~29%, 심장병에 걸릴 위험이 29%, 뇌졸중에 걸릴 위험은 32% 높다는 연구 결과를 소개했다.

외로움에서 벗어나려는 것은 가장 원초적인 욕구다. 최근 미국 MIT 연구팀은 외로움이 굶주림만큼이나 강한 갈망을 유발한다는 사실을 발견했다.[2] 연구팀은 40명의 성인을 두 그룹으로 나누어 한 그룹은 10시간 동안 음식을 제공하지 않았고 다른 한 그룹은 사회적 접촉을 완벽히 차단했다. 그런 다음 맛있는 음식과 사회활동에 관한 사진을 보여주면서 기능적 자기공명영상장치fMRI로 뇌를 촬영했다. 그 결과 배고플 때와 사회적 접촉이 차단돼 외로움을 느낄 때 반응하는 뇌 영역이 같았다. 외로움은 배고픔만큼이나 견디기 힘든 욕구인 것이다.

외로움은 만병의 근원이다. 고독하다고 느끼는 사람들과 사회적으로 고립된 사람들은 감기에 걸렸을 때 감기 증세가 더 심하다.[3] 연구팀이 18~55세의 미혼자 159명에게 감기를 유발하는 액체를 코에 투여한 다음 5일 동안 호텔에 격리하고 관찰한 결과 외로움을 느낀 사람들은 그렇지 않은 사람들보다 감기에 더 잘 걸리고 증세도 심했다. 사회적 관계에서 고립될수록 면역력이 떨어진 것이다.

사회적 동물에게 타자와의 관계는 생존의 문제와 직결돼 있다. 그러다 보니 우리는 악착같이 사람을 갈망한다. 외로움에서 벗어날 수 있다면 무슨 짓이든 할 것이다. 그래서 사람들은 매 순간 온라인에 접속하고 인터넷 게임에 몰입하면서 동료와 적이 있는 가상세계에 뛰어든다.

온라인 활동이 외로움을 견디는 데는 도움이 될지 모르지만 사람에 대한 갈망까지 멈추게 하지는 못한다. SNS에 접속한다고 해서 외로움이 줄어드는 것은 아니다. 미국 피츠버그대학교 연구팀이 페이스북 등 11개 SNS 사용자들을 대상으로 조사한 바에 따르면 SNS에 빠져들수록 외로움은 오히려 깊어졌다.[4] 온라인으로 타인의 삶을 지켜볼수록 더 외로움을 타는 것이다. SNS에서는 주로 사람들과 어울리는 사회활동과 소비활동이 과시된다. 그런 모습을 지켜보고 있으면 저절로 "난 뭘 하고 있는 거지?" 하는 자괴감이 든다.

코로나19 사태를 통해 경험했듯이 무리 지어 살아가는 사회적 동물은 전염병에 매우 취약하다. 바이러스는 인간의 원초적 갈망을 가장 잘 활용할 줄 아는 생명체로 관계망을 통해 기하급수적으로 퍼져 나간다. 코로나19로 인해 겪게 된 사회 문제 중 하나가 바로 실업이다. 재미있는 사실은 실업자들도 직장인처럼 평일에 행복감이 낮아지고 주말에 행복감이 증가한다는 것이다.

출퇴근 걱정이 없는 실업자들은 주중이나 주말이나 행복감의 차이가 없어야 하지 않을까? 2014년 미국 스탠퍼드대학교 연구팀은 갤럽이 보유한 50만 명 이상의 데이터를 바탕으로 여가 시간과 행복감에 대한 조사를 진행했다.[5] 그 결과 연구팀은 놀라운 사실을 발견했다. 실업자들이 평일에 행복하지 않은 것은 출근하지 않기 때문이 아니었다. 그들이 평일에 불행한 것은 가족과 친구들이 모두 출근했기 때문이고 주말에 행복한 것은 함께할 수 있었기 때문이다. 직장인과 실업자 모두 주말에는 가족이나 친구들과 보내는 시간이 평일보다 두 배가량 많았다.

혼자 주말을 보내는 사람들은 직장인이든 실업자이든 행복감이 낮았다. 그런 의미에서 일자리를 잃는 것은 가족이나 친구를 잃는 것과 같다. 실업자는 일자리가 없어서 불행하고 남들이 일할 시간에 혼자 있어야 하기 때문에 더 불행하다.

외로운 사람은 타인까지 외롭게 만든다

외로움은 자신이 맺고 있는 인간관계를 다시금 점검해 보라는 신호다. 이 신호를 무시하면 혼자 고립된 채 죽음을 맞을 수도 있다. 외로움은 나이를 가리지 않지만 30대와 50대는 다른 연령대에 비해 더 외로움을 느낀다.[6] 30대는 가정을 꾸려야 하고 50대는 자녀를 독립시켜야 한다. 그나마 위안이 되는 것은 50대를 넘어서면 행복감이 조금씩 증가한다는 사실이다. 나이가 들수록 사소한 일상에서 즐거움을 느끼고 불행한 사건에도 정서적 흔들림이 적어지기 때문이다.[7]

감정은 바이러스처럼 다른 사람을 전염시킨다. 외로운 사람은 외로움을 전파한다. 미국 시카고대학교의 존 카시오포John Cacioppo 교수는 오랜 기간 인간의 사회적 관계와 고립에 관한 연구를 진행해왔다. 그가 포함된 연구팀이 1만여 명을 대상으로 2세대에 걸쳐 연구한 바에 의하면 외로운 사람은 다른 사람까지 외로움의 수렁으로 끌고 갔다.[8] 지독히 외로워하는 사람을 직접 만난 사람은 보통 사람보다 50% 더 외로워했다. 또 '외로운 사람과 만난 사람을 만난 사람'도 25% 더 외로워했으며 '외로운 사람과 만난 사람과 만난 사람을 만난 사람'도 10% 더 외로워했다. 따라서 외로움에서 벗어나려면 외로워하는 사람을 피해야 하고 외로움을 곁에 두고 오랜 친구처럼 함께 지낼 수 있어야 한다.

외로움을 느끼는 정도는 사랑받아본 경험에 따라 다르다. 혼자 있어도 불안하지 않은 '안정애착securely attached'이 형성된 사람은 '불안애착anxious attached'을 가진 사람과 두 가지 점에서 차이가 난다고 한다. 하나는 사랑받아본 경험이 있는 것이고 다른 하나는 사소한 친절에도 감사하는 마음을 갖는 것이다. 우리는 사랑받은 만큼 사랑할 수 있으며 사랑한 만큼 사랑받는다. 또 친절을 베푼 만큼 배려받고 배려받은 만큼 친절을 베풀 수 있다. 그러므로 외로움에서 벗어나는 방법은 다른 사람이 다가오기 전에 먼저 다가가 사랑하고 베푸는 것이다.

외톨이는 사회 유지에 꼭 필요한 존재다

외톨이로 사는 것이 꼭 나쁜 것은 아니다. 본인에게는 손해일 수 있지만 사회에는 이익이 되는 경우도 있다. 생물계에는 어느 집단이든 외톨이가 존재한다. 모든 생물은 함께 뭉치는 것이 생존에 유리하다. 그런데 왜 외톨이가 존재하는 것일까?

집단행동은 때로 집단 전체를 위험에 빠뜨린다. 가령 전염병이 창궐하는데도 함께 모여 활동하고 함께 모여 배를 채우는 동물은 순식간에 멸종할 수 있다. 이런 상황에서 살아남는 것은 외톨이다. 가령 점액곰팡이는 먹이가 풍부할 때는 하나의 세포로 흩어져 있다가 먹이가 부족해지면 가느다란 탑을 만들어 거대한 생물체처럼 움직인다. 그렇지만 이 중 3분의 1 정도는 하나로 모이는 것을 거부하고 외톨이로 남는다.[9]

이러한 외톨이는 생물계 전반에 걸쳐 존재한다. 이는 외톨이가 사회를 유지하는 데 중요한 역할을 하기 때문이다. 외톨이는 부적응자가 아니다. 외톨이는 다수가 피해를 보는 위기 상황에서 종을 보존하고 집단을 유지하는 역할을 한다. 따라서 외톨이를 사회 부적응자라고 몰아세우는 것은 올바른 태도가 아니다.

4. 타인과 비교하면 할수록 불행해진다

깨달음을 얻은 성자는 질투심이 없을까? 그는 다른 성자의 위대한 가르침을 수용할 수 있을까? 자신보다 위대한 성자가 출현했음을 알았을 때도 마음의 평정을 유지할 수 있을까? 아마 그러지 못할 것이다. 우리가 알고 있는 위대한 성자도 자신과 다른 가르침을 설파하는 사람들을 그릇된 길을 추구하는 '외도外道'로 폄하하거나 우상을 섬기는 무리라고 비난했다. 종교인들 역시 다른 종교의 가르침을 업신여기는 것을 넘어 때로는 적으로 간주하고 끔찍한 학살까지 감행한다.

"사촌이 땅을 사면 배가 아프다."라는 속담이 있지 않은가! 우리는 타인의 행운에 행복을 느끼는 동시에 자신의 처지와 비교하면서 불행을 느낀다. 때로는 타인의 고통을 보면서 고소함을 느끼기도 한다. 남의 불행을 보고 기뻐하는 심리를 뜻하는 '샤덴프로이데

Schadenfreude'라는 말이 있는 것을 보면 남이 잘되는 꼴을 보고 배 아
파하는 것은 모든 인간의 공통된 심성인 듯하다. 우리가 남과 비교
하는 사고에서 자유로울 수 없는 것은 타인과 함께 세상을 살아가
기 때문이다.

남을 부러워하면 인생의 패배자가 된다

무인도에서 혼자 살아가는 사람은 먹고 마시고 추위를 피하는
것 외에는 아무런 관심이 없다. 그곳에는 유명 브랜드의 옷, 자동
차, 크고 아름다운 저택을 부러운 눈으로 바라볼 사람이 없다. 아
무도 보지 않으면 값비싼 소유물의 가치는 사라진다. 소유물은 다
른 사람이 갖고 싶어 할 때 가치가 있다. 특히 너무 비싸서 다른 사
람들이 소유할 수 없을 때 가장 높은 가치를 지닌다. 그 물건의 쓸
모는 중요한 가치가 아니다. 남들이 부러워하는 눈빛을 확인하는
것 외에는 아무런 쓸모가 없을수록 가치가 높다.

사람들은 타인의 현재를 자신의 현재와 비교하고 타인의 미래
를 자신의 미래와 비교한다. 궁핍의 문제가 해결되고 나면 자신이
지금 가진 것이 얼마인가 하는 것보다 '다른 사람에 비해 얼마나
더 가졌는가'가 중요해진다. 우리는 내일 아침거리를 걱정해야 하
기 때문이 아니라 이웃보다 더 잘살지 못하는 것을 불안해하는 것
이다.

2010년 파리경제대학원 연구팀이 유럽 24개국 1만 9,000여 명
의 노동자를 대상으로 조사한 바에 의하면 노동자의 4분의 3이 자
신과 타인의 수입을 비교하며 살아간다.[1] 이들이 비교하는 대상은
직장 동료 38.93%, 가까운 친구 14.94%였다. 우리는 가장 가까이

있는 사람과 자신을 비교하며 살아가는 셈이다. 중요한 사실은 다른 사람과 비교할수록 더 불행해진다는 것이다. 이들은 불행한 사람의 위치에 자신을 올려놓고 타인과 비교하기 때문에 현재의 삶에 만족하는 법이 없다.

남을 부러워하는 것은 인생의 패배다. 그래서 사람들은 자신의 행복을 과시하는 데 여념이 없다. 남보다 돋보이려는 충동은 쓸모없는 데 돈을 낭비하는 행위로 이어진다.

용의 꼬리보다 뱀의 머리를 선택한다

첫째, 연봉이 당신은 5만 달러이고 다른 사람들은 2만 5,000달러인 사회. 둘째, 연봉이 당신은 10만 달러이고 다른 사람들은 20만 달러인 사회.

두 개의 선택지 중 어느 사회에서 살고 싶은가?

이 질문을 하버드대학교 공공대학원의 교수, 학생, 교직원 257명에게 던졌다.[2] 당신이 짐작하듯이 다수의 사람들은 연봉이 절반에 불과한 첫 번째 사회에 살고 싶어 했다. 용의 꼬리로 사는 것보다 뱀의 머리로 사는 것을 선택한 것이다. 행복을 결정하는 것은 자신의 소득이 아니라 남의 소득이다. 남보다 많은 소득이 진짜 구매력의 지표이기 때문이다.

효용의 가치는 부의 절대량이 아니라 변화량에 의해 결정된다. 가령 연봉이 5,000만 원에서 4,000만 원으로 감소한 사람보다 1,000만 원에서 1,100만 원으로 증가한 사람이 더 행복하다. 사람들은 현재 상황이 어떠하든 더 나아진 상태를 선호한다. 그래서 모든 사람의 소득이 동시에 같은 비율로 증가하더라도 행복은 증가하지 않는다.

지금까지 이루어진 여러 연구는 소득 증가가 행복지수와 비례하지 않는다는 것을 보여준다. 아무리 소득이 증가해도 당신 주변의 누군가는 더 많은 소득을 올리기 때문이다. 내가 연봉 10억 원을 받더라도 나를 제외한 모든 사람이 11억 원을 받는 사회는 지옥이나 다름없다.

사라 솔닉Sara Solnick 연구팀은 질문을 약간 바꾸었다. 이번에도 선택지는 두 가지다. 첫째, 당신에게 2주의 휴가가 주어지고 다른 사람들에게는 1주의 휴가가 주어지는 사회. 둘째, 당신에게 4주의 휴가가 주어지고 다른 사람들에게는 8주의 휴가가 주어지는 사회.

사람들은 첫 번째 질문과 비슷한 선택을 했을까? 아니다. 이번에는 다수의 사람들이 두 번째 사회에 살고 싶어 했다. 왜 그랬을까? 소득은 상대적 비교가 중요하지만 여가는 절대량이 중요하다. 소득과 소비는 타인과 비교하기 쉽다. 하지만 누가 더 좋은 사람인가 하는 것은 비교하기 어렵다. 마찬가지로 휴가나 취미처럼 주관적인 삶의 질은 비교의 대상이 되지 않는다.

인도 콜카타의 노숙자와 미국 도시의 노숙자 168명을 인터뷰하여 행복감을 비교한 연구가 있다.[3] 인도 노숙자의 수입은 한 달 평균 24달러였고 미국 노숙자의 수입은 270~358달러로 10배 이상 높았다. 하지만 인도 노숙자의 행복지수가 미국 노숙자에 비해 높았다. 인도인에게 가난은 치욕이 아니지만 미국인에게 가난은 인생의 실패를 의미한다. 주변에 거지만 모여 있으면 내가 가난해도 불행하지 않다. 하지만 부자들에 둘러싸인 거지는 비참하다. 비교는 행복과 불행의 원천이다. 대기업에서 가장 적은 5만 달러를 받는 것보다 작은 회사에서 가장 높은 3만 달러를 버는 것이 낫다.

남의 인생이 아닌 내 인생을 살아야 한다

비교가 늘 독이 되는 것은 아니다. 때로 비교는 자기 성찰과 성장의 동력이 된다. 타인과 자신을 비교함으로써 분발의 동기가 생기는 것이다. 우리는 비교를 통해 약점을 보완하고 더 나은 삶을 추구한다. 타인과 비교하여 큰 차이를 느낄 때 뇌의 복측 선조체가 활성화된다.[4] 이 부위는 보상을 얻을 때 쾌감을 느끼는 보상회로의 일부다. 우리는 남보다 좋은 상태에 있을 때 쾌감을 느끼고 그렇지 못할 때 고군분투하도록 프로그래밍돼 있다.

비교는 자신이 처한 상황을 가늠하는 기준이 된다. 절대 행복, 즉 본능적으로 기쁨을 주는 것은 비교할 대상이 없어도 행복감을 준다. 가령 신선한 과일, 따스한 햇살, 상큼하고 부드러운 바람, 향긋한 꽃향기는 누가 가르쳐주거나 다른 대상과 비교하지 않아도 행복감을 준다. 또 가족과 보내는 달콤한 휴식이나 언제든 몰입할 수 있는 취미나 스포츠 활동 역시 그 자체로 즐거움을 준다. 그러나 직업과 노동, 사회적 지위와 물질적 소유, 부와 소득처럼 외재적 평가에 따라 기쁨을 느끼는 대상들은 비교에 취약하다. 아무리 많이 가지고 있어도 남보다 가진 것이 적으면 불행을 가져온다. 남들이 부러워하는 것을 추구하는 사람일수록 타인이 이룬 것과 비교하는 것이 많아진다. 그래서 남이 더 좋은 것을 소유하는 순간 불행의 늪에 빠지기 쉽다.

우리는 자연 상태에서 멀어지면서 소유해야 할 것들이 많아졌다. 현대사회의 소득, 부, 저택, 유명 브랜드에 둘러싸여 산다. 뇌는 우리가 얼마나 벌어야 하는지, 얼마나 소유해야 하는지, 얼마나 행복한 상태에 있는지 잘 알지 못한다. 자신이 어떤 상태에 있는지 알려주는 것은 타인의 상태다. 즉 비교 대상이 없으면 지금의 상태가 좋은 건지 나쁜 건지 평가하기 어렵다. 자연은 우리에게 타인보다 나은 상태에 있을 때 행복을 느끼고 나쁜 상태에 있을 때 불행을 느끼도록 만들었다. 그래서 며칠을 굶주린 사람도 고문당하는 사람 옆에 있으면 상대적으로 행복하다.

타인과 비교할 때의 문제점은 늘 자기 관점에서 남을 평가하는 것이다. 같은 떡이라도 남의 손에 있는 것을 더 크게 평가한다. 1998년 심리학자 대니얼 카너먼은 미국 캘리포니아에 거주하는 학생들과 미국 중서부 내륙지방에 사는 학생들의 행복지수를 비교했다.[5] 대개 사람들은 1년 내내 기후가 온화한 캘리포니아 학생들이 겨울이면 폭설에 갇혀 지내는 미시간이나 오하이오 학생들보다 더 행복할 것이라고 상상한다. 하지만 연구 결과 두 지역에 사는 학생들의 행복에는 거의 차이가 없었다. 이러한 판단 오류는 특정 요소에 더 큰 비중을 두는 '초점두기 착각focusing illusion'에서 비롯된다.

비교는 인간의 본능이다. 하지만 자신을 늘 낮은 위치에 놓고 타인을 부러워하는 부정적 비교는 자신감을 잃게 하고 무력감과 불안감을 안겨준다. 네덜란드 연구팀의 연구에 따르면 0.11초 동안 아인슈타인의 사진을 본 학생들은 우스꽝스러운 광대 사진을 본 학생들에 비해 자신의 지능을 낮게 평가했다.[6] 무의식적으로 아인슈타인과 자신을 비교했기 때문이다. 비교를 통해 불행을 느끼는 사람은 자존감도 낮다. 대학생 70명을 대상으로 실험한 결과 자존

감이 낮은 학생일수록 잘난 사람에게 더 많은 질투심을 느끼는 것으로 나타났다.[7]

과도하게 남을 의식하면서 살아가는 사람은 불행하다. 행복해지려면 다른 사람의 삶을 적당히 무시해야 한다. 행복의 비법은 남과 비교하지 않고 나에게 주어진 것에 감사하는 것이다. 타인의 행복을 보면서 고통스러워하는 사람은 결코 행복해질 수 없다. 행복해지고 싶으면 남보다 행복해지기 위해 애쓸 것이 아니라 남과 상관없이 스스로 행복해지기 위해 노력해야 한다. 그러므로 절대 행복에 이르는 지름길은 이것이다.

"남의 인생을 살지 말고 네 인생을 살라!"

5. 타인에게 인정받고 싶어 한다

이제 소셜 미디어는 자기 과시의 장이 돼버렸다. 낯선 곳으로의 여행, 고급 레스토랑에서의 근사한 식사, 구매한 물건과 읽은 책들, 유명인과 함께 찍은 사진이 모두 과시의 대상이다. 어떤 이는 스스로 선택한 무욕과 은둔의 삶까지도 세상에 알리기 위해 소셜 미디어를 이용한다. 결국 이들이 원하는 것은 '내 존재를 알아 달라!'는 것이다. 즉 자신은 주변인들이 생각하는 것보다 물질적으로 훨씬 안정된 생활을 하고, 시간적 여유가 있고, 꽤 괜찮은 사람들과 어울리고, 적절한 취미를 즐기고, 정신적으로도 매우 고상한 삶을 살고 있다는 것을 보여주는 것이다.

우리가 추구하는 고결한 삶, 고상한 사상과 믿음, 위대한 창작물도 결국 자신이 어떤 사람인지를 보여주기 위한 것이다. 그렇지 않다면 위대한 인물들이 무엇 때문에 끼니를 굶으면서 어두운 골방에 처박혀 책을 쓰고 그림을 그리고 음악을 창작했겠는가! 무소유를 주장하는 책을 쓴 사람이 책 표지에 자신의 이름을 적는 심리와 유사하다. 그것이 나쁘다는 이야기가 아니다. 타인에게 인정받고자 하는 인간의 욕구는 인류 진화의 동력인 동시에 모든 문화와 문명의 시발점이었다.

타인의 삶은 늘 자신보다 나아 보인다

타인에게 인정받고 싶은 열망은 삶에 동기를 부여한다. 그러나 다른 한편으로는 불행의 저수지이기도 하다. 타인의 삶은 늘 자신보다 나아 보인다. 특히 스마트폰을 들여다보고 있으면 모든 사람이 행복해 보인다. 소셜 미디어 속의 지인들은 늘 연애를 하고, 여행을 즐기고, 맛집을 찾아다니고, 새로운 지식을 쌓고 있는 듯 보인다. 이런 사람들과 자신의 처지를 비교하기 시작하면 갑자기 삶이 초라하게 느껴진다.

코넬대학교 토머스 길로비치Thomas Gilovich 교수 연구팀이 기존에 진행된 11개 연구 논문을 분석한 바에 따르면 사람들은 주변 사람들이 자기보다 더 모임에 자주 참석하고 친구도 더 많을 것으로 생각한다.[1] 하지만 이는 진실이 아니다. 그들은 자신이 기억할 만한 혹은 주변인들에게 자랑할 만한 에피소드를 아주 가끔 알릴 뿐이다. 지인들은 가끔 소식을 전하는 것이다. 하지만 소셜 미디어 친구가 100명이라면 100일에 한 번씩만 자랑질해도 당신은 매일 그들의 자랑질을 지켜보는 셈이 된다. 당신이 부러워하는 그 친구들도 마찬가지다. 당신이 열심히 소셜 미디어에 참여하는 한 친구들도 당신의 삶을 미치도록 부러워할 것이다.

사실 당신이 바라보는 타인의 삶은 과장돼 있거나 위장된 것들이다. 친구가 SNS에 값비싼 음식 사진을 올렸다고 해서 행복하리라는 보장은 없다. 오히려 그는 눈물을 흘리며 억지로 그 음식을 씹어 삼켰을 수도 있다. 그런데도 사람들은 그가 자신보다 행복하다고 느끼며 그보다 더 나은 모습을 보여주기 위해 애쓴다.

　본래 소셜 미디어는 간단한 메시지를 전달하는 것으로 출발했는데 지금은 시각적 이미지가 화면을 지배하고 있다. 우리는 멋진 시각적 이미지 때문에 타인과 자신을 비교할 수밖에 없다. 특히 여성들은 타인의 신체 이미지에 민감하다. 연예인들의 아름다운 외모는 비교의 대상에서 멀리 떨어져 있지만 친구의 얼굴과 몸매는 직접적인 비교의 대상이다. 여러 연구에 의하면 소셜 미디어 사용자의 절반 이상은 타인의 신체 이미지를 보면서 스트레스를 받는다. 그러나 그 이미지는 그가 사람들에게 보여줄 수 있는 최상의 모습이며 때로는 인위적으로 보정한 것들이다.

　소셜 미디어에 지나치게 집중하게 되면 오히려 자신의 몸이 망가질 수 있다. 19세에서 69세까지의 한국인 7,808명을 분석한 연구에 따르면 인터넷 같은 미디어를 이용하는 시간이 6시간 이상인 사람은 2시간 미만인 사람보다 비만 위험이 1.42배 더 높다.[2] 그런데도 우리 주변에는 스마트폰을 손에 쥐고 있지 않으면 불안해하는 사람들이 많다.

타인의 시선을 의식할 필요는 없다

　사람들은 소셜 미디어에 올라온 타인의 모습을 두 가지 방식으로 평가한다. 하나는 그의 삶을 부러워하는 것이고 다른 하나는 그가 누리는 것들의 가치를 깎아내리는 것이다. 첫 번째 부류의 사람은 자기가 부러워하는 사람들을 따라 하기 위해 부단히 애쓴다. 그들이 다녀온 해외 여행지를 가기 위해 애쓰고, 그들이 소유한 명품을 사기 위해 애쓰고, 그들이 즐기는 일상의 모든 것들을 따라 하기 위해 애쓴다. 반면 두 번째 부류의 사람은 자기가 부러워하는 사람들이 누렸던 경험이나 소유하고 있는 명품의 가치를 깎아내리기 위해 애쓴다. 가령 이런 식이다.

"누가 거기 갔다 왔는데 소매치기만 들끓는다고 하던데?"

"아, 그거? 원가는 5만 원도 안 될걸?"

부러움은 경쟁을 촉발한다. 타인을 부러워하는 사람은 그보다 나은 모습을 보여주기 위해 애쓸 것이고 그 경쟁에 뛰어들고 싶을 것이다. 그러므로 상대방을 부러워하는 사람보다는 비록 위선일지라도 누리는 것의 가치를 폄하하는 사람이 덜 불행하다. 타인의 삶을 부러워하지 않으려면 이렇게 내뱉으면 된다.

"바보들. 왜 쓸데없는 데 돈을 쓰지? 돈 없이도 누릴 수 있는 것들이 얼마나 많은데."

이것이 이른바 '신 포도 전략sour grapes strategy'이다. 『이솝 우화』에는 「여우와 포도」가 나온다. 어느 날 배고픈 여우가 포도밭 옆을 지나다가 주렁주렁 매달린 포도송이를 보았다. 여우는 입에 침이 고일 정도로 포도를 먹고 싶었지만 너무 높이 달려 있었다. 여우는 포도를 따기 위해 펄쩍펄쩍 뛰었으나 아무리 용을 써도 포도를 딸 수 없었다. 결국 여우는 포기하고 돌아서면서 이렇게 중얼거렸다.

"저 포도는 아직 익지 않았을 거야. 신 포도는 싫어."

신 포도 전략은 현실적으로 소유할 수 없는 것들의 가치를 낮게 평가하거나 심지어 경멸함으로써 자신을 위안하는 것이다. 자기기만적인 전략이지만 오르지 못할 나무에 오르기 위해 인생을 허비하는 것보다는 훨씬 낫다.

우리는 다른 사람들이 자신을 유심히 지켜보고 있을 거라고 착각하는 경향이 있다. 그래서 늘 타인의 시선을 의식하면서 자신의 모습이 어떻게 보일지 걱정한다. 다른 사람들이 자신을 주목할 것이라고 착각하는 심리를 '조명 효과spotlight effects'라 부른다. 하지만 사람들은 당신의 존재에 별 관심이 없다.

2000년 심리학자 토머스 길로비치 연구팀은 대학생 190명을 대상으로 한 가지 실험을 진행했다.[3] 연구팀은 학생 한 명에게 1970년대에 스타로 추앙되던 가수의 얼굴이 인쇄된 티셔츠를 입힌 후 실험 참가자들이 모인 곳에 잠시 앉아 있다가 나오도록 했다. 연구팀은 낯선 스타의 얼굴이 학생들의 주목을 받을 것으로 예측했다. 하지만 결과는 의외였다. 이상한 옷차림을 알아챈 학생은 23%에 불과했다. 인권운동가 마틴 루터 킹의 얼굴이 인쇄된 티셔츠를 입었을 때도 결과는 비슷했다. 사람들은 당신의 삶이나 차림새 따위에는 관심이 없다. 사람들이 주목하는 것은 오직 자신의 상태다. 당신의 이미지는 비교의 대상이 될 만큼 돋보일 때만 눈에 띈다.

여성과 달리 남성은 다른 남성에게 별 관심이 없다. 남성이 다른 남성에게 관심을 가지는 경우는 높은 지위를 과시할 만한 표지를 가지고 있을 때다. 하지만 아무리 큰 재산을 가진 남성도 화려한 저택이나 보유한 주식을 손에 들고 다니며 자랑할 수는 없다. 잘나가는 남성이 과시할 수 있는 것은 쉽게 눈에 띄는 최고급 자동차나 명품 손목시계다. 한 가지를 더하면, 많은 사람이 있을 때 표나게 돈을 쓰는 것이다. 가령 동창회 모임에서 크게 한턱내는 것이다. "내가 쏠게!"라는 외침에는 "이 중에서는 내가 제일 잘나가!"라는 메시지가 담겨 있다.

여성이 지위를 과시하는 수단은 남성과 비슷하면서도 약간 다르다. 소비의 측면에서 보면 여성에게 중요한 것은 가방이다. 명품 가방은 큰 부피를 차지하는 의류나 부를 과시하는 귀금속보다 훨씬 눈에 잘 들어온다. 옷이나 보석은 명품 브랜드인지 아닌지를 확인하는 데 시간이 걸린다. 하지만 가방은 명품 브랜드의 광고판 역할을 한다.

여성이 남성과 다른 점 중 하나는 유독 외모를 과장하는 것이다. 남성은 외모보다 지위와 부가 더 중요하다. 부자가 잘생기기까지 하면 더할 나위 없다. 하지만 남성에게는 외모보다 지위와 부가 훨씬 중요한 평가 기준이 된다. 그러나 여성은 지위나 부보다 외모가 우선순위다. 돈을 잘 버는 여성이 남성에게 인기가 있는 것은 당연하다. 그러나 예쁜 여성보다는 눈길을 덜 끈다. 그래서 남성은 소셜 미디어에 새로 산 물건이나 승진이나 여유로운 휴가 소식을 올리고 여성은 외모가 가장 잘 나온 사진을 올리는 데 여념이 없다.

자신의 처지와 비교하지 말라. 그들은 당신을 속상하게 할 의도가 없다. 그저 자신을 보여주고 싶을 뿐이다. 그리고 속지 말라. 그들은 어쩌다가 그런 운 좋은 기회를 만났고 그 순간을 자랑하고 싶어 안달이 났을 뿐이다. 그런 순간은 당신에게도 찾아온다. 비록 매일 찾아오는 것은 아니지만.

온라인에 중독된 사람들의 행복지수가 낮다

우리는 소셜 미디어의 덕을 톡톡히 보고 있다. 친구를 만나기 위해 동네 어귀나 학교 운동장을 종일 맴돌았던 적이 있거나 짝사랑하는 이에게 편지를 전하기 위해 밤새 가슴 졸였던 적이 있는 사람이라면 실감할 것이다. 그 시절엔 자신의 간절함을 전달할 수단이 마땅치 않았다. 하지만 요즘에는 다양한 형태의 소셜 미디어 덕분에 관계의 거리가 짧아지고 폭은 넓어졌다. 하지만 더 행복해졌는가?

미국 샌디에이고주립대학교 연구팀이 1991년부터 2016년까지 10대 청소년 100만 명의 행복지수를 분석한 연구 결과를 내놓았다.[4] 미국 청소년들의 행복지수는 2012년을 기점으로 갑자기 떨어졌다. 사실 2008년 금융위기를 겪으면서 청소년과 성인의 행복지수는 모두 낮아졌다. 경기침체와 소득 불평등이 행복에 영향을 미친 것이다. 하지만 금융위기가 해소되고 경제가 성장한 2012년 이후에도 행복지수는 나아지기는커녕 오히려 떨어졌다.

2012년에 갑자기 행복지수가 낮아진 이유는 무엇이었을까? 연구팀은 그 이유를 스마트폰에서 찾았다. 2012년은 미국의 스마트폰 보급률이 50%를 돌파한 해였다. 분석 결과 하루에 다섯 시간 이상 온라인 활동을 하는 학생들은 한 시간 정도 온라인 활동을 하는 학생보다 2배 이상 불행하다고 느꼈다. 30세 이상의 성인들도 온라인에 중독된 사람들은 행복지수가 낮았다. 하지만 온라인 활동을 전혀 하지 않는 것도 문제였다. 하루 한 시간 정도 온라인 활동을 하는 청소년의 행복지수가 가장 높았기 때문이다. 한 시간을 기준으로 스마트폰 사용 시간이 늘어날수록 행복지수가 감소했다.

지나친 온라인 활동이 행복지수를 떨어뜨린다는 연구 결과는 많다. 사람들을 두 그룹으로 나눈 후 한 그룹은 일주일 동안 페이스북을 강제로 끊게 했더니 계속한 사람들보다 더 행복감을 느꼈다.[5] 페이스북을 탈퇴한 사람들과 계속 계정을 유지한 사람들을 비교한 연구에서도 마찬가지 결과가 나왔다.[6]

마음먹고 자랑했는데 아무도 '좋아요'를 눌러주지 않으면 몹시 기분이 상할 것이다. 사람들이 '좋아요'를 누르는 이유는 크게 세 가지다. 진짜 좋아서 누르는 경우, 어쩔 수 없이 눌러야 하는 관계인 경우, 상대방이 내게도 '좋아요'를 누를 것이라고 기대하는 경우다. 사람들은 '좋아요'를 누르면서 상대방도 자신에게 '좋아요'를 누를 것이라고 기대한다. 응답이 없으면 사람들은 금세 당신을 떠난다. 따라서 '좋아요'는 사람들의 관심을 끌 만큼 콘텐츠가 뛰어나든지, 아니면 열심히 인간관계를 관리한 대가로 주어진다.

최근 소셜 미디어는 콘텐츠를 올린 사람만 '좋아요'를 누른 횟수를 확인할 수 있는 기능이나 '좋아요'를 누른 사람의 숫자를 표시하지 않는 기능을 추가하고 있다. 우리는 다른 사람들이 부러워하는 것을 더 부러워하고 더 따라 하고 싶어 한다. 얼마나 많은 사람이 '좋아요'를 눌렀는지 모른다면 불필요한 사회적 비교와 경쟁을 줄일 수 있을 것이다. 그렇게 되면 사람들은 남의 시선을 의식하는 콘텐츠보다 자신이 원하는 콘텐츠를 생산하려 할 것이다.

6. 이웃집 변호사는 행복하지 않다

우리는 높은 사회적 지위를 열망한다

어느 사회든 법률가가 된다는 것은 사회적으로 성공을 거두었다는 것을 의미한다. 우리나라도 예외가 아니다. 그동안 많은 젊은이가 사법고시 준비에 청춘을 허비했고 오늘날에도 로스쿨에 입학하기 위해 전공을 바꾸거나 직장을 그만두는 사람이 적지 않다. 사법고시만으로 법률가를 선발하던 시절 법률가는 똑똑한 아이를 둔 학부모들의 꿈이었다.

우리 사회에서 법률가들이 누리는 갖가지 사회적 혜택에 비하면 소득과 지위는 오히려 작은 이득에 속한다. 예컨대 변호사가 진출할 수 있는 분야는 거의 제한이 없고 검사나 판사 출신은 어디서나 환영받는다. 심지어 정치 분야에 진출할 때도 법률가 출신은 상당한 대접을 받는다. 또 지적 능력과는 관계없이 법률을 잘 안다는 이유만으로 지식인으로 대우받는다. 물론 법률가가 환영받는 것은 그만큼 구린 데를 처리해야 할 사람들이 많다는 뜻이기도 하다. 기업이나 오너들은 청소 물고기들과 좋은 관계 맺기를 원하고 그 대가로 기꺼이 많은 보수를 지불한다.

최근에는 사법고시가 사라지고 변호사들의 숫자가 크게 늘었다. 소수의 잘나가는 변호사나 곳곳에 인맥을 가진 판검사 출신을 제외하면 과거와 같은 대우를 받기가 힘들다. 그럼에도 사람들은 여전히 변호사를 선망한다. 직장에 얽매여 사는 사람들보다는 자유로운 분위기 속에서 일할 수 있을 것이란 기대 때문일 것이다. 변호사들이 보통 사람들이 상상하는 삶을 살고 있다면 몹시 행복할 것이다. 하지만 심리학자들은 변호사의 삶이 그리 행복하지 않다고 말한다. 우리가 상상하는 것과 달리 변호사들은 부족한 수면 시간, 불규칙한 식사 습관, 승소와 마감 시간에 대한 압박, 경쟁적 환경 등으로 강도 높은 스트레스에 시달린다.[1] 이 때문에 변호사들이 우울증에 걸릴 확률이 훨씬 높다고 한다.

변호사가 더 우울증에 잘 걸린다

긍정심리학자 마틴 셀리그먼Martin Seligman은 미국의 변호사들이 행복하지 않은 세 가지 이유를 들었다.[2] 첫째, 비관주의다. 1990년에 입학한 법학대학원 신입생들을 3년간 추적 조사한 결과 비관주의자의 성적이 더 뛰어났다. 이는 공격적이고 편파적이고 비정한 사람일수록 변호사로 성공할 확률이 높다는 뜻이기도 하다. 둘째, 자율권이 없다. 변호사들이 자유로운 삶을 누릴 것 같지만 실제로는 의뢰인의 요구를 모두 수용해야 하기 때문에 거의 발언권을 갖지 못한다. 셋째, 승자와 패자가 엄격히 구별되는 제로섬 게임을 해야 한다. 소송에서는 누군가 반드시 져야 한다. 옳고 그름을 떠나 패배는 늘 고통스럽다.

변호사는 진실을 밝히고 정의를 세우기 위해서가 아니라 소송에서 이기기 위해 일한다. 그래서 때로는 범죄를 은폐하고 축소하며 악행을 미화하고 악인을 옹호한다. 물론 사회적 정의를 위해 애쓰는 변호사들도 적지는 않다. 하지만 대부분의 변호사가 일하는 동기는 수임료다. 수임료 때문에 자신의 신념과 어긋나는 일을 정당화해야 하는 경우가 많다. 이런 삶이 행복하다고 할 수는 없을 것이다.

더구나 자율성이 보장되지 않는 일에서는 만족감을 얻을 수 없다. 미국인들을 대상으로 조사한 자료에 의하면, 행복의 열쇠는 자신의 일에서 얼마만큼의 자기결정권을 가지고 있느냐 하는 것이었다.[3] 자율autonomy이란 타인의 지배나 구속받지 않고 자신의 원칙에 따라 사고하고 행동할 수 있는 것을 말한다. 철학적으로는 자신이 세운 도덕적 준칙에 따른다는 의미를 담고 있다. 따라서 자율은 남의 간섭을 받지 않고 스스로 세운 도덕적 준칙에 따라 사고하고 행동하는 것이라 할 수 있다. 변호사의 경우 자신의 도덕적 준칙에 충실하기 어렵다. 의뢰인이 악행을 저질렀다는 것을 알면서도 변호해야 하는 경우가 많고 스스로 편법을 해야 하는 경우도 많기 때문이다.

자율권이 우리를 행복하게 한다

우리는 다른 사람들이 자기를 어떻게 평가하는지에 매우 민감하다. 타인의 시선이 도덕적 행위에 큰 영향을 미친다는 것은 멜리사 베이트슨Melissa Bateson의 유명한 실험을 통해 밝혀진 바 있다. 무인 판매대에서 음료수를 구입한 사람들은 사진 속의 눈이 보고 있다는 사실을 의식하는 것만으로 더 정직하게 행동했다.[4] 우리는 자신의 모습을 바라보는 것만으로도 더 도덕적으로 행동한다. 특히 아이들은 자신을 비추는 거울이 놓여 있는 것만으로도 더 정직하게 행동한다.[5]

우리가 스스로 세운 도덕적 준칙에 따라 행동하는 것은 인간이 도덕적이기 때문이 아니라 사회적 제약에서 자유롭지 못하기 때문이다. 사회적 제약이 개인의 내면 안에서 도덕적 준칙으로 자리 잡은 것이 자율이라 할 수 있다. 따라서 자율은 사회적 존재로 살아가기 위해 우리 안에 새겨진 본성이다. 무엇을 하든, 지위가 무엇이든, 돈이 얼마나 있든, 자율성이 침해된 사람은 행복하지 않다. 자신의 삶을 스스로 통제할 수 없는 사람에게 돈과 지위는 아무짝에도 쓸모가 없다.

자율성은 자기 행동을 결정할 수 있는 힘이다. 만약 자기 행동을 스스로 선택할 수 없다면 늘 불안 속에서 살아가야 한다. 쥐를 대상으로 진행한 실험에서는 같은 분량의 코카인이더라도 자신의 의지와 상관없이 코카인이 투여된 쥐가 더 일찍 사망했다.[6] 자율적으로 통제할 수 없는 스트레스는 불행을 넘어 죽음을 부른다.

우리가 사회적 지위를 원하는 것 역시 더 많은 통제력을 원하기 때문이다. 사회적 지위가 높을수록 통제력을 확보할 기회도 증가한다. 사람들이 변호사를 선망하는 것도 그 때문이다. 그러나 변호사가 되기 위해 인생을 허비할 필요는 없다. 사회적 지위가 통제력을 확보하는 데는 도움이 될지 모르지만 자율권으로 이어지지 않으면 별 의미가 없다. 누구든 자기 삶을 자율적으로 통제하는 만큼만 행복하다.

7. 사랑에 빠지면 눈이 멀게 설계됐다

소크라테스의 결혼 생활은 불행했던 것으로 알려져 있다. 그러나 악처로 알려진 아내 크산티페에 관한 일화들은 소크라테스의 제자 크세노폰을 비롯하여 3세기 초의 역사가 디오게네스 라에르티오스와 훗날의 작가들에 의해 대부분 창작되거나 과장된 것이다. 억울하게 오명을 쓰긴 했지만 크산티페가 남편에게 불만을 가진 것은 틀림없었을 것이다. 소크라테스는 집안일에 관심이 없었고 동성애자이면서 후처와의 사이에 아들을 두었고 평생 무위도식하면서 시도 때도 없이 사람들을 집에 불러들여 입담을 즐겼다. 삶이 불행했던 사람은 소신을 지키기 위해 독배를 마시고 세상을 떠난 소크라테스가 아니라 그의 아내였던 것이다.

톨스토이의 아내 소피아 역시 평생 남편의 원고를 필사하면서 13명의 자녀를 길렀다. 하지만 남편의 관심은 늘 다른 데 있었다.

결국 톨스토이는 여든 살을 넘긴 나이에 집을 나와 외딴 시골 역장의 집에서 쓸쓸히 삶을 마감했다. 행복한 결혼에 대해 조언한 철학자는 많다. 하지만 결혼 생활이 행복했다고 고백한 철학자는 거의 없다. 특히 쇼펜하우어는 매우 비관적인 말을 남겼다.

"(결혼은) 종족 보존의 욕구가 충족되고 나면 추악하게 변한 배우자만 남는다."

결혼에 대한 환상은 진화의 숨은 전략이다

동화나 드라마가 보여주는 결혼은 판타지다. 현실에서는 괴물을 물리친 영웅이 공주를 차지할 수도 없고 통금시간을 어긴 소녀가 왕자의 아내가 될 수도 없다. 동화는 결혼 후의 삶을 보여주지 않는다. 그래서 동화의 결말은 늘 '오래오래 행복하게 살았다'는 식으로 끝난다. 결혼 후를 다룬 소설이나 드라마는 대개 비극으로 끝난다. 결혼 후의 자질구레한 삶을 낭만적으로 그린 작품들도 있다. 대부분 독자의 희망을 반영한 것일 뿐이다.

결혼에 대한 환상은 진화의 숨은 전략이다. 사춘기 시절의 위험하고 철없는 불장난은 사랑이라는 이름으로 위장한 채 곧바로 짝짓기로 이어진다. 이는 자연이 모든 생명체에게 부여한 일종의 지령 같은 것이다. 결혼이 가족의 생계와 양육의 의무가 주어진 그렇고 그런 삶이라는 것을 깨닫고 나면 아무도 결혼하고 싶어 하지 않을 것이기 때문이다. 짝짓기하지 않으면 생명체는 멸종된다.

자연의 숨은 전략대로 젊은이들은 침대에서 눈을 뜨면 배우자가 갓 구운 빵과 커피를 내놓을 것이라는 환상을 갖는다. 설령 사랑하는 연인이 그런 태도를 지녔다 해도 평생 그렇게 해줄 리는 없다.

그런 태도를 기대하려면 배우자가 원하는 보상을 주어야 한다. 그 보상은 자녀를 양육할 수 있는 충분한 자원의 확보와 그에 따른 헌신적인 노동이다.

결혼이 파국을 맞지 않으려면 눈에 낀 콩깍지를 그대로 유지하는 것이 좋다. 배우자를 이상적인 사람으로 여기면 결혼의 만족감을 오래 유지할 수 있다.[1] 예컨대 배우자가 이 세상에서 만날 수 있는 최고의 사람이라고 믿으면 문제가 생겨도 관대한 태도를 견지할 수 있는 것이다.

결혼 후 가장 먼저 해결해야 하는 것은 돈 문제다. 먹고사는 문제가 해결되지 않으면 사랑이 유지될 수 없다. 예전에는 결혼을 통해 신분 상승이 가능했다. 하지만 요즘에는 비슷한 배경을 가진 사람끼리 결혼하는 경우가 많고 여성의 소득이 남성보다 많은 경우도 적지 않다. 사회학자 로버트 메어Robert Mare가 미국인들의 삶을 분석한 결과에 의하면[2] 결혼을 기점으로 여성의 소득은 감소한다. 아이가 태어나면 여성의 소득은 감소하고 반대로 남성의 소득은 증가한다. 더구나 여성이 육아를 위해 질 낮은 일자리로 이동하거나 직장을 그만두면 이혼 가능성도 커진다.

그렇다고 돈을 삶의 중심에 놓게 되면 결혼 생활의 만족도가 줄어든다. 제이슨 캐럴Jason Carroll 연구팀이 1,734쌍의 부부를 대상으로 진행한 연구에 의하면 물질을 중요한 가치로 여기는 사람일수록 부부 관계가 좋지 않았다.[3] 최악의 조합은 부부 중 한 명이 속물이고 다른 한 명은 전혀 그렇지 않은 경우였다. 이런 부부는 모두 속물인 부부보다 더 불화가 잦았다. 가장 행복한 관계는 둘 다 돈을 밝히지 않는 부부였다. 이들은 행복감을 측정하는 주요 지표에서 10~15% 정도 높은 점수를 보였다.

결혼 후가 아닌 전의 행복감이 최고다

에로틱한 사랑은 2년을 넘지 못한다. 행복감은 결혼 직전에 절정에 이르렀다가 결혼하는 순간부터 감소하기 시작한다. 국내에서 진행된 연구에서도 여성의 결혼 만족도는 결혼 후 2년이 지나면 결혼 전의 상태로 돌아간다는 사실이 확인됐다.[4] 그런데 남성은 결혼생활 내내 만족도가 그대로 유지된다. 남성에게는 결혼이 손해 보는 게임이 아닌 것이다.

결혼할 것인가, 말 것인가! 이런 딜레마에 빠져 있는 사람들에게 희망을 주는 소식이 있다. 기혼자는 독신자보다 행복하다. 한 연구에 의하면 기혼자 40%가 삶에 만족한다고 답한 반면에 미혼자는 23%만이 삶에 만족한다고 답했다. 심리학자 에드 디너Ed Diener 연구팀은 행복한 사람이 더 많이 결혼하고 이혼 가능성도 작다는 사실을 밝혀냈다.[5] 연구팀이 영국, 독일, 호주의 국가 데이터를 분석한 결과 자신의 삶에 만족한 사람들이 그렇지 않은 사람보다 더 많이 결혼했고 아이를 낳을 가능성도 컸다. 이들은 이혼할 가능성도 작았다. 연구자들은 삶의 만족도가 높은 사람들은 타인에게 더 많은 호감을 얻고 사회적으로 활발하기 때문에 좋은 사회적 관계를 형성할 가능성이 크고 그만큼 결혼할 가능성도 크다고 분석했다. 이것이 사실이라면 사람들은 결혼하기 때문에 행복한 것이 아니라 행복하기 때문에 결혼하는 것이다.

미국인들을 대상으로 한 여러 연구와 조사들을 요약하면 가장 행복한 사람은 동거만 하는 커플이며 가장 불행한 사람은 배우자와 사별하거나 이혼한 사람이다. 배우자를 잃으면 몸의 면역계에 문제가 생겨 질병에도 취약해진다.[6] 배우자와 사별한 환자의 세포들은 병에 걸린 듯 정상적으로 반응하지 않았다. 이 때문에 배우자를 잃은 사람의 사망률이 높다.

1950년대 후반부터 이루어진 여러 연구에서 배우자를 잃은 사람은 같은 연령대의 기혼자보다 사망률이 2~4배 높다는 사실이 밝혀지기도 했다.[7] 특히 55세 이상 영국 남성 4,486명을 대상으로 한 연구에서는 아내와 사별한 남성은 6개월 내 사망률이 40%나 높았다.[8] 42년 동안 세계 주요 국가에서 이루어진 34개 논문을 분석한 연구에서도 독신자는 관상동맥질환으로 사망할 위험이 42%, 뇌졸중으로 사망할 위험이 55%나 더 높은 것으로 나타났다.[9]

대부분의 연구에서 혼자 사는 남성의 사망률이 높다. 특히 이혼하거나 아내와 사별한 남성의 사망률이 가장 높다. 반면 여성은 결혼 여부가 사망률을 크게 좌우하지 않는다. 여성은 혼자서도 많은 문제를 해결할 수 있다. 하지만 혼자 사는 남성은 사소한 일상사가 모두 스트레스다. 남성은 가족이나 사회적 돌봄이 없으면 몸과 마음이 황폐해지는 것이다.

결혼의 경제적 가치는 연간 10만 달러 이상이다

자녀를 돌보고 양육하는 문제는 남녀 모두에게 엄청난 부담이다. 그래서 자녀를 낳지 않은 부부가 더 행복하다. 자녀는 행복을 안겨주지만 대개 그 시기는 인생의 자유와 즐거움을 모두 빼앗긴 뒤다. 그럼에도 불구하고 자신의 유전자를 세상에 남기는 것은 생물학적으로 큰 기쁨이다. 손주 앞에서 사족을 쓰지 못하는 노인들을 보면 금세 알 수 있다. 우리는 자식 때문에 마음고생하지만 또 그 때문에 살아갈 힘과 삶의 보람을 얻는다.

지속적으로 행복한 삶은 존재하지 않는다. 인생이란 행복과 불행이라는 씨줄과 날줄로 엮여 있다. 결혼이 행복을 보장하지는 못하더라도 불행을 막아주는 것은 틀림없다. 스위스 취리히대학교 연구팀이 미국인 1만 6,000여 명의 삶을 10년간 분석한 논문에서는 행복한 결혼의 가치를 연간 10만 달러로 환산한 바 있다.[10] 연구팀은 결혼이 예상치 못한 불행을 막아주는 보험이자 규모의 경제를 실현하는 이점을 제공한다고 주장했다. 연구팀 분석에 의하면 독신으로 사는 사람이 기혼자와 동일한 조건이라면, 화폐가치로 따졌을 때 매년 10만 달러를 적게 버는 것이고 기혼자가 이혼했을 경우에는 매년 6만 6,000달러를 손해 보는 것으로 나타났다. 연봉이 10만 달러가 안 되는 사람이 수두룩하므로 과장된 액수처럼 느껴진다. 하지만 두 사람의 인생 전체를 생각하면 많은 액수가 아닐 수도 있다. 결혼 생활이 주는 안정감, 책임감, 미래에 대한 비전은 돈으로 환산하기 어렵다.

결혼 생활은 행복할 수도 불행할 수도 있다. 불행의 덫에 걸리지 않으려면 결혼식장에 들어가기 전에 반드시 따져봐야 할 것이 있다. 네 가지를 꼽아보았다.

첫째, 한 번이라도 폭력성을 드러낸 사람은 멀리하라. 설령 무릎 꿇고 용서를 빌더라도 당장 관계를 끝내는 것이 좋다. 폭력성은 의식적인 노력으로 고치기 어렵다. 무심코 마신 술 한 잔이 폭력의 도화선이 될 수 있다. 한 번의 폭력을 대수롭지 않게 묵인한 배우자는 평생 공포의 지옥에 갇혀 지낼 수 있다.

둘째, 종교나 정치적 견해가 극명하게 다르면 결혼을 재고하라. 배우자가 특정 신념을 강요하기 시작하면 평생 정신적 고통을 안고 살아야 한다. 어떤 사람에게는 종교 자체가 삶이다. 종교는 사랑과 폭력에 함께 의존한다. 그래서 때로는 종교가 다를 때 곧바로 적이 된다. 마찬가지로 정치적 견해가 극명하게 다르면 세상을 보는 눈이 다르고 사람을 바라보는 시각도 다르다. 매사에 부딪힐 수밖에 없다.

셋째, 상대방이 빚을 감추고 있거나 분수에 맞지 않는 소비를 하고 있다면 결혼하지 않는 것이 좋다. 평생 궁핍을 겪을 수도 있다. 서로 다른 소비 습관은 안정된 삶을 위협한다. 특히 한쪽이 금전적 문제를 속이게 되면 파산은 눈에 보듯 뻔하다.

넷째, 도박이나 알코올 중독은 물론 게임이나 스포츠를 즐기는 것이 중독 수준이라고 판단되면 관계를 끝내라. 중독은 취향이 아니라 치료하기 어려운 질병이다.

사랑에 눈이 멀면 다른 사람의 조언은 귀에 들어오지 않는다. 결혼 자체가 삶의 만족도에 기여하는 수준은 2% 정도밖에 되지 않는다. 나머지 행복은 사랑과 무관한 요인에 의해 결정된다. 결혼은 사랑이기 이전에 삶 그 자체다.

8. 외모가 아름다우면 더 행복해진다

침어낙안浸魚落雁 폐월수화閉月羞花. '물고기는 넋을 잃은 채 바닥에 가라앉고, 허공을 날던 기러기는 땅에 떨어지고, 달은 구름 속에 몸을 숨기고, 꽃은 제 모습을 부끄러워한다.'라는 뜻이다. 중국 4대 미인으로 꼽히는 서시, 왕소군, 초선, 양귀비를 각각 표현한 말이다.

나라를 기울게 할 만큼 아름답다는 '경국지색傾國之色'이라는 말도 있다. 은나라의 달기와 주나라의 포사가 여기에 해당된다. 미인은 박명이라 했던가? 이들은 한 시대를 풍미했으나 인생의 말로는 비참했다. 그네들은 대부분 자신의 의도와 관계없이 사랑과 전쟁의 소용돌이 속에서 끔찍하게 죽어갔다.

아름다운 사람과 친해지고 싶어 한다

찬 바람이 불기 시작하면 유명 성형외과 병원들이 문전성시를 이룬다고 한다. 입시를 마친 학생들과 학교를 졸업한 예비 취업자들이 얼굴을 고치기 위해 몰려들기 때문이다. 외모에 관심이 부쩍 높아지면서 청소년들도 심각한 스트레스를 겪고 있다. 성형 열풍이 비단 우리나라만의 문제는 아니다. 미국에서는 지방흡입 시술을 받다가 사망하는 비율이 교통사고로 사망하는 비율보다 높다는 조사 결과도 있다.

　얼굴을 고치면 지금보다 행복할까? 성형수술은 대체로 삶의 만족도를 높인다. 하지만 만족감은 오래 지속되지 않는다. 예컨대 보톡스 시술을 받은 우울증 환자들은 2개월 후 증상이 완화됐다.[1] 그러나 다른 연구에서는 보톡스 시술을 받은 후 우울감은 전반적으로 감소했으나 외모가 더 나아졌다고 느끼지는 않았다.[2] 얼굴을 고친 후 행복감이 증가하더라도 시간이 지나면 다시 불만을 품게 되는 것이다. 더구나 보톡스 주사를 맞으면 타인의 말이나 표정에 실린 미묘한 감정을 제대로 읽을 수 없게 된다는 연구 결과도 있다.[3] 타인의 감정을 파악하는 능력이 줄어드는 것이다.

　우리는 매력적인 이성 앞에서 자신의 겉모습을 위장한다. 대개 남성은 소득이나 지위를 속이고 여성은 외모를 속인다. 여성이 몸무게, 나이, 얼굴을 속이려고 애쓴다. 반면 남성은 미모의 여자 친구를 곁에 두는 데 더 관심이 많다. 여자 친구의 미모가 남성의 소득과 사회적 지위를 나타내는 표지로 작용하기 때문이다. 예컨대 아름다운 여배우를 여자 친구로 둘 수 있는 남성은 흔치 않다.

　예쁜 여자 친구를 둔 남성이 높게 평가받는 것은 후광효과 때문이다. 여성도 남자 친구가 잘생겼거나 사회적 지위가 높을수록 높은 평가를 받는다. 그래서 사람들은 유명 연예인이나 아름다운 사람에게 질투를 느끼기보다 그들과 친해지고 싶어 하고 그들과의 친분을 과시하고 싶어 한다.[4] 그들과 친해지면 자존감이 높아지고 지위가 올라가는 것처럼 느끼기 때문이다.

거울 앞에 서면 한 가지쯤 눈에 거슬리는 자기 모습과 마주하게 된다. 유독 커 보이는 점이나 잡티, 작은 눈, 낮은 코를 보며 열등감을 느낀다. 외모에 대한 자기 비하가 지나치면 '신체이형장애body dysmorphic disorder'로 발전할 수 있다. 신체이형장애는 별다른 문제가 없는데도 외모에 집착하느라 정상적인 생활이 어려운 정신질환이다. 여러 연구에 의하면 1.5~2.5% 정도의 사람들이 이 증세를 겪는다고 한다.[5] 이들 중 일부는 한 번의 성형 시술에 만족하지 못하고 반복적으로 성형을 시도하는 성형중독자다.

정도의 차이는 있지만 누구나 자기 외모에 불만을 품고 있다. 자신의 외모를 높게 평가하는 사람일수록 자존감이 높다. 그래서 그들은 늘 거만하고 자신감이 넘치며 잘난 척을 하는 것처럼 보인다. 자신의 외모를 높게 평가하는 남성은 외모에 크게 신경 쓰지 않는다. 자신감이 넘치기 때문이다. 반면 자신이 예쁘다고 생각하는 여성은 오히려 외모에 더 많은 주의를 기울인다. 더 나빠져서는 안 된다는 욕구, 더 나아지고 싶은 욕구 때문이다.

사람들은 소셜 미디어에 실시간으로 올라오는 친구들의 사진을 보면서 자신의 외모를 평가한다. 아름다운 사람의 모습을 자주 접할수록 판단 기준이 높아지고 자신의 외모에 만족하지 못하는 경향이 있다. 1980년 더글러스 켄릭Douglas Kenrick 연구팀은 남학생들을 두 그룹으로 나눈 후 한 그룹에게 TV 드라마「미녀 삼총사」를 보여주고 나머지 그룹에게는 평범한 다큐멘터리를 보여주었다.[6]

그런 다음 낯선 여성들의 사진을 보여주자 「미녀 삼총사」를 관람한 학생들은 사진 속 여성을 매력적이지 않다고 평가했을 뿐 아니라 자신의 외모도 덜 매력적이라고 평가했다. 드라마에 등장하는 미녀들을 보면서 외모를 평가하는 눈이 높아졌고 그 기준에 맞춰 타인과 자신의 외모를 비교했기 때문이다.

인간은 아름다움을 과시하고 싶어 한다

성형은 외모에 대한 위장술인 동시에 아름다움에 대한 왜곡이다. 얼굴 성형이 어려웠던 시절 사람들은 몸을 치장하는 의류, 장신구, 화장술로 자신의 외모를 과장했다. 과거에는 세계 어느 지역이든 겉모습만 보아도 계급을 구분할 수 있었다. 남성은 가발과 복장으로 신분을 과시하고 여성은 화장과 장신구로 외모를 위장했다.

장식을 통해 자신의 정체성, 신분, 지위를 과시하는 행위는 동식물에서 흔히 볼 수 있는 현상이다. 식물은 꽃가루와 씨앗을 퍼뜨릴 곤충들을 유혹하기 위해 화려한 꽃을 장식물로 사용한다. 또 곤충의 몸에 꽃가루를 묻힐 수 있도록 유혹하기 위해 밑바닥 깊은 곳에 꿀을 숨겨놓는다. 식물에는 꽃과 꿀이 유혹의 미끼인 동시에 매력의 척도다. 동물은 말할 것도 없다. 특히 수컷은 암컷을 유혹하기 위해 거추장스러운 뿔, 갈기, 깃털 같은 장식물을 몸에 달고 다닌다.

영악한 인간은 아름다움을 과시하기 위해 경쟁적으로 온갖 화장품과 치장물을 발명했다. 패션도 그중 하나다. 패션쇼를 보면 모델들이 그런 불편한 옷을 입고 어떻게 걸어 다닐 수 있는지 신기해 보일 정도다. 하지만 불편함도 남들보다 돋보이고 싶은 인간의 욕망을 억누를 수는 없다. 한때 유럽 여성들은 잘록한 허리를 강조하기 위해 경쟁적으로 코르셋을 착용했는데 지나치게 조이는 바람에 탈장, 내출혈, 갈비뼈 골절이 흔했다고 한다.

아름답게 보이는 것이 죽음을 불사할 만큼 가치 있는 것일까? 최근 여성들 사이에서 타인의 시선으로부터 해방되고자 하는 '탈코르셋' 운동이 번지고 있다. 탈코르셋 운동은 꾸미지 않을 자유를 향한 외침인 동시에 남성 중심의 미적 기준에 대한 저항이라 할 수 있다.

잘생긴 외모가 타인에게 호감을 주는 것은 분명하다. 그러나 우리는 외모만으로 아름다움을 평가하지 않는다. 2004년 연구가 이를 뒷받침한다.[7] 이 연구에서도 외모가 사람을 평가하는 데 중요한 역할을 한다는 사실은 변함이 없었다. 그러나 6주 동안 함께 캠프에 참여한 학생들은 누군가와 함께하는 시간이 길어질수록 호감도가 극적으로 변화했다. 시간이 지날수록 외모는 호감도에 큰 영향을 미치지 않았다. 상대방을 알면 알수록 그에 대한 아름다움의 기준도 달라지는 것이다.

외모에 신경을 쓰는 것은 매우 자연스러운 것이다. 하지만 우리에게 노화와 죽음을 피할 방법은 없다. 천하를 손에 쥐었던 진시황은 불로초를 구하기 위해 백방으로 노력했지만 결국 수레 위에서 생선 비린내를 풍기며 썩어갔다. 영원한 젊음과 미모는 생명체의 몫이 아니다. 가수 마이클 잭슨은 10여 차례의 성형 시술을 통해 아프리카 조상의 흔적을 거의 지워버렸다. 그는 백인처럼 되기를 열망했다. 하지만 그를 백인을 닮은 가수로 기억하는 사람은 없다. 사람들은 단지 그를 위대한 팝 가수로 기억한다. 미적 기준을 하루아침에 바꾸기는 어렵다. 그러나 자신만의 미적 기준은 바꿀 수 있다. 아름다운 사람으로 기억되는 최고의 방법은 더 가치 있는 사람이 되는 것이다.

행복한 사람이 아름답다

예쁜 사람들은 더 행복할까? 만약 그렇다면 그들은 예뻐서 행복한 것일까? 아니면 행복하기 때문에 자신의 외모를 긍정적으로 평가하는 것일까? 1995년 미국 일리노이대학교 연구팀은 실험참가자들에게 다양한 사진과 비디오를 보여주고 그 사람이 얼마나 행복한지를 평가하도록 했다.[8] 그 결과 사진 속 인물의 외모보다는 그 사람의 표정이 행복과 강한 상관관계를 보였다. 참가자들은 잘 웃는 사람을 더 매력적으로 평가했다. 행복한 사람들은 더 잘 웃고 웃는 사람은 더 예뻐 보인다. 예쁜 사람이 반드시 행복한 것은 아니다. 예쁜 사람이 더 행복할 가능성은 크지만 행복한 사람이 더 예뻐 보이는 것도 분명하다. 외모는 행복을 결정짓는 여러 요인 중 하나일 뿐이다.

우리나라 여대생들은 자기 신체 이미지를 미국 여대생들보다 훨씬 낮게 평가했다. 내 몸의 소중함, 내 자신의 소중함, 내 자신의 행복감은 미국 여대생들의 74% 수준에 불과했다.[9] 자신의 몸을 낮게 평가하는 것은 다른 사람들이 가진 기준과 조건으로 자신의 몸을 판단하기 때문이다. 중요한 것은 외모 자체가 아니라 자신이 누군가에게 가치 있는 사람이라는 느낌이 드는 것이다. 이 느낌이 자존감의 바탕이 된다.

자신의 몸을 긍정적으로 받아들이려면 아름다움에 대한 자신만의 내적 기준이 필요하다. 샬럿 브론테의 소설 『제인 에어』의 남자

주인공 로체스터 백작은 화재로 한 팔과 시력을 잃은 후 제인 에어에게 자신을 예전처럼 만들 마법이 없느냐고 묻는다. 제인 에어는 그에게 이렇게 대답한다.

"필요한 것은 사랑하는 눈빛뿐이랍니다."

9. 외모를 보고 유전자 품질을 평가한다

"가장 좋아하는 여배우는 누구인가?"

남성들에게는 이 질문 자체가 즐거움을 준다. 좋아하는 여배우의 얼굴을 떠올리는 것만으로도 가슴 설레는 일이기 때문이다. 사실 남성들은 어떤 여배우를 특별히 좋아하기보다 미모를 갖춘 여성이면 다 좋아한다. 하지만 모든 여성이 영화배우 같은 미모를 갖추고 있지는 않다. 남성들은 조금이라도 눈에 띄는 미모의 여성을 발견하면 시선을 뗄 줄 모른다.

남성들이 예쁘다고 느끼는 기준은 무엇일까? 수많은 남성이 흠모했던 마릴린 먼로를 떠올려보라. 그녀의 어디가 예쁜가? 그녀의 매력을 한마디로 답하기는 어렵다. 그녀의 매력을 어린아이 같은 백치미에서 찾는 사람도 있다. 남성은 분명히 어려 보이는 여성에게 끌린다. 이는 인류가 어린 모습을 성인이 될 때까지 연장하는 '유형성숙neoteny'을 진화의 전략으로 선택했기 때문이다. 그래서 남성은 여성의 애교 있는 표정, 말투, 어린아이처럼 통통한 피부를 선호한다. 생물학적 측면에서 볼 때 어리다는 것은 미래에 아이를 낳을 가능성이 크다는 의미다.

아름다움을 감별하는 심미안을 타고난다

심리학자들은 인간이 아름다움을 감별하는 심미안을 타고난다고 믿는다. 가령 모든 남성이 아름답게 여기는 여성의 외모는 얼굴의 좌우 대칭성, 평균적인 얼굴, 그리고 도톰한 입술, 탄력 있고 매끄러운 피부, 크고 두드러진 눈, 길고 윤기 있는 머리카락, 균형 잡힌 체지방 분포 같은 성적 특성이다.[1] 심리학자들은 이러한 신체적 특징을 대칭성symmetry, 평균성averageness, 성적 이형sexual dimorphism으로 요약하여 표현한다.

얼굴이나 몸의 대칭성은 건강의 지표다. 특히 기생충에 대한 저항력을 나타내는 것으로 알려져 있다.[2] 평균성은 적합성의 지표다. 다른 사람들과 평균적으로 유사하다는 것은 유전적 다양성을 지니고 있다는 의미다. 유전적 다양성은 급격한 환경 변화에서 생존 가능성을 높인다. 또 성적 이형에 매력을 느낀다는 것은 사람들이 여성은 남자다운 외모를 가진 여성에 끌리고 남성은 여자다운 외모를 가진 여성에 끌린다는 것이다. 여성성은 생식력의 지표이며 남성성은 가족을 부양할 수 있는 능력의 지표다. 이 세 가지 신체적 매력 기준은 남녀 모두에게 적용된다. 다만 성적 이형만 남녀가 다르다.

암컷이 수컷의 좌우 대칭성에 매력을 느낀다는 사실은 제비를 대상으로 한 연구에서 밝혀진 바 있다.[3] 대칭적인 꼬리를 가진 수 컷 제비는 짝짓기하는 데 비대칭적 꼬리를 가진 제비보다 유리할 뿐 아니라 더 많은 새끼를 낳는다. 얼굴을 포함한 신체의 좌우 대 칭은 건강성을 상징한다. 수정된 난자가 정상적으로 세포분열을 일으키면 태아의 외모는 좌우 대칭에 가까워진다. 반면 유전적으 로 문제가 있는 경우 몸의 대칭이 일그러진다. 여성의 몸이 대칭을 이룰수록 기형아를 낳을 확률도 줄어든다. 남성도 예외가 아니다. 좌우 대칭이 분명할수록 건강하다.

지금까지 진행된 많은 실험에서도 모든 남녀가 얼굴이 좌우 대 칭인 사람을 선호하는 것으로 나타났다. 전 세계 29개 문화권을 대상으로 조사한 결과 배우자의 외모를 까다롭게 따지는 사회일 수록 전염병이 많은 지역이었다.[4] 비대칭적 외모는 바이러스에 감 염될 가능성을 높인다. 그래서 감염 위험이 큰 지역일수록 건강한 배우자를 고르기 위해 외모를 까다롭게 따진다. 한 실험에서 연구 자들이 자연스러운 비대칭 얼굴과 완벽하게 대칭을 이룬 얼굴을 제시했을 때 74%의 사람들이 완벽한 대칭을 선호했다.[5] 얼굴의 매력을 평가하는 데 결정적인 것은 이목구비의 비율보다 좌우 대 칭이다.

얼굴의 비율은 세월이 흐를수록 변하지만 대칭은 유지된다. 더 구나 대칭성은 유전된다. 몸이 대칭인 남성은 지능이 높고, 더 빨 리 달리고, 춤을 더 잘 추고, 노래를 더 잘하고, 더 많은 정자를 만 들어낸다.[6] 또 남성의 신체 대칭은 소득, 성관계, 성적 만족 등에서 그렇지 않은 사람보다 우위를 차지한다고 한다.

보편적이고 평균적인 얼굴이 매력적이다

평균적인 얼굴이 매력적이라는 아이디어를 떠올린 사람은 찰스 다윈의 사촌이었던 프랜시스 골턴Francis Galton이다. 골상학의 창시자로 알려진 그는 범죄형 인간을 알아내기 위해 여러 명의 죄수 사진을 겹쳐 합성하는 실험을 계속했다. 그런데 기대와 달리 사진을 합성할수록 더 잘생긴 얼굴이 만들어졌다. 그는 이탈리아어를 사용하는 12명의 사진을 합성해 '이상적인 이탈리아형'을 도출하려 했고 영국 공병대 장교 12명의 사진을 합성하여 리더십을 갖춘 인간형을 측정하려고 했다.

평균적인 얼굴이 매력적이라는 사실은 여러 연구를 통해 확인된 바 있다. 가령 르네상스 시대 이탈리아의 화가였던 산드로 보티첼리Sandro Botticelli의 그림에 등장하는 여성들의 얼굴을 합성했더니 각 인물의 얼굴보다 더 매력적인 얼굴로 평가됐다.[7] 그러나 평균보다 훨씬 매력적인 얼굴은 예외다. 전문 모델들의 얼굴을 합성한 얼굴은 매력이 낮은 10명의 얼굴을 합성한 것보다는 매력적이었으나 가장 매력적인 20명의 얼굴을 합성한 것보다는 덜 매력적이었다.[8] 우리가 평균적인 얼굴에 매력을 느낀다고 해도 가장 예쁜 얼굴보다는 못하다는 얘기다.

보편적이고 평균적인 얼굴이 더 매력적이라는 사실은 여성들에게 매우 희망적인 소식일 것이다. 한 인구 집단 안에서 가장 평균적인 얼굴이 가장 매력적이다.[9] 대부분의 남자는 평균적인 외모를 가장 아름답고 편안하게 느낀다.[10] 왜 우리는 평균적인 얼굴에 매력을 느끼는 것일까? 가장 단순한 이유는 조상들이 보편성을 벗어나는 특이한 얼굴을 회피하도록 진화했다는 것이다. 평균적인 외모를 가지고 있다는 것은 다양한 유전자 조합을 갖고 있다는 것을 의미한다. 세계 미인대회 우승자 중 상당수가 다문화가정 출신이라는 점을 떠올리면 이해하기 쉬울 것이다. 유전자 조합이 다양할수록 생존과 번식의 가능성도 크다.

또한 평균을 선택하는 것이 가장 안전하다. 그래서 우리는 낯익은 패턴을 빨리 인식한다. 이런 패턴들은 우리 뇌에 하나의 전형으로 자리 잡고 있다. 아군과 적군을 가르는 기준은 '얼마나 낯익은가'다. 원시 부족들은 외모로 피아를 구분하기 어려울 때 거추장스러운 장식을 사용한다. 귀에 커다란 돌을 달고 다니는 부족의 눈에는 입술에 나무 꼬챙이를 꽂고 다니는 부족이 정상인처럼 보이지 않는다. 그들은 적일 가능성이 크다. 그래서 우리는 자신과 닮은, 낯설지 않은, 평균적인 외모에 매력을 느끼도록 진화했다. 그래야 마음이 편안하고 친밀감을 느낀다.

남녀는 짝짓기에 유리하도록 다르게 진화했다

성적 이형은 같은 종의 암컷과 수컷의 모습이 차이가 나는 것을 의미한다. 쉽게 말하면 남자는 남자처럼 여자는 여자처럼 생겼다는 뜻이다. 동물은 짝짓기 경쟁에서 이기기 위해 암컷과 수컷의 모양이 다르게 진화했다. 수컷은 여성스러운 외모를 지닌 여성을 선호하고 암컷 역시 남성스러운 외모를 지닌 남성에 매력을 느낀다. 암수가 구분돼 유성생식을 하는 모든 생물 종이 그렇다.

물론 정도의 차이는 있다. 가령 질병에 취약한 지역에서 살아가는 남성은 비교적 남성스러운 여성을 선호하는 경향이 있다. 질병에 취약한 여성은 후손을 생산하고 양육할 가능성이 작아지기 때문이다. 남성 호르몬인 테스토스테론 수치가 높을수록 남성성이 강하다. 사실 여성은 남성성만 도드라진 남자를 별로 선호하지 않는다. 테스토스테론 수치가 높은 남성은 강한 지배력과 함께 똑똑하다는 인상을 주지만 인간관계가 원활하지 않을 수 있고 불륜, 폭력, 이혼 가능성이 크다.[11] 또 남성성이 강하면 여성에게 공격적이고 비협조적일 가능성이 크다. 이런 남성과 평생을 함께하는 것은 위험을 감수하는 것이다. 따라서 남녀 모두 남성성이 강할수록 상대방에게 덜 매력적으로 보인다.

사실 남성의 테스토스테론 수치는 건강, 면역 상태, 아이 양육에 필요한 성실성이나 능력과 큰 관련이 없다. 오히려 여성은 맥도널드 유니폼을 입고 매장에서 서빙하는 미남보다 벤츠 승용차를 모는 못생긴 남자를 선호할 가능성이 크다. 남성은 여성의 신체적 매력을 중시하지만 여성은 남성의 신체적 매력을 낮게 평가한다. 물론 사춘기의 여성은 남자다운 '나쁜 남자'를 선호하는 경향이 있다. 그러나 결혼 적령기가 되면 따뜻하고 배려심 있는 남성을 선호한다. 결혼 적령기의 여성은 남성의 성적 매력보다 지위, 힘, 부, 양육 능력 등을 더 높게 평가하기 때문이다. 전 세계 수십 개 국가를 대상으로 분석한 결과에 의하면 남성은 여성의 생식 능력을 중시하는 반면 여성은 남성의 자원 획득 가능성을 중시한다.[12]

반면 남성이 선호하는 여성의 외모 기준은 여성성과 건강을 알려주는 지표들이다. 여성성은 풍만한 가슴과 엉덩이를 통해 드러난다. 도톰한 입술, 탄력 있는 피부, 큰 눈, 길고 윤기 있는 머리카락, 균형 잡힌 체지방 분포도 여성호르몬인 에스트로겐과 관련이 있다. 특히 길고 윤기 있는 머리카락은 오랜 기간 건강하게 성장해 왔음을 보여준다.[13] 이 지표들이 지닌 의미는 여성의 건강, 즉 생식 능력이다. 남성은 번식과 관련된 여성의 건강지표에 매력을 느낀다.

폴란드 연구팀이 24~37세의 폴란드 여성 119명의 타액 샘플을 채취해 분석한 결과 허리가 잘록하고 가슴이 큰 여성은 그렇지 않은 여성보다 여성호르몬 수치가 26% 높았다.[14] 또 19~33세의 여성 50여 명의 사진을 시기별로 촬영하여 250명의 남녀 참가자에게 제시한 결과 배란기 때 찍은 사진을 가장 매력적이라고 평가했다.[15] 여성은 남성보다 다른 여성의 배란기에 더 예민하게 반응했다.

남자처럼 생긴 여성에게 매력을 느끼는 남성은 흔치 않을 것이다. 남자처럼 생겼다는 것은 남성호르몬 수치가 높다는 의미이고 아이를 갖지 못할 가능성이 상대적으로 높다. 어려 보이는 외모 역시 다른 남자의 아이를 임신한 적이 없다는 것을 알려준다. 먼 옛날의 남성 조상에게는 자식을 낳지 않은 젊은 여성이 최고의 배우자감이었다. 다른 남자의 아이가 딸려 있지 않고 현재 임신하지 않은 여성이 자신의 아이를 낳아 끝까지 기를 가능성이 크기 때문이다. 그래서 남자들은 자신의 연령과 상관없이 나이 어린 여성을 선호한다. 귀여움 역시 여성성을 나타나는 지표이다. 남성은 큰 눈, 연한 눈썹, 넓은 이마, 동그스름한 볼, 도톰한 입술, 작은 코와 턱을 가진 여성을 선호한다. 아기를 연상시키는 귀여운 외모는 여성호르몬 수치와 관련이 있다. 남자가 나이 어린 여성에게 매력을 느끼는 이유이기도 하다.

매력적인 얼굴을 보았을 때 남녀 모두 보상회로가 활성화된다.[16] 아름다운 얼굴을 보았을 때 보상회로가 활성화되는 것은 매력적인 얼굴이 맛있는 음식이나 금전적 이익만큼이나 가치가 있다는 것을 의미한다.[17] 남성은 다른 남성의 외모에는 별 관심이 없고 매력적인 여성의 외모에 민감하게 반응한다. 남성은 매력적인 여성을 볼 때 뇌의 쾌락중추가 활성화되지만 잘생긴 남성을 볼 때는 변화가 없다.[18] 그러나 여성은 잘생긴 남성과 예쁜 여성 모두에게 반응한다.[19] 이는 여성의 경우 짝짓기 시장에서 다른 여성과 경쟁하는 것이 중요하기 때문이다.

얼굴, 가슴, 엉덩이는 유전자의 품질을 드러낸다

왜 남자들은 날씬한 몸매를 가진 여성을 좋아할까? 허리가 굵고 튼튼한 여성이 아이를 더 잘 낳고 더 잘 기르지 않을까? 사실 남자들이 날씬한 여성을 좋아한다는 것은 사실과 다르다. 남자들은 가녀린 몸매를 선호하는 것이 아니라 엉덩이에 비해 잘록한 허리를 가진 여성을 선호한다. 널리 알려진 연구에 의하면 남자들이 선호하는 날씬함은 체중과 무관하다. 세상의 모든 남자는 체중과 관계없이 엉덩이와 허리 사이즈의 비율이 1대 0.7에 근접한 여성에게 매력을 느낀다.[20] 이 비율이 유지되면 남자들은 여성이 글래머든 말라깽이든 상관하지 않는다. 오히려 너무 가는 허리와 너무 작은 엉덩이는 매력적이지 않다.[21] 지나친 말라깽이는 건강에 문제가 있으며 임신이나 아이 양육에도 불리하다.

1만여 년 전만 하더라도 조상들은 혹독한 빙하시대를 견뎌내야 했다. 약 180만 년 동안 주기적으로 반복된 빙하기에 아이를 낳아 기르는 것이 여간 힘든 일이 아니었다. 남성들에게도 위기의 시대였다. 아이를 양육하기 힘든 환경에서는 여성들이 짝짓기를 회피하기 때문이다. 그래서 남성들이 취한 전략은 무턱대고 짝짓기를 시도하기보다 임신 중이거나 수유 중인 여성을 피함으로써 번식 성공률을 높이는 것이었다. 임신 중인 여성의 허리는 굵다. 이 때문에 남성들은 여성의 굵은 허리를 회피하도록 진화했다. 하지만 빙하기를 견디려면 체지방이 반드시 필요하기 때문에 여성의 체중보다는 엉덩이와 허리의 비율을 중요한 기준으로 삼게 됐다.

온몸이 털로 뒤덮인 대부분의 포유류와 달리 영장류는 털이 적은 부위의 특징을 파악하여 배우자를 선택한다. 이 때문에 인간은 유전자의 품질을 드러내기 쉬운 얼굴, 가슴, 엉덩이 같은 몸매에 성적 매력을 집중할 수밖에 없었다. 우리는 고양이의 외모를 보고 누가 기르는 고양이인지 알지 못하지만 놀이터에 있는 아이의 얼굴을 보면 누구의 아이인지 금세 알아차린다. 인간은 외모에 나타난 미세한 차이까지 알아차리도록 진화한 것이다. 남자든 여자든 얼굴에 신경을 쓰는 이유도 여기에 있다.

무엇을 아름답게 볼 것인가 기준이 필요하다

사춘기에 들어선 여성은 골반이 커지고 엉덩이에 지방이 쌓인다. 이러한 변화는 아이를 낳아 기르기 위한 생물학적 준비 과정 중 하나다. 그러나 폐경기에 접어들면 여성의 허리는 점점 굵어진다. 이는 더 이상 아이를 가질 수 없다는 징표다.

우리의 심미안은 수백만 년 전부터 만들어진 것이다. 성적 매력을 판단하는 기준도 마찬가지다. 성적 매력을 평가하는 기준은 나이가 들어도 거의 변하지 않는다. 남성은 빙하시대의 미적 기준으로 여성을 평가하기 때문에, 특히 어려 보이는 여성에게 매력을 느낀다. 그로 인해 여성들은 임신 가능성이 사라진 단서들을 감추기 위해 다양한 위장 기술을 고안해냈다. 화장은 이러한 위장술 중 하나다.

신체적 결함을 감추거나 강점을 돋보이게 하려는 인간의 노력은 꽤 오래된 것이다. 다른 부족과 경쟁하는 과정에서 다른 부족과의 차이를 드러내거나 전사들을 더 무섭고 강인하게 보이려는 노력은 자연스럽게 장신구와 위장술의 발전을 가져왔을 것이다. 수컷이 암컷에게, 암컷이 수컷에게 잘 보이려는 본능은 이보다 훨씬 오래됐다. 수컷과 암컷의 신체적 차이를 보여주는 성적 이형은 대부분의 동물에서 나타난다. 특히 우두머리가 무리의 암컷들을 독점하는 동물일수록 수컷의 성적 이형이 두드러진다. 그에 비하면 인간은 남녀의 신체적 차이가 거의 없는 편이다.

오늘날 같은 일부일처제 사회에서 성적 매력을 돋보이게 하는 방법은 두 가지다. 하나는 장신구나 명품처럼 겉모습을 치장할 수 있는 물건에 투자하는 것이고 다른 하나는 1밀리미터 두께의 피부에 집중적으로 투자하는 것이다. 신분제도가 분명했던 과거에는 굳이 외모에 투자하지 않아도 자연스럽게 자신의 생물학적 가치가 드러났을 것이다. 귀족들은 장신구와 옷으로 신분을 과시할 수 있었고 하층민들은 검게 그은 피부와 거친 손발로 신분을 드러냈을 것이다.

몸을 치장하는 화장술과 장신구는 인류의 역사만큼 오래됐다. 이스라엘과 알제리에서 발견된 세 점의 조개껍데기를 조사한 결과 목걸이나 팔찌용으로 줄을 꿰기 위해 날카로운 도구로 뚫은 구멍들이 확인됐다. 조개껍데기는 9~10만 년 전에 가공된 것으로 밝혀졌다.[22] 또 2004년 아프리카 남부의 블롬보스 동굴Blombos Cave에서는 7만 5,000년 전에 가공된 것으로 보이는 앵무조개로 만든 장신구와 황색의 천연 안료가 발견되기도 했다. 그러나 분명히 화장품이라고 말할 수 있는 유물은 약 3,000년 전에 조성된 이집트 투탕카멘왕의 무덤에서 발굴된 항아리 속 연고라고 할 수 있다. 석고로 만든 항아리에는 향이 나는 연고가 들어 있었다.

여성의 화장술은 자신이 번식 가치가 높다는 것을 남성들에게 광고하기 위한 것이나 다름없다. 다른 여성보다 젊고 건강하며 더 많은 아이를 낳을 수 있다는 것을 공개적으로 알리는 것이다. 진화적으로 선택된 미적 기준은 하루아침에 바꾸기는 어렵다. 그러나 무엇이 아름다운가 혹은 무엇을 아름답게 볼 것인가에 대한 자신만의 기준은 바꿀 수 있다.

자존감이 부족한 사람일수록 외모 콤플렉스에서 벗어나기 힘들다. 무엇보다 중요한 것은 인위적으로 위장한 얼굴은 인간의 원시적 욕구를 움직일 수 없다는 사실을 깨닫는 것이다. 진화의 시간은 길고 그 바탕에는 유전자가 있다. 겉모습을 치장하거나 바꿈으로써 일시적으로 이성의 감각을 유혹할 수는 있다. 하지만 유전적 이익이 없는 특징들은 이성의 욕망을 계속 붙들어둘 수 없다.

10. 왜 인류는 다양한 얼굴을 갖게 됐는가

잘생긴 얼굴에 환호하고 못생긴 얼굴에 거부감을 느낀다

동물들의 얼굴은 모두 엇비슷하다. 인간과 가까이 지내는 소나 말을 떠올려보라. 무늬나 뿔 같은 특징을 제외하고 얼굴만으로 개체를 하나하나 구분하기는 쉽지 않다. 집에서 함께 지내는 개나 고양이도 오직 얼굴 생김새만으로 누가 누구인지 구별하기는 어렵다. 반면 사람은 모두 다른 얼굴을 가지고 있다. 100% 같은 유전자를 가진 일란성 쌍둥이조차 가까이에서 보면 얼굴이 다르다는 것을 알 수 있다.

왜 인류는 이렇게 다양한 얼굴을 갖게 된 것일까? 미국 UC버클리대학교 연구팀이 미군의 얼굴 사진과 DNA 데이터를 분석한 결과 얼굴에서는 생존에 유리한 한 가지 특성만 살아남은 게 아니라 다양한 특성이 모두 살아남은 것으로 밝혀졌다.[1] 얼굴만큼은 적응에 유리한 우성 형질만 선택되는 진화의 원리가 적용되지 않은 것이다. 모든 사람이 깊은 쌍꺼풀, 우뚝 선 콧날, 달걀처럼 생긴 턱선, 완벽한 대칭의 얼굴을 가지고 있다면 쉽게 말해 모두가 잘생겼다면 어떤 일이 벌어질지 상상하기 어렵다.

그런데 놀라운 점은 수없이 많은 얼굴 속에서도 사람들은 본능적으로 잘생긴 얼굴을 찾아낸다는 것이다. 갓난아기도 잘생긴 얼굴을 알아본다. 태어난 지 3개월 된 아기에게 두 사람의 얼굴 사진을 보여주면 잘생긴 얼굴을 더 오랫동안 바라본다.[2] 3개월 된 아기가 오래 바라보는 얼굴은 성인들이 선호하는 얼굴과 일치한다. 성별이나 인종을 바꾸어도 마찬가지다.

매력적인 얼굴을 보면 뇌의 쾌락 중추라 할 수 있는 보상회로가 활성화된다는 사실은 이미 언급한 바 있다. 그렇다면 못생긴 얼굴을 보았을 때 뇌는 어떻게 반응할까? 매력적이지 않은 얼굴이나 좋지 않은 표정을 보았을 때는 뇌에서 혐오와 처벌과 관련된 편도체가 활성화된다.[3] 우리는 본능적으로 잘생긴 얼굴에 환호하고 못생긴 얼굴에 거부감을 느낀다. 인류는 문화권마다 약간의 차이가 있지만 매력적인 얼굴에 관한 간단하고 명료한 합의를 하고 있다. 그래서 두 국가의 사람들이 동일한 참가자들을 대상으로 미인 선발대회를 연다면 거의 비슷한 결과를 얻게 될 것이다.[4]

키 크고 잘생긴 사람이 더 높은 연봉을 받고 잘나간다

외모 때문에 주눅이 든 경험이 있을 것이다. 우리는 잘생긴 사람이 부러워지기 시작하는 시점부터 타인과 자신의 외모를 비교하고 잘생긴 사람들을 질투하게 된다. 학창 시절을 떠올려보라. 학교 선생님들은 예쁘고 잘생긴 학생들을 편애한다. 선생님도 자신의 의지만으로 이런 편애를 멈출 수 없다. 아무리 피하고 싶어도 자연스레 예쁘고 잘생긴 학생에게 눈길이 가기 때문이다.

대부분의 교사는 잘생긴 아이가 공부를 더 잘하리라 기대하고 실제로 졸업이 가까워지면 기대받은 학생들이 공부를 더 잘하는 경우가 많다.[5] 직장에서도 외모가 성과에 영향을 미친다. 영국과 미국에서 실시한 네 가지 연구 자료를 추적한 결과 미국 성인 남자는 평균 신장 173센티미터보다 2.5센티미터 더 클 경우 1년에 728~897달러를 더 벌었다. 또 키가 183센티미터인 사람은 165센티미터인 사람보다 연간 5,525달러를 더 많이 벌 것으로 예상됐다.[6]

잘생기고 예쁜 사람을 편애하는 '미인우대 편향beauty bias'은 비즈니스 전반에 영향을 미친다. 1971년에서 1981년 사이 미국과 캐나다에서 수집된 1만 3,000여 명의 자료를 분석한 결과에 의하면 외모가 매력적인 직원은 평범한 직원과 비교해 7.5~15% 더 많은 수입을 올렸다. 평범한 사람도 못생긴 사람보다 수입이 9% 많았다.[7]

놀랍게도 잘생긴 사람들이 많이 근무하는 회사의 실적도 더 좋다. 네덜란드 광고업체에 근무하는 고위 경영자 사진 1,282장과 1984년부터 12년간의 광고 수입을 분석해보니 잘생긴 임원이 있는 업체의 실적이 좋았다.[8] 보험회사를 대상으로 한 연구에서도 잘생긴 임원이 있는 회사의 매출이 더 좋은 것으로 나타났다. 특히 매력적인 외모는 협상 테이블에서 위력을 발휘한다. 최후통첩게임Ultimatum game 실험에서 잘생긴 사람은 상대방으로부터 더 많은 돈을 제의받았다.[9] 다만 잘생긴 사람은 동료나 상사에게 위협적인 경쟁자로 인식돼 조직에서 불이익을 받을 수 있다는 연구 결과가 있기는 하다.

그럼에도 우리는 잘생긴 사람에게 관대하다. 1974년 미국의 심리학자 리처드 러너Richard Lerner 연구팀은 대도시 공항의 공중전화 부스에서 일주일 동안 실험을 진행했다. 연구팀은 공중전화 부스 안에 얼굴 사진이 부착된 대학원 입학신청서를 놓아두고 전화를 걸기 위해 부스에 들른 사람들의 반응을 살폈다. 이 입학신청서에는 신청자의 이름, 졸업 성적, 주소, 서명이 기재돼 있었다. 그리고 서류를 주운 사람이 우편으로 돌려보낼 수 있도록 주소가 찍힌 반송 서류 봉투를 함께 두었다. 연구팀은 입학신청서에 부착된 사진을 신체적 매력, 인종, 성별에 따라 다양하게 준비했다. 서류 봉투를 발견한 사람들은 우편물을 주인에게 발송했을까? 실험 결과 외모가 준수한 사진을 본 사람들은 47%가 우편물을 보냈고 그렇지 않으면 35%가 우편물을 발송했다.[10]

범죄자조차 잘생기면 가벼운 처벌을 받는다. 하지만 잘생긴 사람이 중대한 범죄를 저질렀을 경우 오히려 가혹한 처벌을 받는다. 이는 기대를 배반한 것에 대한 혹독한 대가다. 연예인들이 사소한 잘못으로 대중의 외면을 받고 회복할 수 없을 정도의 타격을 받는 것도 이 때문이다. 이를 '기대치 위반 효과expectancy violation effect'라 부른다.

정치인들도 외모가 중요하다는 사실을 잘 알고 있다. 2019년 4월 인도네시아 총선에서 상원의원에 당선된 에비 아피타 마야는 포토샵으로 보정한 사진을 투표용지에 실었다가 선거법 위반으로 헌법재판소에 피소됐다. 인도네시아는 총선 후보가 워낙 많아 투표용지에 후보의 이름과 함께 얼굴 사진도 싣는다. 사람들은 매력적인 외모를 가진 사람을 더 신뢰하기 때문에 잘생긴 사람이 선거에 당선될 확률이 높다.

남녀 모두 밤이 늦어질수록 더 매력적으로 본다

화장, 위장, 성형, 장식을 통해 좀 더 매력적으로 보이게 할 수는 있지만 본바탕을 바꿀 수는 없다. 신체적 매력은 대부분 유전된다. 매력적인 외모를 가진 사람은 매력적인 배우자를 만날 가능성이 크고 그만큼 매력적인 요인이 다음 세대로 유전될 가능성도 커진다. 여러 연구를 종합하면 키 큰 남성은 더 많은 자녀를 낳는다. 또 잘생긴 사람은 더 오래 살고 더 많은 돈을 벌고 더 오래 교육받는다.

우리는 외모에 관한 한 모두 차별주의자다. 당신이 아무리 부인해도 외모 차별주의자라는 사실은 의심의 여지가 없다. 다만 차별주의자처럼 보이지 않도록 주의하면서 살아갈 뿐이다. 그런데 매력적인 얼굴이 전형적인 미모이기만 한 것은 아니다. 사람들은 자신과 닮은 얼굴을 선호한다.[11] 자신과 비슷하게 생긴 사람은 유전적으로 더 가까운 관계일 가능성이 크다. 그래서 사람들은 자신과 유사한 얼굴을 가진 사람을 더 신뢰하고 도와주려는 경향이 있다.[12]

우리는 자신과 얼굴이 닮은 사람을 배우자로 원한다. 그래서 세월이 흐를수록 부부끼리 얼굴이 닮아가는 것인지도 모른다. 그러나 여성과 남성은 닮은 사람을 선호하는 경향에 약간의 차이를 보인다. 여성은 자신과 외모가 비슷한 남성을 선호한다. 반면에 남성은 자신과 닮은 여성을 선호하지만 더 매력적인 외모를 가진 여성이 나타나면 아무 소용이 없다.

사랑하는 사람의 얼굴을 똑바로 응시해 보자. 모든 얼굴은 가운데를 중심으로 약간은 비대칭이다. 콧날을 중심으로 위에서 아래로 일직선을 그었을 때 왼쪽과 오른쪽 중 어느 쪽이 더 예쁜가? 우리는 얼굴 생김새를 판단할 때 우뇌를 사용한다. 우뇌는 왼쪽 눈으로 수집한 시각 정보를 바탕으로 이미지를 판단한다. 우리가 매력을 판단하는 것은 상대방의 왼쪽 얼굴이다.[13] 그러므로 상대방에게 잘 보이고 싶다면 왼쪽 얼굴을 치장하는 데 집중하는 것이 좋다.

술에 취했을 때는 아름다움을 판단하는 기준이 낮아진다. 혈중 알코올농도가 올라가면 상대방의 매력도 상승한다.[14] 이를 '맥주 안경 효과beer goggles effect'라 부른다. 또 밤이 늦어질수록 이성을 평가하는 기준이 달라진다. 1990년 두 명의 심리학자가 술집 한 곳을 골라 한 가지 실험을 진행했다. 이들은 이 술집에서 술을 마신 남성 58명과 여성 43명을 대상으로 오후 9시, 오후 10시 30분, 자정 등 세 차례에 걸쳐 마신 술의 종류와 양을 체크하면서 여섯 장의 인물 사진을 보여주었다.[15] 그런 다음 사진 속 인물에 대한 매력도를 10점 척도로 평가해달라고 요청했다.

사진 속 인물이 이성인 경우 시간이 지나면서 남녀 모두에게 사진 속 인물의 매력도가 증가했다. 특히 남성들은 자정이 가까워질수록 사진 속 여성에 대한 매력도를 더 높게 평가했다. 이 실험 결과가 의미하는 것은 음주량과 관계없이 남녀 모두 밤이 늦어질수록 이성을 더 매력적으로 바라보며, 특히 남자가 더 심하다는 것이다. 이러한 심리 현상을 '폐점 효과closing time effect'라 부른다.

아름다움의 판단 기준은 바뀐다

아름다움을 평가하는 우리의 심미안은 진화 과정에서 선택된 것으로 보인다. 그렇다면 아름다움을 판단하는 기준은 영원히 불변하는 것일까? 그렇지는 않다. 인류가 가진 몇 가지 미적 기준이 보편적이라는 것은 분명하다. 그러나 이 기준이 모든 미적 판단에 적용되는 것은 아니다. 가령 몇몇 원시 부족은 전혀 다른 미적 기준을 가지고 있다. 어떤 부족은 흉물스러운 것들로 얼굴을 장식하며 문화권에 따라 몸매를 평가하는 기준도 조금씩 다르다. 또 과거에는 불량해 보이던 외모가 최근에는 새로운 미의 척도로 평가받기도 한다. 따라서 세상에는 보편적인 미적 기준에서 상당히 벗어난 문화가 존재한다. 그들이 살아가는 사회의 문화적 적응에 따라 새로운 미적 기준이 출현하는 것이다.

모두가 아름다운 세상은 불가능하다. 자연은 평등을 추구하지 않는다. 자연은 개체를 차별하고 편애하며, 심지어 무자비하게 도태시킨다. 물론 자연은 어떤 의도도 가지고 있지 않다. 그저 변화할 뿐이다. 차별은 변화에 적응하는 개체가 선택되는 과정에서 발생한다. 모든 사람이 아름다워지면 세상은 어떻게 변화할까? 일찍이 찰스 다윈은 저서 『인류의 기원과 성 선택』에 이렇게 썼다.

'만일 모든 여성이 메디치의 비너스처럼 아름다워진다면, 우리는 얼마 동안은 매력을 느끼겠지만 이내 다양성을 희구할 것이다. 그런데 우리는 이런 다양성을 획득하자마자 당시 존재하는 일반적인 기준을 넘어 약간은 과장된 여성들의 특징을 보고 싶어 하게 마련이다.'

모든 사람이 갖춘 아름다움은 아름다움이 아니다. 모든 사람이 같은 것을 추구하게 되면 그로부터 일탈한 개성이 새로운 미적 기준으로 등장한다. 이러한 개성들이 미의 다양성을 만들어낸다. 남들과 같은 몸매를 갖기 위해 목숨을 거는 것은 바보 같은 짓이다. 외모를 차별하는 세상에서 살아가려면 심리적 대응 전략이 필요하다.

첫 번째는 자신만의 미적 기준을 확립하는 것이다. 가령 '나는 조각 미인보다 순수하고 평범한 얼굴이 좋다'는 인식을 하는 것이다. 명품 브랜드를 주렁주렁 달고 다니는 사람은 미에 대한 가장 촌스럽고 세속적인 기준을 가지고 있으며 자연미를 추구하는 사람이야말로 가장 고차원적 미인이라고 믿는 것도 이런 전략 중 하나다.

두 번째는 외모보다는 다른 특성을 더 중요하게 받아들이는 것이다. 대머리가 싫지만, 여자 앞에서 허세를 부리거나 거만한 남자보다는 차라리 낫다고 생각하는 것이다.

세 번째는 보편적 미적 기준을 받아들이되 자신의 강점에 자신감을 느끼는 것이다. 쌍꺼풀이 더 예쁘긴 하지만 나만큼 아름다운 눈을 가진 사람이 드물다는 자신감을 가지면 스트레스에서 조금은 벗어날 수 있다.

네 번째는 외모가 아니라 다른 가치 있는 것들로 경쟁하는 전략이다. 외모보다 가치 있는 것들은 많다. 10대의 짝짓기 시장에서는 외모가 가장 큰 영향을 미친다. 그러다가 결혼 적령기가 되면 외모보다 인간성, 성격, 도덕성, 인간관계, 성실성 같은 것이 훨씬 가치가 있다.

관계는 사람을 평가하는 기준을 바꾼다. 친구의 고등학교 때 사진을 보여주면 친구를 매력적으로 평가하지만 낯선 사람의 사진을 보여주면 오직 미적 기준으로만 매력을 평가한다.[16] 사랑하는 사람이 있다면 그 사람이 머무는 공동체 안으로 들어가 오랫동안 함께 활동하는 것이 좋다. 사랑받기 위한 최고의 방법은 상대에게 가치 있는 사람이 되는 것이다.

얼굴은 두 가지 기능을 수행한다. 하나는 자신의 정체성을 외부에 드러내는 것이고 다른 하나는 자신의 정체성을 숨기는 가면 역할을 하는 것이다. 사람들 사이에서 살아가려면 두 가지 기능이 모두 필요하다. 그러나 숨기거나 위장하는 데는 한계가 있다. 1밀리미터 두께의 가면에 투자하는 것보다는 가치 있는 사람이 되기 위해 노력하는 것이 장기적으로 이익이다.

자칭 행복 전도사들은 "행복은 마음먹기에 달려 있다."라고 말한다. 틀린 말은 아니지만 맞는 말도 아니다. '외모를 따지는 것은 팔푼이들이나 하는 짓!'이라고 마음먹는다고 행복해지지 않는다. 왜 승려들이 가족을 버리고 산속으로 향하겠는가? 왜 설교자들이 그토록 신에게 의존하겠는가?

물론 마음을 바꾸면 행복할 수 있다. 아무것도 원하지 않으면 고통은 사라진다. 그러나 살아 있는 한 우리는 재산을 원하고 지위를 원하고 사랑과 관심과 심지어 존경과 숭배를 원한다. 누가 이 욕망을 끊을 수 있을 것인가. 안타깝게도 대부분의 사람들은 자신을 다루는 데 실패한다. 세상에서 가장 용감한 자는 자신을 다룰 수 있는 자다. 이 세상을 다녀간 그 누구도 욕망을 완벽히 제어했다고 말할 수는 없을 것이다. 성직자들조차 자신의 마음을 다스리기 어렵기 때문에 마음을 혼란케 하는 속세에서 벗어나야만 최소한의 자존감을 지킬 수 있다.

사람은 타인과 함께 살아갈 수밖에 없는 존재다. 그래서 타인의 시선으로 자신을 가늠하고 타인의 욕망으로 자신의 욕망을 측정하고 타인의 지위로 자신의 존재 가치를 확인한다. 사람들이 추구하는 것은 절대적인 부, 지위, 외모가 아니다. 우리는 남보다 조금 많은 부, 남보다 조금 높은 지위, 남보다 조금 아름다운 외모를 원한다. 그러므로 나의 행복을 결정하는 것은 나의 상태가 아니라 타인의 상태다.

| 2장 행복과 행동경제학 |

행복해지기 위해선
돈이 얼마나 필요할까

1. 새해 결심을 어떻게 이룰 수 있을까

당신도 새해 첫날에 수많은 결심을 했을 것이다. 그러나 안쓰럽게도 그 결심은 실패할 가능성이 크다. 미국인을 대상으로 한 연구에 의하면 3분의 1 정도가 2주 안에 결심을 포기했고 6개월 후에는 절반 정도가 계획을 기억조차 하지 못했다. 1년 후까지 결심을 성공적으로 이뤄낸 사람은 8%에 불과했다.[1]

미래의 가치보다 현재의 보상에 더 끌린다

비장한 결심이 작심삼일로 끝나는 것은 눈앞의 유혹에 쉽게 흔들리기 때문이다. 『열자』에 '조삼모사朝三暮四'의 우화가 나온다. 춘추전국 시대에 송나라 사람 저공이 원숭이를 기르고 있었는데 먹이가 부족해지자 이렇게 말했다.

"앞으로 아침에 3개, 저녁에 4개씩 도토리를 주겠다."

원숭이들은 아침에 3개를 먹고는 하루를 견딜 수 없다며 화를 냈다. 난감해진 저공이 말했다.

"그렇다면 아침에 4개, 저녁에 3개를 주겠다."

그 말을 들은 원숭이들은 몹시 흡족한 표정을 지었다.

어리석은 원숭이라고 웃어넘길 일이 아니다. 인간도 원숭이와 다를 바 없기 때문이다. 당신이 원숭이보다 낫다고 생각한다면 다음 두 가지 질문에 답해보라.

질문 1. 다음 두 조건 중 어느 쪽을 선택하겠는가?
① 1년 후에 사과 1개 받기
② 1년이 지난 바로 다음 날 사과 2개 받기

질문 1. 다음 두 조건 중 어느 쪽을 선택하겠는가?
③ 오늘 사과 1개 받기
④ 내일 사과 2개 받기

이 질문은 행동경제학자 리처드 탈러가 던진 것이다.[2] 첫 번째 질문에서 다수의 사람들은 ②를 선택했다. 그러나 두 번째 질문에서는 ③을 선택했다. 1년은 꽤 오랜 기다림이 필요한 시간이지만 내일은 그리 머지않은 미래다. 사람들은 먼 미래에 하루의 시차를 두었을 때는 두 개의 사과를 원하고 오늘 당장은 한 개의 사과를 원했다. 1년 후에 사과를 받을 수 있다면 당연히 그다음 날에도 받을 수도 있을 것이다. 하지만 눈앞에 사과가 있을 때는 내일 받으리라는 보장이 없다. 사과가 있을 때 빨리 먹어 치우는 것이 나은 것이다.

미래가 불확실했던 원시 환경에서는 당장 먹을 것을 손에 쥔 개체가 생존에 유리했을 것이다. 오늘날도 마찬가지다. 은행에 돈을 맡기는 것은 지금 그 돈으로 소비할 수 있는 것들을 포기하는 것이다. 따라서 은행은 그 대가를 고객에게 지불해야 한다. 소비를 포기한 대가로 은행에서 지불하는 것이 바로 이자다. 따라서 이자는 미래의 불확실성에 대한 보상이라 할 수 있다.

사람들은 먼 미래에 획득할 가능성이 있는 가치보다 현재 획득할 수 있는 가치를 더 선호한다. 왜 계획이 작심삼일로 끝날까? 우리가 미래의 가치보다 현재의 보상에 더 끌리기 때문이다. 먼 훗날의 날씬한 몸매보다 식탁 위의 기름진 음식이 좋고 미래의 건강한 폐보다 옆에서 풍겨오는 구수한 담배 연기가 더 좋은 것이다. 실제로 우리 뇌는 60일 이후에 이루어지는 보상에 대해서는 거의 반응하지 않는다고 한다. 2개월 후에 지불하겠다는 약속은 공염불인 것이다.

이익은 빨리 얻고 싶지만 고통은 뒤로 미룬다

새벽에 일어나 운동하겠다는 결심은 따뜻한 이부자리의 유혹을 이기기 어렵다. 하루 이틀 정도는 괜찮지만 시간이 지나면서 의지는 점점 약해진다. 사흘째가 되면 운동하지 않아도 되는 이유를 찾기 시작한다. 잘못 맞춘 시계, 추운 날씨, 약간의 감기 기운이 모두 핑곗거리가 된다. 이런 장애물을 만드는 것은 일을 미루는 사람들의 공통된 특징이다.

사람들이 가장 미루고 싶어 하는 것은 눈앞에 닥친 고통이다. 심리학자 조지 로웬스타인George Loewenstein은 실험참가자들에게 이런 질문을 던졌다.[3] 다음 다섯 가지를 뒤로 연기할 수 있다면 얼마를 지불할 용의가 있는가?

① 4달러 수익
② 4달러 손실
③ 1,000달러 손실
④ 110볼트의 전기 충격
⑤ 자신이 선택한 여배우와의 키스

사람들은 이익은 빨리 얻는 대신 고통은 뒤로 미루고 싶어 했다. 4달러 수익은 당장 갖고 싶어 했지만 전기 충격은 10년 후로 미뤘다. 재미있는 사실은 여배우와의 키스를 3일 후에 하고 싶어 했다는 점이다. 여배우와의 키스가 4달러의 수익보다 매력이 없는 것일까? 그렇지 않다. 사람들은 여배우와 키스하는 꿈같은 상황을 3일 동안 음미하고 싶어 했다.

일을 미루는 것은 인간의 본성이다. 수백만 년 동안 사냥꾼으로 살아온 인류에게 현대의 삶은 지나치게 복잡하다. 사냥꾼에게는 계획이 필요 없다. 사냥꾼은 매일 사냥터에 나가지 않아도 되고 사냥의 성과는 운에 달려 있다. 계획을 세운다고 사냥감이 눈앞에 나타나지는 않기 때문이다. 계획을 세우기보다 사냥감이 나타났을 때 즉각 행동에 옮기는 것이 성공 확률이 높다. 그래서 우리는 아직도 계획을 세우고 실천하는 것에 익숙하지 않다.

일을 미루는 사람과 실천하는 사람들의 뇌는 다르다. 미루는 사람은 불안감을 느끼는 편도가 크고 편도와 감정을 조절하는 전방대상피질의 연결도 약하다.[4] 이들은 실패할지 모른다는 불안감 때문에 행동을 주저한다. 반면 고통을 무릅쓰고 실천하는 사람은 성실성 수치가 높다. 이들은 전전두피질이 잘 발달해 있다. 전전두피질은 뇌에서 가장 늦게 발달하는 부위다. 미성숙한 10대 청소년들이 미래를 고려하지 않고 당장 즐거움에 빠지는 것도 그 때문이다. 그래서 아이들이 방학을 앞두고 만든 일과 계획표는 의미가 없다. 그나마 인간은 눈앞의 유혹을 어느 정도 참을 수 있지만 새는 10초, 침팬지는 10분 정도를 견딜 수 있다고 한다.

삶의 정도는 일직선이 아니라 수많은 굴곡이다

계획이 실패하는 이유 중 하나는 '잘못된 희망 증후군false hope syndrome' 때문이다. 사람들은 앞으로 닥칠 변수와 경우의 수를 고려하지 않고 낙관적으로 결과를 예측하는 경향이 있다. 약속 장소까지 도착하는 시간을 계산하면서 교통체증이나 돌발상황을 전혀 고려하지 않는 것과 같다. 비현실적인 목표를 세우고 일직선으로 달려가겠다는 결심은 실패할 가능성이 크다. 삶의 경로는 일직선이 아니라 수많은 굴곡으로 이루어져 있다. 굴곡을 거치지 않고 산에 오를 수는 없다.

계획을 성공으로 연결하기 위한 네 가지 지침이 있다. 첫 번째 지침은 일단 시작하고 보는 것이다. 처음에는 두 발로 일어서는 것이 힘들지만 첫걸음을 떼고 나면 달리는 것은 시간문제다. 무슨 일이든 당신이 상상하는 것만큼 어렵지는 않다. 중요한 것은 과감하게 첫걸음을 떼는 용기다.

두 번째 지침은 자신이 불완전한 존재임을 인정하고 자신에게 관대해지는 것이다. 우선 완벽하게 성공하겠다는 강박에서 벗어나야 한다. 완벽주의자 중에는 기준에 미치지 못할 거라는 두려움 때문에 시도조차 하지 못하는 사람이 있다. 누구나 실수를 저지른다. 자신에게 가혹한 사람일수록 일을 미루는 경우가 많고 자신의 실수를 용서한 사람일수록 미루는 경우가 적었다.[5]

세 번째 지침은 자신의 원칙을 정하고 성취를 이루거나 실패했을 때 당근과 채찍을 활용하는 것이다. 원칙을 지키는 방법의 하나는 '자기결박hand-tying'이다. 그리스의 영웅 오디세우스가 사이렌의 유혹에 빠지지 않기 위해 자기 몸을 배에 묶은 것과 유사하다. 효과적인 자기결박은 자신의 목표를 널리 알리는 것이다. 주변 사람들이 모두 알고 있는 것만큼 강력한 결박은 없다. 또 원칙을 지켰으면 자신에게 당근을 주고 실패했으면 채찍을 주어야 한다. 나만의 벌은 '한 시간 동안 운동하기'처럼 좋은 일이지만 평소에 실천하기 어려운 것이어야 한다. 그러나 스트레스를 느낄 정도의 자기결박이나 벌칙은 오히려 역효과를 낸다.

네 번째 지침은 이미 성공한 사람처럼 행동하는 것이다. 예컨대 CEO라는 직위를 명함에 적어 넣는 순간 그렇게 행동할 수밖에 없다. 자신의 미래를 상상해 보라. 사람들은 미래에 늙은 자기 모습을 보고 나면 노후연금에 더 많은 돈을 투자한다.[6] 또 미래의 자신이 현재의 자신을 닮았다고 느낄수록 오늘 해야 할 일을 뒤로 미루지 않는다.

물론 상상만으로 이룰 수 있는 것은 없다. 남들에게 자신의 목표를 알리는 것만으로는 부족하다. 당장 행동으로 옮기는 용기와 상황을 되돌릴 수 없도록 만드는 자기결박이 있어야 한다.

2. 어떻게 하면 인생이 재미있어질 수 있는가

뇌는 재미있게 일할 때 시간을 다르게 지각한다

어릴 적 읽었던 『톰 소여의 모험』에 나오는 한 장면을 떠올려보자. 말썽꾸러기 톰은 이모에게 울타리를 페인트로 칠하라는 벌을 받는다. 톰이 울타리를 칠하고 있을 때 친구 벤이 다가와 놀렸다.

"지금 수영하러 가는데 너는 일 때문에 함께 못 가겠구나."

꾀가 난 톰은 갑자기 즐거운 표정을 지으며 대답했다.

"일이라고? 나는 재미있어 죽겠는데? 어린애가 울타리를 칠할 기회가 어디 흔한 줄 아니?"

그 말을 들은 벤은 갑자기 톰이 부러워졌다.

"나도 잠깐만 해볼게."

"안 돼. 솜씨 좋게 칠할 수 있는 아이는 1,000명이나 2,000명 중한 명밖에 안 될 거야."

갑자기 울타리를 칠하고 싶어진 벤은 가지고 있던 사과를 톰에게 건네며 울타리를 칠하게 해달라고 졸랐다. 톰은 벤이 땀을 흘리며 울타리를 칠하는 동안 그늘에 앉아 사과를 맛있게 먹었다. 뒤이어 나타난 다른 아이들도 줄줄이 톰에게 자기 물건을 주고 울타리를 칠했다.

어려운 일도 즐겁게 할 수 있는 심리적 현상을 '톰 소여 효과'라고 한다. 톰 소여 효과는 '어쩔 수 없이 해야 하는 일'을 '하고 싶은 일'로 바꾸는 것이다. 그러면 일은 힘든 노동이 아니라 놀이가 된다. 뇌는 재미있게 일할 때 시간을 다르게 지각한다.

모든 과정에 최선을 다했다면 즐거웠다고 할 수 있다

성취가 꼭 대단한 성공을 의미하는 것은 아니다. 잘 해냈다는 느낌, 즐겁게 해냈다는 느낌, 그 결과가 좋았다는 느낌이 들었다면 이미 성취한 것이다. 이럴 땐 원하는 결과를 얻지 못했더라도 성취감을 느낄 수 있다. 실력이 한 수 위인 축구팀과 경기를 한다고 상상해 보자. 최상의 결과는 상대 팀을 이기는 것이다. 하지만 실력 있는 팀과 경기하는 것 자체를 명예로 여긴다면 승패는 큰 문제가 되지 않는다. 더구나 승리하기 위한 전략을 수립하고 훈련을 통해 실력이 나아지는 것을 느끼고 최선을 다해 경기에 임했다면 모든 과정이 즐거웠다고 할 수 있다.

『논어』에 '아는 사람은 좋아하는 사람만 못하고 좋아하는 사람은 즐기는 사람만 못한다'는 말이 있다. 즐기기 위해 일하는 사람에게는 보상도 필요 없다. 재미 자체가 큰 보상이기 때문이다. 아이들은 보상을 얻기 위해 개울에 돌다리를 놓는 것이 아니다. 또래들과 함께 무언가를 하는 것 자체가 아이들에게는 즐거움이다. 아무리 노력한다 해도 재미있게 일하고 공부하는 사람을 당해낼 수는 없다.

1949년 해리 할로Harry Harlow의 연구 이후 '재미'가 성취의 중요한 동기라는 사실이 널리 알려졌다. 원숭이들은 보상이나 처벌이 없어도 호기심과 즐거움만으로 퍼즐을 풀었다.[1] 그로부터 20여 년 뒤 사람을 대상으로 한 실험에도 똑같은 현상이 발견됐다.[2] 돈 같은 외적 보상은 오히려 동기를 약화시켰다. 높은 성취동기를 가진 사람보다 재미로 일한 사람의 성과가 훨씬 높은 것으로 나타났다.[3] 반면 성취동기가 높은 아이들은 막상 '재미로 해보라'고 했을 때 그 일을 해야 할 동기를 잃어버렸다.[4]

어떻게 하면 일하면서 재미를 느낄 수 있을까? 가장 이상적인 것은 좋아하는 일, 잘하는 일, 해야만 하는 일과 지금 하는 일이 일치하는 것이다. 하지만 인생을 살면서 삼박자가 모두 맞아떨어지는 일을 하는 사람은 거의 없다. 대부분의 사람들은 주어진 일에 대한 책임감 때문에 일한다. 어쩔 수 없이 해야만 하는 일을 하면 행복해질 수 없다. 더 즐겁게 일하려면 자신이 하는 일을 사랑해야 한다. 행복의 비결은 '좋아하는 일을 하는 것이 아니라 하는 일을 좋아하는 것'이라는 말이 있다. 하지만 좋아하지 않은 일을 좋아하는 것은 그 일이 좋아서 하는 사람보다 몇 배의 열정과 노력이 필요하다. 그럼에도 한 분야에서 이룬 성공은 자신이 하는 일을 재미있게 만든다. 성공 경험은 그 자체로 즐거운 동시에 자신이 하는 일에 보람과 자부심을 느끼게 한다.

내적 동기는 보상과 처벌이 없어도 행동하게 한다

우리가 먹을 것을 구하는 것은 배고픔 때문이고 국가를 위해 목숨을 버리는 것은 공동체에 대한 책임과 의무감 때문이다. 우리에게 동기가 없다면 굳이 힘들게 일하지 않을 것이고 사회를 위해 헌신하지도 않을 것이다. 동기 없는 인간은 생존할 수 없고 동기 없는 인간들로 구성된 사회도 존립할 수 없다.

인간은 근원적 동기 두 가지를 가지고 있다. 첫 번째는 생리적이거나 생식적인 욕구를 충족하는 데 필요한 동기이다. 두 번째는 보상받거나 벌을 피하고자 하는 동기다. 두 가지 동기는 굳이 의도하지 않아도 본능적으로 행동하게 한다. 식욕, 성욕, 잠자고 싶은 욕구 같은 생리적 욕구는 본능적인 동기다. 보상을 추구하고 처벌을 피하려는 욕구 역시 고통을 피하고 즐거움을 얻기 위해 반드시 필요한 본능이다.

심리학자들은 두 가지 동기와는 다른 '내적 동기'에 주목한다. 내적 동기는 행위 자체의 만족감을 충족하기 위해 생기는 자발적 동기다. 보상을 얻거나 처벌을 피하기 위한 외적 동기가 '~하면 ~하겠다.'라는 조건부 동기인 데 반해 내적 동기는 조건이 붙지 않는다. 좋아서, 하고 싶어서, 또는 하는 것 자체가 만족스러워서 행동하게 하는 것이 내적 동기이기 때문이다.

내적 동기는 행동하는 것 자체가 보상이기 때문에 별도의 보상이 필요 없다. 호기심, 모델에 대한 동일시, 도전 의식, 상황에 대한 통제, 의미의 추구, 흥미, 소명감 같은 내적 동기는 보상과 처벌이 없어도 생긴다. 예일대학교 연구팀이 1997년부터 2006년까지 9년간 미국 육군사관학교에 입교한 사관후보생 1만 1,320명을 대상으로 입학 지원 동기를 조사한 후 5년간의 의무 복무 기간과 이후 6년간의 군 생활을 추적 관찰했다. 그 결과 학비 지원 같은 외적 동기를 가진 후보생들보다 훌륭한 장교가 되겠다는 내적 동기를 가진 후보생들이 임관 비율은 물론 의무 복무 기간 이후의 근무 비율이 훨씬 높았다.[5] 더 중요한 사실은 내적 동기가 높고 외적 동기가 낮은 생도들이 두 가지가 모두 높은 생도들보다 더 나은 성과를 보여주었다는 점이다. 이는 내적 동기가 외적 동기보다 더 큰 힘을 발휘한다는 사실을 보여준다.

사람은 오직 돈이나 지위를 얻기 위해 일하는 것이 아니다. 우리는 늘 호기심을 가지고 주변을 탐색하고 어려운 과제에 도전하고 싶어 하고 도전에 성공했을 때 즐거움을 느낀다. 또 우리는 별다른 보상이 없더라도 타인을 돕고, 사회적 규범을 존중하고, 의미를 찾는 과정에서 즐거움을 느낀다. 그 즐거움은 결코 돈으로 살 수 없다.

호기심과 기대감을 안고 모험하는 사람은 행복하다

고대 그리스의 사상가였던 데모크리토스는 꿀맛 같은 무화과를 먹어본 뒤, 단맛의 근원을 밝히기 위해 정원에 심은 무화과나무로 향했다. 그때 곁에 있던 하녀가 그 모습을 보고는 웃음을 참지 못했다. 데모크리토스가 그 이유를 묻자 하녀는 이렇게 대답했다.

"무화과가 단 것은 꿀에 담가두었기 때문이에요."

그 말을 듣는 순간 단맛의 근원을 탐구하려던 열정은 씻은 듯이 사라져 버렸다. 우리 뇌는 모험과 도전에서 즐거움을 느끼도록 만들어졌다. 미래의 불확실성을 즐기도록 프로그래밍돼 있는 것이다. 그래서 결말을 알고 있는 드라마나 스포츠 경기를 보면 재미를 느끼지 못한다. 무화과가 꿀에 절여졌기 때문에 달다는 사실이 밝혀지는 순간 무화과에 대한 탐구심은 사라져 버린다. 일에서 재미를 느끼려면 미래의 불확실성에 도전할 수 있어야 한다. 미래에 무엇이 기다리는지는 아무도 알 수 없다. 그런데 긍정적 기대를 하고 도전하는 사람은 미래를 확인할 수 있다.

일에서 재미를 느낄 수 있는 또 한 가지 방법은 일의 전체 과정을 조망해보는 것이다. 헬스클럽에서 운동하는 사람들을 대상으로 진행한 연구에 따르면, 운동의 첫 단계만 상상한 사람들은 운동에 대한 흥미가 낮았다. 그러나 넓은 관점에서 운동의 과정을 상상한 사람들은 운동에 대한 흥미가 훨씬 높게 나타났다.[6] 사람들은 처음 시작할 때의 어려움만 떠올리는 '근시안적 예측'에 의존하기 때문에 앞으로 겪을 고통만을 예상한다. 어떤 일이든 처음에는 힘들고 어려운 법이다. 하지만 1년 후, 3년 후, 혹은 10년 후의 결과를 상상해 보면 지금은 생각하지 못했던 성취감을 느낄 수 있다.

인간은 단지 궁금해서 혹은 재미를 위해서 머리를 싸매고 퍼즐을 푸는 존재다. 놀이는 만족감이나 즐거움 외에 아무런 보상이 없다. 그럼에도 사람들은 쉽게 놀이에 몰입한다. 따라서 어떤 일이든 가장 잘할 방법은 그 일 자체를 즐기는 것이다. 어떤 동기도 즐거움을 대신할 수 없다. 몽테뉴는 저서 『수상록』에 다음과 같이 썼다.

"나는 젊었을 때 남에게 자랑하기 위해 공부했다. 그다음에는 나를 만족시키기 위해 공부했고 지금은 재미로 공부한다."

3. 돈 많이 벌고 부자가 되면
행복해질 수 있는가

　미국의 심리학자 에드 디너는 2001년에 인도 콜카타에 거주하는 노숙자, 빈민, 매춘부 83명을 인터뷰하여 삶의 만족도를 측정했다.[1] 이들의 만족도는 3점 척도일 때 평균 1.93으로 중산층 학생들의 2.43에 비해 훨씬 낮았다. 하지만 같은 처지에 있는 선진국의 빈민들과 비교하자 전혀 다른 결과가 나왔다. 콜카타 노숙자의 만족도는 1.60인 데 비해 미국 캘리포니아에 사는 노숙자의 만족도는 1.29였다. 이들이 한 달 동안 쓰는 돈은 평균 24달러와 270~358달러로 10배 이상 차이가 났다. 그런데도 인도의 노숙자가 미국의 노숙자보다 더 행복하다고 느낀 것이다.

부와 행복의 상관관계는 연소득 7만 5,000달러까지다
　경제학자 리처드 이스털린은 1970년대 초 '이스털린의 역설East-

erlin paradox'이라 불리는 연구 결과를 발표했다.[2] 그는 돈이 많으면 더 행복할 것이라는 일반인의 상식을 완전히 뒤집어 놓았다. 그의 연구에 따르면 경제 성장과 개인의 행복이 반드시 비례하지는 않는다. 소득이 높아지면 행복감도 상승하지만 일정 수준을 넘어서면 행복감은 더 이상 높아지지 않는다. 연 소득이 1만~1만 5,000달러를 넘어서면 돈이 행복에 미치는 영향이 미미하다는 것이다.

'이스털린의 역설'은 여러 연구를 통해 확인됐다. 미국의 1인당 국민소득은 1945년부터 2000년까지 55년 동안 3배가 증가했지만 삶의 만족도는 제자리걸음이었다. 노벨경제학상 수상자인 대니얼 카너먼 교수는 2008~2009년 갤럽이 진행한 설문조사 결과를 분석하여 미국인의 경우 연간 소득이 7만 5,000달러를 넘어서면 돈을 더 벌어도 행복에 거의 영향을 미치지 않는다는 결론을 얻었다.[3] 부가 일정 수준을 넘어서면 행복과 부의 상관관계가 거의 사라지는 것이다.

'이스털린의 역설'은 오랜 기간 심리학계의 정설로 받아들여졌지만 경제학자들의 생각은 좀 다른 듯하다. 경제학자들은 행복을 연구 대상으로 삼지 않는다. 행복은 개인의 주관적 느낌이며 설문조사 방식으로는 과학적 결론을 도출할 수 없다고 여기기 때문이다. 경제학자들은 자신들의 연구 분야가 수학을 활용하기 때문에 과학이라고 믿고 싶어 한다. 하지만 사실 경제학의 상당 부분은 심리학에 의존한다. 인간의 행동 패턴은 수학으로 도식화하기 어렵다.

경제학자들의 견해는 양분돼 있다. 경제학자 존 디뉴John P. de New 연구팀은 1984년부터 2000년까지 독일인 7,812명을 추적하여 소득과 삶의 만족도를 조사했다.[4] 조사 결과 좋은 직업이나 지위를 가진 사람이 훨씬 높은 만족도를 보였다. 그러나 소득은 오직 첫해에만 만족도를 높였다. 소득 증가로 인한 만족도는 3년이 지나자 현저히 떨어졌고 4년이 지난 뒤에는 효과가 거의 사라졌다.

반면 미국 펜실베이니아대학교 와튼스쿨의 벳시 스티븐슨Betsey Stevenson과 저스틴 울퍼스Justin Wolfers 교수는 세계 각국에서 실시된 각종 여론조사 결과를 분석해 부자 나라의 국민이 더 행복하고 그중에서도 돈을 많이 버는 사람일수록 더 행복하다는 연구 결과를 내놓았다.[5] 세계 132개국을 대상으로 지난 50년간의 자료를 분석한 결과 부자 나라일수록 복지 인프라가 잘 갖추어져 있고 그만큼 국민의 행복 수준도 높다는 것이다. 이 연구 결과에 대해 이스털린은 부자 나라의 국민이 행복한 것은 소득 외에 문화적 요인과 사회적 요인 등이 반영됐기 때문이며 경제 성장이 국민의 행복 수준을 계속 높이지는 못한다는 반응을 보였다.

행복의 척도는 타인이 원하는 걸 가질 수 있는가다

대개 사람들은 어린 시절을 행복했던 시기로 기억한다. 하지만 이 기억은 사실이 아닐 가능성이 크다. 고추장에 보리밥을 비벼 먹던 시절이 쌀밥에 고기를 먹는 현재보다 행복했을 리 없다. 또 학교와 군대에서 가혹한 폭력에 시달리고 어른들의 등쌀에 괴로워하던 그 시절이 지금보다 더 행복했을 리도 없다.

그런데도 왜 지나간 시절은 행복하게 기억되는 것일까? 그것은 과거가 행복해서가 아니라 지금 현실이 만족스럽지 않기 때문이다. 오늘날 쌀밥을 배불리 먹는 것은 행복의 척도가 되지 못한다. 어린 시절에 쌀밥에 고기를 마음껏 먹을 수 있었다면 그는 누구보다 행복했을 것이다. 그러나 지금은 궁핍했던 시절의 배고픔 따위는 잊었다. 지금 중요한 것은 쌀밥이 아니다. 지금은 누구나 쌀밥을 먹고 쌀밥이 지겨워진 사람들은 다른 음식을 찾는다. 나를 불행하게 만드는 것은 내 옆에서 누군가 수십만 원짜리 와인을 마시고 있다는 사실 때문이다.

이스털린은 행복이 상대적으로 결정된다는 사실에 주목했다. 그는 실험참가자들에게 어떤 물건을 소유하고 싶은지, 그중에서 실제 어떤 물건을 가지고 있는지 체크하도록 했다.[6] 그로부터 16년이 지난 후 같은 조사를 반복했더니 사람들이 소유하고 싶은 물건이 4.4개에서 5.6개로 증가해 있었고 가지고 있는 물건이 1.7개에서 3.1개로 증가했다. 부가 증가한 만큼 욕망도 증가한 것이다. 젊은 시절에는 자동차와 텔레비전만 있으면 멋진 삶이라고 상상했다. 하지만 이제는 그것만으로 행복할 수 없다. 자동차와 텔레비전은 거의 모든 사람이 가지고 있기 때문이다. 지금 가지고 있거나 누리는 것은 가치가 별로 없다. 아무리 비싼 자동차도 달리는 순간부터 가치가 떨어지기 시작한다.

우리는 부모들이 살았던 시대보다 훨씬 나은 삶을 살고 있지만 더 행복하지는 않다. 부모 세대보다 기대하는 것이 더 많아졌기 때문이다. 과거의 부모 세대는 자녀가 농사일에서 벗어나기를 기대했다면 지금의 부모 세대는 자식이 명문대학을 졸업한 후 잘나가는 의사나 변호사가 되는 것을 기대한다. 현재의 삶이 과거보다 불행하게 느껴지는 것은 바로 이러한 '기대가 일으키는 불안anticipation induced anxiety'때문이다.

사람들이 주목하는 것은 '지금 가진 것'이 아니라 '갖고 싶은 것'

이다. 당신이 갖고 싶어 하는 것은 다른 사람도 갖고 싶어 하지만 쉽게 가질 수 없는 바로 그것이다. 그것을 얼마나 빨리 원할 때마다 가질 수 있느냐가 행복의 척도다.

인간은 행복과 관련된 세 가지 특질을 유전적으로 물려받았다. 첫째 물질적인 만족은 영원하지 않다는 것, 둘째 현재의 만족이 아니라 현재보다 나아지는 상태를 행복하다고 느끼는 것, 셋째 앞으로 더 나아지리라는 기대다.

미래가 현재보다 더 나으리라는 보장은 없다. 그렇지만 사람들은 미래가 더 나을 거라는 기대를 품고 살아간다. 과거는 지금보다 행복했으며 미래는 더 행복할 것이라는 착각이 우리를 분발하게 만든다. 이것이 유전자의 숨겨진 전략이다.

미래에 부유해질 것이라는 기대를 하며 살아간다

어느 조사에서든 부자는 가난한 사람보다 행복한 것으로 나타난다. 선진국 중에서 행복 지수가 낮은 나라는 없다. 반대로 행복 지수가 낮은 나라들은 모두 가난하지만 가난한 나라라고 해서 국민이 불행한 것도 아니다. 오랫동안 이 문제를 연구한 에드 디너는 소득과 행복과의 상관관계를 간단하게 정리했다. 가난은 불행의 원인이지만 돈이 있다고 행복한 것은 아니라는 것이다. 행복은 돈 자체보다 돈이 가져다주는 부수적 효과에서 비롯된다. 돈은 그 사람의 사회적 지위, 사회적 관계, 사회적 지지를 보증한다. 타인으로부터, 사회로부터 인정받는 것만큼 행복한 일은 없다.

돈이 지속적인 행복을 보장하지 않는 이유는 두 가지다. 하나는 '쾌락 적응hedonic adaptation'이다. 원하던 것을 손에 넣는 순간 그 가치는 점점 하락한다. 그 대신 더 큰 것을 욕망하게 된다. 이 욕망이 우리를 불행하게 만든다. 둘째, '상대적 비교'다. 우리는 현재의 상태 때문이 아니라 남이 가진 것 때문에 불행하다. 불행의 원인 제공자는 동료, 이웃, 지인이다. 나의 불행은 그들보다 덜 가졌기 때문에 생겨난다.

현재에 만족했던 조상들은 진화 과정에서 일찌감치 도태했다. 어딘가에 행복이 존재한다는 착각, 언젠가 행복을 손에 쥘 수 있다는 착각, 그리고 그 순간이 미래의 가까운 지점에 있다는 착각이 살아가게 하는 힘이다. 행복은 영원하지도, 지속적이지도 않다. 우리는 잠깐 스쳐 가는 이 방문객을 놓치지 않기 위해 오늘도 죽을힘을 다해 미래의 행복을 꿈꾼다. 가장 환영받는 미래의 방문객은 역시 돈이다.

4. 돈으로 물건이 아닌 경험과 의미를 구매한다

새로 장만한 저금통에 지폐 한 장을 구겨 넣을 때만 해도 분명한 계획이 있었을 것이다. 저금통을 깨는 날 홀로 여행을 떠나겠다는 다짐 같은 것 말이다. 그러나 시간이 지나면서 새로운 변수가 끼어들었다. 노트북을 바꿀 때가 된 것이다. 여행을 떠날 것인가, 신형 노트북을 살 것인가?

두 가지 중에서 하나를 선택해야 한다면? 아마 대부분 노트북을 선택할 것이다. 3년 전 홀로 여행을 떠나겠다는 열정은 이미 시들었고 혼자 여행을 가겠다고 배우자에게 통보할 처지도 아닐 것이다. 그렇다면 여행을 가는 것과 노트북을 구매하는 것 중 어느 쪽이 더 행복할까?

물건과 달리 추억은 지속되고 언제든 꺼내 쓸 수 있다

2003년 심리학자 밴 보벤Van Boven과 토머스 길로비치는 21~69세 사이의 미국인 1,279명을 대상으로 설문조사를 진행했다. 그 결과 여행, 공연 관람, 학습, 선물, 기부처럼 자신이 직접 경험할 수 있는 일에 돈을 쓴 사람은 57%가 더 행복해졌다고 답한 반면 필요한 물건을 구매한 사람은 34%만이 더 행복해졌다고 답했다. 경험에 투자한 사람일수록 자신의 선택을 후회하는 비율도 낮았다.[1]

경험을 구매하는 것이 더 큰 만족감을 준다는 사실은 여러 실험을 통해 입증된 바 있다. 원하는 물건을 가지게 되면 행복감은 일시적으로 증가한다. 그러나 우리 뇌는 변화에 쉽게 적응하기 때문에 얼마 지나지 않아 본래의 행복 수준으로 되돌아간다. 예컨대 처음 집을 장만한 신혼부부는 주체할 수 없는 행복감에 사로잡히지만 그 집에 익숙해지고 나면 더 크고 좋은 집을 원하는 것과 같다. 반면 여행, 스포츠 활동, 배움 같은 경험은 늘 새로움을 선사한다. 경험은 누군가와 함께하는 경우가 많기 때문에 체험하는 것 자체가 새로운 만남이자 기회가 될 수 있다. 새로운 경험은 익숙해질 틈이 없다.

그럼에도 돈이 생겼을 때 경험에 투자할 것인가, 필요한 물건을 구매할 것인가를 결정하기는 쉽지 않다. 우리는 늘 구매하고 싶은 물건들의 목록을 손에 쥐고서 살아가기 때문이다. 대학생들을 대상으로 진행한 연구에 의하면 경험을 구매하려는 학생들은 여행을 가는 데 돈을 지불하고 싶어 했고 물건을 구매하려는 학생들은 TV, 오디오, 컴퓨터 같은 전자제품을 구매하는 데 돈을 쓰고 싶어 했다.[2] 연구팀은 물건을 구매하는 것보다 경험에 돈을 투자한 학생들의 만족감이 훨씬 높았다고 결론지었다. 경험은 금액과 관계없이 더 많은 행복을 가져다주고 그 효과도 오래 지속된다. 물건과 달리 추억은 오래 지속되고, 절대 지루하지 않고, 언제든 다시 꺼내 쓸 수 있다.

부의 크기가 아니라 사용하는 방식이 중요하다

물질적 소유가 오히려 스트레스를 일으키고 다시 물질에 대한 욕망을 부추긴다는 연구 결과가 있다. 미국 미시간대학교 연구팀은 팔레스타인 테러리스트들에게 자주 공격당하는 이스라엘 주민들을 대상으로 트라우마와 소비 행태를 분석했다. 그 결과 평소 물질적 욕망이 큰 사람일수록 더 많은 스트레스에 시달리고 충동적으로 쇼핑하는 경향이 나타났다.[3] 그 원인은 미국인들을 대상으로 한 조사에서 밝혀졌다. 물질적 욕망이 강한 미국인들은 자존감이 낮고 죽음에 대한 공포심이 컸다. 이들은 충동적인 소비를 통해 낮은 자존감과 죽음에 대한 공포를 보상받으려는 경향을 보였다.

2,500여 명의 네덜란드인을 6년간 추적 조사한 연구에서는 부를 성공의 척도로 생각하거나 쇼핑을 통해 불행을 보상받으려는 사람들이 '고독의 악순환'에 빠진다는 사실이 밝혀졌다.[4] 그들은 외로움을 해결하기 위해 쇼핑했다. 하지만 쇼핑을 영원히 지속할 수는 없기 때문에 다시 외로움의 늪에 빠졌다. 소유물은 늘 비교의 대상이 된다. 새집을 갖더라도 이웃에는 당신보다 더 좋은 주택을 가진 사람들이 즐비하다. 그러나 히말라야 등반을 다녀온 경험은 다른 사람이 가진 어떤 소유물과도 비교할 수 없다. 설령 이웃집 부부가 최고급 호텔에서 최고급 음식을 먹으며 유럽 여행을 다

녀왔더라도 당신의 경험과는 비교할 수 없다.

부자들이 불행한 것은 아니다. 돈은 행복을 보장하지는 못하더라도 최악의 불행을 막아주기 때문이다. 얼마나 많은 돈을 가졌는가 하는 것은 별로 중요하지 않다. 중요한 것은 부의 크기가 아니라 사용하는 방식이다. 사람들은 돈으로 행복을 살 수 없다고 말하지만 살 방법은 있다. 지금까지의 연구 결과들을 종합해보면 사람들은 경험을 구매하거나 의미 있는 일에 돈을 쓸 때 행복감을 느낀다.

다른 사람들과 함께하는 경험이 확실한 행복이다

행복해지기 위해 특별한 경험에 도전할 필요는 없다. 오늘 밤 오랜 친구들과 술자리가 약속돼 있는데 갑자기 당신이 흠모하는 여배우와의 저녁 식사 이벤트에 당첨됐다는 연락을 받았다고 하자. 분명 당신은 친구들과 한 약속을 저버리고 여배우와의 만찬에 참석할 것이다. 흠모하는 여배우와의 만찬은 매우 특별한 경험이다. 그러나 이런 이벤트에 당첨될 사람이 몇 명이나 되겠는가?

특별한 경험에는 비싼 비용이 따른다. 2014년 대니얼 길버트Daniel Gilbert 연구팀은 68명의 대학생을 대상으로 흥미로운 실험을 진행했다. 학생들을 4인 1조로 묶은 후 그중 한 명에게 재미있는 영상을 보여주고 나머지 세 명에게는 재미없는 영상을 보여주었다. 그런 다음 재미있는 영상을 본 학생 한 명이 누구인지 공개하고 서로 5분 동안 이야기를 나누도록 했다. 대화가 진행되는 동안 가장 불편했던 사람은 재미있는 영상을 본 한 명의 학생이었다.[5] 그는 사소한 잡담을 나누는 세 사람의 대화에 끼어들지 못하고 무리에서 소외됐다. 아무리 재미있는 경험도 여러 사람과 함께한 경험보다는 못한 것이다.

사람들과 함께하지 않은 경험은 행복을 안겨주지 않는다. 오히려 지나치게 특별한 경험은 다른 사람들에게 이질감과 질투심을 일으킬 수도 있다. 우리는 대단한 모험에서 행복을 느끼는 것이 아니라 다른 사람들과 함께하는 소소한 경험에서 행복을 느낀다. 사람은 다른 사람들과 연결돼 있다고 느낄 때 비로소 행복해진다. 혼자 식탁에 앉아 산해진미를 먹는 사람보다 친구와 따뜻한 국밥 한 그릇을 먹으며 수다를 떠는 사람이 훨씬 행복한 것이다.

5. 돈을 '내'가 아니라 '타인'을 위해서 써보자

돈으로 행복을 살 수 있다면 행복에 이르는 길은 단순하다. 돈을 벌면 된다. 하지만 돈으로 행복을 살 수는 없다. 무엇을 소유함으로써 얻는 행복은 지속적이지 않기 때문이다. 가령 돈을 써서 짝사랑하는 여성을 배우자로 삼을 수는 있을지라도 사랑까지 온전하게 얻을 수는 없다. 이로부터 무소유의 논리가 성립된다. 무소유의 논리에 의하면 우리는 가졌기 때문에 집착한다. 필요가 필요를 부르기 때문에 집착은 또 다른 집착으로 이어진다.

소유하고 싶은 마음을 버리기는 쉽지 않다

무소유는 아무도 실천할 수 없기 때문에 위대하다. 무소유에 근접한 삶을 살다 간 성자들이 몇몇 있었다. 하지만 그들도 사악한 인류를 구원하겠다는 욕망, 무언가 가르쳐야 한다는 욕망, 자신의 가르침을 인정받겠다는 욕망, 더 많은 추종자를 교화하겠다는 욕망, 무소유의 삶을 보여주겠다는 욕망은 내려놓지 못했다. 성자는 추구하는 욕망이 보통 사람들과 달랐을 뿐이다.

보통 사람들은 끝없이 소유를 추구하지만 원하는 것을 손에 넣는 사람은 드물다. 간혹 소유를 추구하지 않거나 그렇게 보이는 사람이 있다. 그들이 보통 사람들과 성향 자체가 조금 다를 뿐 도덕적으로 더 뛰어나다고 단정할 수는 없다. 그들은 적은 것에도 만족할 줄 아는 '최적주의자'이다. 사실 그런 성향을 지닌 사람들이 더 행복할 가능성이 크다.

소유의 욕망을 완전히 비울 수만 있다면 완전한 행복에 도달할 수 있을 것이다. 문제는 신조차도 완전히 비울 수 없다는 데 있다. 세계를 관장하려면 신에게도 여러 수하와 지휘체계가 필요하고 구성원들에 대한 평가와 보상이 필요하다. 평가의 기준이 오직 순수한 믿음과 영혼일지라도 수하들 사이의 경쟁은 사라지지 않을 것이다. 오랜 전승에 따르면, 악마는 그 과정에서 신으로부터 독립했다. 그런 세계에서 비움은 불가능하다.

종교 지도자들이 무소유로 살라고 하는 것은 하루의 끼니를 걱정하는 사람들에게 하는 말이 아니다. 하루 세 끼를 걱정해야 하는 사람이라면 욕망을 키우고 그것을 충족하기 위해 노력해야 한다. 그래야 최소한의 행복을 누릴 수 있다. 무소유는 먹고 남을 만큼의 부를 가진 사람들에게 던지는 메시지다.

모두가 알고 있는 진실은 최소한 먹고살 만큼의 부가 있어야 행복하다는 것이다. 그 외의 것들은 버려도 된다. 하지만 얼마만큼 소유해야 먹고살 만큼의 부인가? 또 버려야 한다면 어디에 버려야 하는가? 현세의 종교 지도자들은 자신들에게 버리면 선행을 대신 베풀고 편안한 사후의 삶을 보장하겠다고 말한다. 종교적 믿음을 가진 사람이라면 그렇게 살면 된다. 그렇지 않다면 직접 돈을 지불하고 행복을 사야 한다.

돈을 타인을 위해 쓰고 경험을 사는 데 써라

돈으로 행복을 살 수 있는 첫 번째 방법은 타인을 위해 돈을 쓰는 것이다. 당신에게 몇만 원 정도의 돈이 있다고 가정해 보자. 당신은 이 돈으로 평소 사고 싶었던 물건을 구매할 수도 있고 또 친구에게 줄 선물을 사거나 좋은 일에 기부할 수도 있다. 갖고 싶었던 물건을 샀을 때와 다른 사람에게 기부했을 때 어느 쪽이 더 행복할까?

심리학자 엘리자베스 던Elizabeth Dunn은 아침 일찍 학생들을 모아 놓고 5달러에서 20달러를 나눠준 후 오후 5시까지 모두 쓰고 오도록 했다.[1] 참가자 중 절반에게는 자신을 위해 돈을 써야 하고 나머지 절반에게는 다른 사람을 위해 써야 한다는 조건이 주어졌다. 그들이 돈을 쓴 후 행복 상태를 측정한 결과 액수와 관계없이 자신을 위해 돈을 쓴 학생보다 남을 위해 돈을 쓴 학생들이 더 행복해했다.

이 실험 결과가 보여주는 것은 돈을 제대로 쓰면 행복해진다는 것이다. 연구 대상을 전 세계로 확대해도 사람들은 다른 사람을 경제적으로 도울 때 행복감을 느낀다.[2] 우리가 돈으로 행복을 살 수 없다고 말하는 것은 돈을 어떻게 써야 할지 모르기 때문이다. 중요한 것은 타인을 위해 지불하는 돈의 액수는 행복의 크기와 거의 관계가 없다는 사실이다. 백만장자가 1만 달러를 기부하는 것이나 보통 사람들이 1달러를 기부하는 것이나 동일한 행복감을 안겨준다. 타인을 위해 돈을 쓰면 자신의 행위에 대한 만족감이 증가하고 사회적 관계도 좋아진다. 심리학자들의 지적대로 행복에 영향을 미치는 가장 큰 요인 중 하나는 관계다.

돈으로 행복을 살 수 있는 두 번째 방법은 상품을 구매하기보다 새로운 경험에 투자하는 것이다. 당신에게 300만 원의 돈이 있다고 하자. 이 돈으로 가죽 코트를 사는 것과 여행을 다녀오는 것 중 어느 쪽이 더 행복할까? 심리학자들의 연구에 의하면 물질을 소유하는 데 돈을 쓸 때보다 경험하는 데 돈을 쓸 때가 더 행복하다.[3] 경험에 돈을 쓴다는 것은 여행, 공연, 학습, 선물, 기부처럼 직접 체험하는 데 돈을 투자하는 것을 말한다. 연구자들이 20대에서 60대에 이르는 1,200여 명을 대상으로 설문조사를 실시한 결과 경험을 위해 돈을 쓴 사람은 57%가 더 행복해졌다고 답했고, 물건을 구매한 사람은 34%만이 더 행복해졌다고 답했다. 특히 경험에 투자한 사람일수록 자신의 행동을 후회하는 비율이 낮았다.

원하는 물건을 가지게 되면 행복감은 증가한다. 그러나 우리 뇌는 변화에 쉽게 적응하기 때문에 얼마 지나지 않아 본래의 행복 수준으로 되돌아간다. 지속적인 행복감을 누리려면 새롭고 신선한 경험을 늘려야 한다. 새로운 일, 새로운 경험에 도전하는 마음을 갖는 것 자체가 행복감을 높인다. 돈으로 경험을 구매하는 가장 좋은 선택지는 지금 당장 여행을 떠나는 것이다.

지금 현금을 지불하고 나중에 소비해 보자

돈은 행복의 필요조건이지만 충분조건은 아니다. 행복한 삶을 위해서는 어느 정도 돈이 필요하다. 그러나 가진 돈이 적다고 해서 남에게 베풀거나 행복해질 기회가 없는 것은 아니다. 어쩔 수 없이 돈으로 행복을 사야 한다면 한 번의 큰 즐거움을 위해 한꺼번에 많은 돈을 지불하기보다 적은 돈으로 사소하고 작은 즐거움을 자주 구매하는 것이 낫다.⁴ 큰맘 먹고 고가의 명품 브랜드를 구매하기보다는 평소 가지고 싶었던 소품들을 여러 개 구매하거나 평소에 하고 싶었지만 하지 못한 일들을 자주 해보는 것이다. 길거리에서 파는 예쁜 장신구들을 하나씩 사 모으고 멋진 카페를 찾아다니며 가까운 친구들을 만나는 것도 좋다.

보험에 많이 가입할 필요도 없다. 사람들은 언젠가 자신에게도 나쁜 일이 생길 것이며 그날을 위해 오늘을 희생하는 것이 당연하다고 생각한다. 하지만 살다 보면 나쁜 일이 찾아오는 것만큼 좋은 일도 많이 찾아온다. 우리는 생각하는 것만큼 나약하지 않다. 놀랍게도 사람들은 다양한 트라우마와 비극에 잘 대처한다. 우리 몸의 면역체계가 갖가지 질병을 예방하듯이 우리의 심리적 면역체계는 놀라울 정도의 회복력을 가지고 있다. 미래에 닥칠지 모를 불행에 대비하는 것은 좋은 일이다. 하지만 불확실한 미래 때문에 지금 이 순간의 행복을 포기할 필요는 없다.

돈이 없다고 미래를 가불해서 사는 것은 불행을 자초하는 일이다. 신용카드는 지금 소비하고 나중에 비용을 지불하는 방식이다. 현재를 즐기는 것을 나무랄 일은 아니지만 지불 능력이 부족한 사람에게는 하루하루가 불안의 연속이다. 지금 현금을 지불하고 나중에 소비하는 삶을 선택해 보자. 가령 싸고 맛은 좋지만 예약하기 어려운 식당의 10회 식사권을 지금 구매했다면 그 기쁨은 이루 말할 수 없을 것이다. 식사할 날짜를 손꼽아 기다리면서 1년 내내 짜릿한 행복감을 음미할 수 있고 그 시간을 조금씩 늦추면서 더 오랫동안 행복에 젖을 수도 있다. 더구나 돈 걱정을 할 필요도 없다. 또 석 달 후에 떠날 여행 티켓을 지금 현금으로 구매하고 여행을 떠날 날을 기다리는 것도 큰 즐거움이다.

경전 『잡보장경雜寶藏經』에는 돈이 없어도 베풀 수 있는 일곱 가지 방법이 있다고 하는데 '무재칠시無財七施'라 했다. 부드럽고 따뜻한 눈빛으로 대하는 눈 보시眼施, 환한 얼굴로 대하는 얼굴 보시和顔施, 공손하고 부드러운 말투로 대하는 말 보시言辭施, 바른 몸가짐으로 대하는 몸 보시身施, 착하고 어진 심성으로 대하는 마음 보시心施, 다른 사람에게 양보하는 자리 보시床座施, 편안히 머물 수 있는 곳을 제공하는 방 보시房舍施가 그것이다. 우리는 돈보다 경험에서 행복을 느끼고 또 타인과 함께하는 경험에서 더 큰 행복을 느낀다.

6. '사다리 질서'를 '원탁 질서'로 바꿀 수 있다

하버드대학교 법학대학원장이 매년 신입생들에게 들려주는 이야기가 있다. 캠핑을 떠난 두 학생이 숲에서 커다란 곰을 만났다. 한 학생이 신발 끈을 묶기 시작하자 친구가 소리쳤다.

"뭐 하는 거야? 곰보다 더 빨리 뛸 수는 없어!"

신발 끈을 묶던 학생이 친구에게 대답했다.

"곰보다 빨리 달릴 필요는 없어. 너보다 빨리 뛰면 되니까."

권력자는 건강하게 오래 살고 서열이 낮으면 스트레스받는다

생사를 가르는 위기 상황에서는 우정조차 사치스럽다. 비정한가? 하지만 살고 싶다면 당신이 먼저 신발 끈을 묶어야 한다. 우리는 이 세상에 태어나기 전부터 죽을 때까지 치열한 경쟁 속에서 살아간다. 당신은 태어나기 전부터 엄청난 수의 정자들과 달리기 시합을 벌여 1위를 차지했다. 뱃속의 태아일 때는 영양분을 두고 어머니와 경쟁하고, 가정에서는 부모의 사랑을 얻기 위해 형제자매와 경쟁하고, 학교에서는 또래들과 경쟁하면서 살았다.

태아가 어머니와 경쟁한다는 말이 좀 생소할 것이다. 자궁 속의 태아는 어머니가 섭취한 영양분을 최대한 많이 얻으려 한다. 하지만 어머니의 입장에서는 앞으로 낳을 자식들에게 나눠줄 몫을 챙겨두어야 한다. 태아는 특정 호르몬을 분비하게 만들어 포도당이 더 많이 공급되도록 하고 어머니는 혈당량을 낮추기 위해 더 많은 인슐린을 분비한다. 이 경쟁이 지나치면 산모는 임신 합병증을 앓게 된다.[1] 경쟁은 평생 계속된다. 사회에 진출한 후에는 좋은 일터와 지위를 얻기 위해 경쟁하고 죽음 앞에 이르러서도 좋은 병실과 무덤을 차지하기 위해 경쟁한다. 주위에는 당신보다 나은 사람들이 즐비하기 때문에 경쟁은 늘 고달프다. 그들은 돋보이게 돈을 쓰면서 당신의 열등감을 자극하고 분발을 촉구한다.

지위를 둘러싼 경쟁은 승자와 패자가 존재하는 제로섬 게임이다. 지위는 다른 사람들도 원하기 때문에 당신이 그 자리를 차지한다고 해서 행복이 보장되는 것도 아니다. 낮은 지위는 스트레스를 일으킨다. 가령 서열이 높은 암컷 원숭이들보다 서열이 낮은 암컷들이 동맥경화에 걸릴 확률이 4배나 높다.[2] 낯설고 불안정한 무리에 들어가거나 계속 서열 경쟁에 노출돼도 쉽게 동맥경화에 걸린다.[3] 각 집단에서 서열이 높았던 수컷들만 따로 모아 놓으면 새로운 서열이 형성된다. 이때 서열이 높았다가 새 집단에서 서열이 낮아진 원숭이들이 동맥경화에 걸린 확률이 5배나 높았다.[4] 암컷에게 낮은 서열이 스트레스라면 수컷에게는 서열의 불안정성이 가장 큰 스트레스다. 이러한 스트레스가 수컷들에게 서열 경쟁에 뛰어들게 만든다.

사회적 지위는 뇌의 신경호르몬도 변화시킨다. 미국의 신경 내분비학자 로버트 새폴스키Robert Sapolsky는 오랫동안 개코원숭이 무리를 관찰하면서 서열이 낮은 개체들이 코르티솔 수치가 높고 세로토닌 수치가 낮다는 사실을 밝혀냈다.[5] 사회적 지위가 낮으면 스트레스와 함께 우울증에 걸릴 가능성이 큰 것이다.

지위가 높을수록 더 많은 스트레스에 시달릴 것이라는 생각은 틀렸다. 지위가 높으면 질병에 걸릴 위험이 적고 병에 걸리더라도 더 빨리 치유된다. 권력자들은 더 건강하고 더 오래 산다. 영국의 공중보건학자 마이클 마멋Michael Marmot의 주도로 영국의 공무원 1만 7,500여 명을 대상으로 진행한 화이트홀 연구Whitehall study가 이를 증명한다.[6] 1967년부터 진행된 연구 결과 단순직 공무원의 경우 최고 등급의 공무원보다 사망률이 4배나 높았다. 두 번째 연구에서도 최하위직 여성은 최고위직 여성보다 만성질환을 앓을 가능성이 4배나 높았다.

지위가 높은 사람들은 늘 시간에 쫓긴다고 불평을 늘어놓지만 힘든 것은 가장 아래쪽에 있는 사람들이다. 최고 지위를 가진 사람 밑에는 권력의 대리인들이 줄지어 대기하고 있다. 그들도 스트레스에 시달리지만 더 아래에 있는 사람들에게 전가할 수 있다는 즐거움이 고통을 상쇄한다. 독일의 철학자 테오도르 아도르노는 이러한 현상을 '자전거 타기 반응bicycling reaction'이라 명명했다. 아랫사람에게 발길질해대면서 윗사람에게는 연신 허리를 굽실대는 행태를 사이클 경주자의 모습에 빗댄 것이다.

치열하게 경쟁하고 승리했을 때 행복을 느끼게 돼 있다

경쟁은 생명체의 운명이다. 무리생활하는 동물은 서열을 높이기 위해 경쟁자와 사투를 벌이고 일부 영장류는 비슷한 처지의 경쟁자와 동맹을 맺어 우두머리를 제거한다. 지위에 대한 욕망, 경쟁에 대한 욕망을 버리라는 것은 본성을 거스르라는 말과 같다. 사람들이 겉모습을 가꾸는 데 열중하는 것도 경쟁자들에게 지위를 과시하기 위한 것이다. 여기에 필요한 것은 엄청난 비용이다. 쓸모없고 무모한 낭비는 경쟁자를 압도하는 우월적 전략이다. 대중은 이들을 따라잡기 위해 쉼 없이 모방한다. 그러나 모방자가 많아지면 그 전략의 효력은 사라진다. 그래서 지위가 높은 이들은 대중이 쉽게 모방하지 못하도록 희귀하거나 그것 자체가 너무 무의미해서 특별한 지위가 아니면 소유할 수 없는 것들에 집착한다.

"그들은 검투사 학교에 있는 것처럼 살아간다. 그들은 함께 식사하는 사람과도 싸워야 한다."

로마 시대의 철학자 세네카가 한 말이다. 경쟁이 마치 산업사회의 특징인 것처럼 묘사되지만 고대사회에도 경쟁이 치열했다. 어느 사회든 옆 사람을 팔꿈치로 밀며 앞만 보고 달려야 하는 사람들은 냄비 속에 든 게들을 연상시킨다. 점점 뜨거워지는 냄비 속에서 서로의 몸을 잡아당기는 것은 모두를 망치는 길이다. 살아남으려면 서로를 냄비 위로 밀어 올려야 한다. 그래서 행복 전도사들은 능력대로 줄을 세우는 '사다리 질서'를 서로 배려하는 '원탁 질서'로 바꾸어야 한다고 말한다. '더 빨리, 더 많이, 더 높이' 대신 '더 느긋하게, 더 적게, 더 낮게!'를 지향해야 한다는 것이다. 또 어떤 사람은 경쟁이 불평등을 가져오기 때문에 자연과 더불어 살았던 에덴 시대로 돌아가야 한다고 말한다.

경쟁이 사라진 사회는 행복할까? 그렇지 않다. 우리는 경쟁에서 승리한 조상들 덕분에 존재할 수 있었다. 조상들이 뻔뻔한 얼굴로 경쟁에 뛰어들지 않았다면 당신은 여기 존재하지 못했을 것이다. 당신에게 생명을 불어넣은 아버지의 정자는 수억 마리의 경쟁자들과 숨 가쁜 경주 끝에 선택된 것이다. 경쟁이 없는 곳은 없다. 인간은 선거에서 이기는 것부터 발차기로 병뚜껑을 여는 것까지 경쟁의 도락에 취해 있다. 이는 우리가 치열하게 경쟁하고 경쟁에서 승리했을 때 행복하도록 프로그래밍돼 있기 때문이다.

뇌의 쾌감중추는 자신보다 못한 사람을 보았을 때 활성화된다. 달리기 선수의 성공은 다른 선수들의 뒤처진 기록 때문에 가능한 것이다. 경쟁자 없이 성공을 평가할 수 없나. 경쟁이 사라진다고 더 행복해지는 것이 아니다. 경쟁은 성취감과 보람을 안기고 자신의 유전자가 영속될 가능성을 높인다.

인간은 경쟁의 승자이자 협력의 승자이기도 하다

모든 관객이 좌석에 앉으면 누구나 운동장에서 벌어지는 경기를 볼 수 있다. 하지만 한 사람이 자리에서 일어나 까치발을 하면 모든 사람이 까치발을 하게 된다. 누군가 나의 시야를 가리고 있는데 일어서지 말라고 하는 것은 나무들에 5미터까지만 자라라고 요구하는 것과 같다. 생태계가 균형을 유지하려면 여러 집단이 경쟁하며 견제할 수 있어야 한다. 서로 물고 물리는 순환적 경쟁구조가 공존의 생태 환경을 만드는 데 도움이 된다. 물론 지나친 경쟁은 서로에게 치명상을 입힌다.

남성들은 경쟁하며 성과를 높이지만 여성들은 그렇지 않다. 여성이 다른 여성과 경쟁할 때 성과가 나는 경우가 있지만 그 차이는 크지 않다. 특히 여성이 남성과 경쟁할 때는 효과가 거의 없다.[7] 모든 구성원이 참여하는 무한경쟁 역시 효과가 없다. 2009년 이스라엘과 미국의 공동 연구팀은 70명의 학생에게 단답형 문제를 내면서 문제를 가장 빨리 푼 20%에게 5달러를 지급하겠다고 했다. 연구팀은 한 그룹에는 10명이 함께 문제를 풀고 있다고 말하고 다른 그룹에는 100명이 함께 문제를 풀고 있다고 말했다.[8] 실험 결과 9명과 경쟁하고 있다고 생각한 학생이 99명과 경쟁한다고 생각한 학생보다 훨씬 빨리 답안을 제출했다. 경쟁자는 적을수록 효과가 있다. 만인에 대한 만인의 경쟁은 비효율적이다. 경쟁은 그 상대가 누구인지 명확히 알 수 있을 때 효과가 크다.

인간 사회만이 아니라 자연 생태계도 경쟁을 필요로 한다. 생태계는 여러 집단이 서로 경쟁하고 견제하면서 균형을 유지한다. 자신과 경쟁자만 존재하는 곳에서의 무한 경쟁은 서로를 갉아먹는다. 자신과 천적만 존재하는 곳에서 피식자가 멸종하면 먹이를 잃게 된 천적도 멸종한다. 다양한 존재들이 서로 경쟁하며 견제하는 생태계는 일정한 비율로 균형을 유지하면서 번성한다. 국내 연구팀이 가위바위보 게임을 통해 이를 수학적으로 증명했다.[9] 두 사람이 게임을 하면 승자와 패자로 갈리지만 셋이 게임을 하면 서로 물고 물리는 관계가 돼 모두 생존할 수 있다. 이처럼 생태계도 다양한 종이 서로 물고 물리며 일방적인 승자나 패자 없이 조화롭게 공존한다.

경쟁이 비정해 보이는 것은 패배자가 있기 때문이다. 누군가에게 승리할 목적을 가진 경쟁은 파괴적이다. 경쟁에 꼭 패배자가 있어야 하는 것은 아니다. 적수 대신 자기 스스로와 경쟁할 수도 있고 여럿이 하나의 목표를 공동으로 달성할 수도 있다. 협력은 다수가 경쟁에서 이기기 위한 가장 효과적인 도구다. 팀의 승리는 궁극적으로 개인에게 이익을 안겨주기 때문이다. 행복의 양은 제한이 없고 행복이 제로섬 게임의 결과물도 아니다. 남의 행복을 빼앗는다고 해서 내가 더 행복해지는 것이 아니다. 남에게 나눠준다고 해서 나의 행복이 줄어드는 것도 아니다. 인간은 경쟁의 승자이기도 하지만 협력의 승자이기도 하다.

7. 하는 일 없이 빈둥거리면 행복해질 수 없다

어떤 게으름뱅이가 모든 소원을 들어주겠다는 천사를 만나 저승으로 가게 됐다. 그는 평소의 소원대로 저승에서 하루하루를 빈둥거리며 보냈다. 시간이 흐르면서 빈둥거리는 삶도 조금씩 시들해지기 시작했다. 지루한 나날이 계속되자 게으름뱅이가 천사에게 애걸했다.

"차라리 나를 지옥으로 보내주세요!"

그러자 천사가 정색하며 게으름뱅이에게 반문했다.

"여태껏 당신은 여기가 천국인 줄 알고 있었단 말입니까?"

게으름뱅이는 평생 바라던 삶을 얻었지만 행복을 얻지는 못했다. 아무것도 하지 않는 삶은 무료함과 권태의 연속이다. 의미 없이 똑같은 일상을 반복하는 삶은 지옥과 다를 바 없다.

느림은 매 순간을 깊고 넓게 확장한다

누구나 편안한 삶을 원한다. 그러나 게으른 삶과 편안한 삶은 다르다. 무인도에서 홀로 살아가는 사람도 살아남기 위해 무슨 일이든 해야 한다. 로빈슨 크루소는 무인도에서 벗어나기 위해 누구보다 치열한 삶을 살았다. 만일 그가 무인도에서 느긋한 삶에 만족하면서 아무 일도 하지 않았다면 영영 섬을 벗어나지 못했을 것이다. 행복한 삶이란 일하지 않는 삶이 아니라 하고 싶고 잘할 수 있는 일을 자유롭게 선택할 수 있는 삶이다.

행복 전도사들이 말하는 '느리게 사는 삶'은 자발적이고 능동적인 선택을 전제로 한다. 그것은 나태가 아니라 매 순간을 음미하기 위해 삶의 속도를 늦추는 적극적 선택에서 비롯된다. 그러므로 느림은 삶의 매순간을 깊고 넓게 확장한다. 시간을 허비하며 즉각적인 만족에 굴복하는 게으름과 달리 느림은 삶의 매 순간을 깊고 넓게 확장한다. 즉 느리게 사는 삶은 현재 주어진 1분의 시간을 한 시간 혹은 그 이상으로 확장하는 삶이다. 그러므로 느림은 '자유'의 다른 이름이며 성숙한 사람만이 획득할 수 있는 미덕이다.

그럼에도 많은 사람이 게으름과 느리게 사는 삶을 혼동한다. 특히 몇몇 행복 전도사들은 느리게 사는 삶을 물질주의에서 벗어나게 하는 미덕으로 간주하기도 한다. 한때 일본에서 '달관 세대(사토리 세대さとり世代)'라는 말이 유행한 적이 있다. 높은 실업률 때문에 희망을 잃고 무기력해진 청년 세대를 일컫는 말이다. 지금 우리 사회의 많은 젊은이가 이들과 비슷한 상황에 놓여 있다. 이들은 세속적 욕망과 무차별적 경쟁에서 벗어나 사소한 행복을 추구하는 것처럼 보이지만 사실은 희망을 포기한 것에 가깝다. 독방에 갇혀 소

소한 삶에 만족하는 것은 공동체에 대한 의무를 저버린 행위이자 지독한 이기주의다. 그것은 달관이 아니라 삶의 실패다. 인류가 성공과 쾌락을 추구하지 않았다면 지금쯤 인류는 거대한 공룡 화석 위에 초라한 뼛조각으로 남아 있을 것이다.

인간은 게으른 동시에 부지런한 존재다

우리는 늘 자신을 얽매고 있는 틀에서 벗어나고자 한다. 그래서 사람들은 새벽 일찍 출근하는 것을 힘들어하고 층층시하의 위계질서 속에 편입되는 것을 싫어하고 틈만 나면 꾀를 부릴 궁리를 한다. 사람은 본래 게으름을 타고나는 것일까? 게으름도 유전적 요인의 영향을 받는다. 일란성 쌍둥이 181쌍과 이란성 쌍둥이 166쌍을 대상으로 분석한 결과에 의하면 쌍둥이 모두 성실하거나 게으른 비율이 일란성 쌍둥이에게서 훨씬 높게 나타났다.[1] 게으름과 성실성은 어느 정도 유전자의 영향을 받는다는 것이다. 이 연구 결과가 그리 놀라운 것은 아니다. 게으름이 인간 본성의 일부라면 성실성 역시 인간 본성의 일부이기 때문이다. 따라서 인간은 게으른 동시에 부지런한 존재이다.

일만 할 것 같은 개미 집단에도 게으름뱅이는 있다. 어떤 개미 집단의 경우 절반가량이 아무 일도 하지 않는다.[2] 하지만 이 개미들이 쓸모없는 존재는 아니다. 연구자들은 이 개미들이 동료들의 부상이나 갑작스러운 사망에 대비한 예비 일꾼이거나 전투병력일 수 있다고 말한다. 일본 연구팀도 개미 집단의 존속을 위해 일하지 않은 개미가 일정 부분 존재해야 한다는 연구 결과를 내놓았다.[3] 관찰 결과 이 개미들은 놀고 있는 것이 아니라 지친 동료들이 휴식을 취하는 동안 대신 일에 투입됐다. 연구팀이 컴퓨터 시뮬레이션을 통해 분석해 보니 모든 개미가 한꺼번에 일하는 집단보다 번갈아 가며 일하고 휴식하는 집단이 더 오래 살아남았다. 근면한 개미만 모인 집단은 구성원들이 한꺼번에 지쳐버려 알을 돌보는 데 문제가 발생했다.

연구자들이 내린 결론은 동기부여가 잘되는 개체와 적당히 휴식을 취하면서 뒷받침하는 개체가 섞여 있는 집단이 오래 살아남는다는 것이다. 개미도 과로로 사망하는 것으로 알려져 있다. 그렇기 때문에 열심히 일만 하는 개미들이 모인 집단은 동시에 피로도가 높아져 집단 전체가 위험해질 수 있다. 사람은 휴식과 안락이 필요하며 가능하면 그런 기회를 노린다. 그렇다고 게으른 존재가 되고 싶어 하는 것은 아니며 게으른 사람으로 알려지는 것을 원치 않는다. 행동의 동기가 주어졌을 때 우리는 기꺼이 게으름과 결별한다.

2010년 시카고대학교 연구팀은 대학생들에게 간단한 설문조사를 실시한 후, 옆 사무실이나 걸어서 15분이 걸리는 곳 중 한 곳을 선택하여 설문지를 제출하도록 했다.[4] 참여자 절반에게는 옆에 있는 방에 설문지를 제출하도록 하고 다음 설문을 위해 15분간 휴식을 취하도록 했다. 그리고 나머지 절반에게는 왕복 15분이 걸리는 곳에 설문지를 제출하게 하고 휴식 없이 다음 설문에 응하도록 했다. 설문이 끝난 후 참가자의 만족도를 조사한 결과 가까운 곳에 설문지를 제출하고 휴식을 취했던 학생들보다 휴식 없이 15분 동안 바쁘게 움직인 학생들의 만족도가 더 높았다.

다음 실험에서는 학생들에게 설문지를 제출할 곳을 직접 선택하도록 했다. 그러자 참가자의 30%만이 멀리 떨어진 곳에 설문지를 제출했다. 70%는 굳이 먼 곳까지 방문하지 않고 게으름을 선택한 것이다. 연구팀은 학생들의 태도를 변화시킬 수 있는 요인을 알아보기 위해 설문지를 제출하는 대가로 초콜릿을 제공하기로 했다. 그러고는 두 곳에서 받을 수 있는 초콜릿이 다른 종류라고 알려주었다. 그러자 먼 곳을 선택한 학생의 비율이 60%까지 늘어났다. 보상으로 받을 수 있는 초콜릿이 다르다는 사소한 동기만으로 학생들의 행동이 변화한 것이다. 이 실험은 게으름이 우리의 본성을 지배하는 것이 아님을 보여준다. 사람들은 그럴듯한 동기만 있으면 기꺼이 행동에 나선다. 심지어 자신을 희생하면서까지 타인과 공동체를 돕는다.

인간은 수백만 년 동안 삶과 일이 통합된 세계에서 살았다

비뚤어진 삶을 살기로 결심하고 인생을 설계하는 사람은 없다. 게으름뱅이가 되기로 결심하는 사람도 없다. 우리가 약간의 게으름을 즐기면서 놀고 싶은 본성을 가진 것은 사실이다. 조상들은 수백만 년 동안 삶과 일이 하나로 통합된 세계에서 살았다. 일을 '노동'으로 인식하게 된 것은 최근이다. 그렇기 때문에 우리는 강제와 감시 속에서 일하는 것에 익숙하지 않으며 규칙에 따라 일하는 것을 불편하게 여긴다. 이러한 본성은 오랜 시간을 거치면서 형성된 것이기 때문에 쉽게 바뀌지 않는다. 인간의 본성을 바꾸려는 시도는 결코 성공할 수 없다. 우리가 할 수 있는 일은 인간 본성에 맞추어 사람들이 더 즐겁게 일할 수 있도록 돕는 것이다.

단순히 어떤 일을 잘하지 못하거나 더디게 하는 것은 게으름이 아니다. 하지만 못하는 것을 알면서도 아무런 노력도 하지 않는 것은 게으름이다. 사람은 남에게 인정받을 때 행복감을 느낀다. 그러니 게으른 사람은 행복할 수 없다. 만일 게으름을 피우면서 행복을 느끼는 사람이 있다면 그는 자신을 속이고 있는 것이다. 가장 고질적인 게으름은 하는 일 없이 빈둥거리는 것이 아니라 과거와 똑같은 삶을 반복하는 것이다.

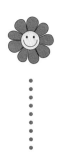

8. 몰입 상태에 들어서면
지혜를 체험하게 된다

몰입은 여가를 즐길 때보다 일할 때 더 많이 경험한다

어린 시절을 되돌아보면 친구들과 정신없이 뛰놀다가 해야 할 일을 까먹은 적이 한두 번이 아닐 것이다. 부모님 심부름 가던 길에 우연히 친구들의 놀이에 끼어들었다가 빈손으로 돌아왔거나 숨바꼭질에 정신이 팔려 해가 지는 줄도 몰랐던 경험이 있을 것이다. 이런 경험을 '몰입'이라 부른다.

몰입은 현재의 순간에 흡수돼 깊이 빠져 있는 상태다. 몰입 상태에 있으면 자신이 무엇을 하는지조차 의식하지 못한다. 아이들은 오직 현재에 집중하기 때문에 재미있는 일에 쉽게 몰입한다. 어른이 된 후에도 어떤 일에 집중하고 있다가 문득 정신을 차려보니 창밖이 어두워져 있거나 전철이나 버스 안에서 골똘히 생각에 잠겨 있다가 목적지를 지나쳐버릴 때가 있다.

직장에서도 이런 경험을 자주 한다면 몰입이 잘되는 사람이라 할수 있다. 사람들은 여가를 즐길 때 쉽게 몰입을 할 수 있을 것이라여기지만 사실은 그렇지 않다. 어른들은 여가를 즐길 때보다 일할때 몰입을 더 많이 경험한다.[1] 심리학자들은 이를 '플로flow'라고 표현한다. '플로'란 즐거운 일을 경험할 때 마치 물결을 따라 모든 것이 저절로 일어난 듯 느끼는 상태를 말한다. 사람들은 몰입 상태에있을 때 능력을 최고조로 발휘하며 자신이 유능하다고 느낀다. 또맑게 깨어 있는 의식으로 상황을 완벽히 장악하고 있다고 느끼며그 느낌이 절정에 이르렀을 때 완전한 몰아沒我 상태를 경험한다.

최상의 몰입 상태는 곧 자의식이 사라진 상태라 할 수 있다. 이는 명상을 수련하는 사람들이 경험하는 상태와 유사하다. 몰입 상태에 들어서면 어느 순간 마음이 평온해지고 때로는 영감이 불꽃처럼 피어오른다. 의식의 초점이 한 가지에 또렷이 집중되고 복잡한 상황들이 명료하게 단순화된다. 이 순간이야말로 지혜를 체험하는 상태라 할 수 있다. 이러한 경지에 이르게 되면 시간은 고요함 속에서 길고 넓고 깊게 확장된다. 사물을 단순하고 명료하게 인지하지만 그 움직임이 매우 느리게 느껴진다. 마치 무술의 고수가처음 무술에 입문한 초보자의 움직임을 관조하는 것과 유사하다.이때 고수는 하수의 움직임에 자유자재로 대응할 수 있다. 몰입 상태에 빠진 사람은 자신이 무엇을 경험하는지 모른다. 하지만 나중에 기억을 떠올려보면 자신이 온전하게 깨어 있는 상태에서 모든것을 자유자재로 통제했음을 깨닫는다.

'플로'에 대해 오랜 기간 연구해온 미하이 칙센트미하이는 몰입의 특징을 다음과 같이 정리한 바 있다.[2] 먼저 목표가 뚜렷해지고 단호하게 행동할 기회가 많으며 그 상황이 자신의 능력과 맞아떨어진다. 또 행위와 의식이 하나가 되고, 지금 하고 있는 일에 집중하고, 일과 주변 상황을 통제하는 느낌이 든다. 나아가 자아의 경계가 허물어지면서 점차 성장한다고 느끼며 더 큰 존재의 일부가 되는 경험을 하게 된다. 또 실제보다 시간이 빠르게 흐르며 현재 경험하는 것 자체가 목적이 된다.

몰입 상태에 들어서면 일이 전혀 힘들지 않고 오히려 즐거워진다. 창의성이 빛을 발하고 자신의 재능이 최대한 발휘되고 하는 일에 자부심을 느낀다. 이는 최고의 생산성과 절정의 성과로 이어진다. 그러나 이런 기쁨을 경험하려면 하는 일의 난이도와 자신의 능력이 적절히 맞아떨어져야 한다. 주어진 과제가 너무 쉬우면 일이 지루해지고 너무 어려우면 좌절감을 느낀다. 몰입은 자신의 노력으로 해결할 수 있는 적절한 난이도의 문제가 주어졌을 때 경험할 수 있다.[3] 이 때문에 칙센트미하이는 몰입이 이루어지기 위해서는 도전적인 과제가 주어져야 하고, 그것을 감당할 능력이 있어야 하고, 과제가 성취되는 단계별로 즉각적인 피드백이 있어야 한다고 말한다.

몰입은 자발적이고 적극적인 행위를 통해서만 가능하다

어른들은 아이들보다 몰입을 경험할 기회가 많지 않다. 대개 통제된 조직 안에서 생활하기 때문에 자신이 하고 싶은 일을 하기 어렵고 즉각적인 즐거움을 느낄 기회도 적다. 또 대부분 조직에서 일과 관련된 상황을 통제할 수 있는 권한이 거의 없다. 자신과 상황을 통제할 권한이 없으면 책임과 목표도 사라진다. 더구나 아직도 많은 기업이 '오래 일하는 것'을 중요한 미덕으로 간주하기 때문에 몰입의 시간을 늘리는 대신 오래 일하는 것을 선택하는 사람들이 많다.

　몰입은 타인의 통제, 평가, 감시가 상시로 이루어지는 환경에서는 경험할 수 없다. 또 바쁜 상태가 계속 유지되는 상태에서도 몰입은 이루어지지 않는다. 몸과 마음이 지쳐 있으면 몰입을 할 수 없다. 사람의 의지력은 근육과 같아서 한 가지 과제에 힘을 쏟고 나면 고갈된다.[4] 인지적 노력이 필요한 과제를 수행하고 나면 자기 조절 능력이 고갈되는 것이다.

　어떤 상황에서 열정과 재미를 가지고 일에 몰입할 수 있을까? 경영학자 케네스 토마스Kenneth Thomas는 열정과 재미를 느끼며 일할 수 있는 상황을 네 가지로 요약했다.[5] 첫째 자신이 가치 있는 일을 하고 있다고 느낄 때다. 둘째 자신에게 선택권이 있다고 느낄 때다. 셋째 그 일을 할 만한 기술과 지식을 갖추고 있다고 느낄 때다. 넷째 성장하고 있다고 느낄 때다. 이 네 가지 조건이 충족되면 사람들은 누가 시키지 않아도 자발적으로 일한다.

　몰입은 자신이 받게 될 보상과는 아무런 관련이 없다. 오직 자신의 목표, 능력, 성취처럼 스스로 세운 기준과 관련이 있기 때문이다. 몰입은 오직 자발적이고 적극적인 행위를 통해서만 경험할 수 있다. 우리 삶에서 최고의 순간은 그냥 주어지지 않는다. 비록 어렵더라도 뭔가 가치 있는 것을 성취하기 위해 노력했을 때나 자신이 가진 모든 것을 한계에 이를 때까지 밀어붙였을 때 경험할 수 있다. 자신이 설정한 기준을 충족하기 위해 모든 것을 쏟아부을 때 비로소 최고의 순간을 맛볼 수 있는 것이다.

몰입을 경험해본 사람은 한 가지 과제를 달성하고 나면 더 큰 과제에 도전하고 몰입을 다시 경험하기 위해 더 높은 능력을 갖추려 노력한다. 자신의 능력을 더 높이 끌어올리기 위해 끊임없이 학습한다. 이러한 질적 도약은 다시 새로운 과제에 대한 몰입으로 이끈다. 일상의 행복은 결국 자신이 하는 일에서 몰입을 끌어내는 능력에 달려 있다. 무엇을 하든 오직 거기에 푹 빠져 있을 때 가장 행복한 순간을 맛볼 수 있는 것이다.

SNS, 메일, TV 등에 자주 노출되면 집중력이 떨어진다

하루 일과를 곰곰이 떠올려보자. 대부분의 사람들은 잠에서 깨어나 부지런히 출근 준비를 하고 낮에 정신없이 일하다가 피곤한 몸으로 퇴근한 후에는 잠자리에 들기 바쁘다. 종일 뭔가를 열심히 하는 것 같지만 일과 시간의 46.9%를 잡념에 빠져 지낸다.[6] 일과 중 거의 절반의 시간을 자신이 하는 일이 아니라 다른 무언가를 생각하며 보내는 것이다. 연인과 사랑을 나눌 때는 잡념에서 벗어나 있지만 그마저 10% 정도의 시간은 엉뚱한 생각을 한다고 한다.

우리 마음이 주변 환경으로부터 분리돼 있을 때 뇌가 수신하는 감각신호가 줄어든다. 이때 뇌는 전반적으로 활동성이 줄어들지만 '기본 상태 영역default mode network'은 활성화된다.[7] 전전두엽, 두정엽, 측두엽 등이 중심을 이루는 이 영역은 아무것도 생각하지 않을 때, 즉 멍한 상태로 있을 때 활성화된다. 사람들은 멍한 상태에서 언뜻언뜻 과거를 떠올리거나 미래를 상상하면서 몽상에 빠진다. 이때 우리는 무의식 상태에서 과거와 미래를 오가며 자유롭게 상상할 수 있다. 우리 일과의 절반은 대부분 이런 시간으로 채워져 있다.

우리가 처리해야 할 정보의 양은 날로 증가하고 있다. 실제로 뇌는 쉴 틈 없이 하루를 보낸다. 그런데도 뇌가 일과의 절반을 빈둥거리며 보내는 것은 처리할 수 있는 정보의 양에 한계가 있기 때문이다. 우리가 쉬지 않고 일할 수 없는 것처럼 뇌도 휴식이 필요하다. 그래서 우리 뇌는 어떤 것에 집중할 때 활성화되는 회로와 쉴 때 활성화되는 회로의 두 가지 주의체계attentional system를 가지고 있다. 한쪽 회로가 활성화되면 다른 회로는 조용히 눈을 감는다. 뇌는 두 가지 신경망 중 하나만 사용할 수 있다. 그러다 보니 우리는 두 가지 일을 동시에 할 수 없고 한 가지에 오랫동안 집중할 수도 없다.

아무것도 하지 않을 때 활성화되는 신경망이 바로 '기본 상태 영역'이다. 우리가 한 가지 일에 몰두할 수 있는 것은 뇌가 일과의 절반을 빈둥거리기 때문이다. 뇌는 두 가지 회로 중 어느 것을 사용할지를 선택하게 하는 '주의 필터'를 가지고 있다. 이 필터는 어떤 일에 집중하고 어떤 일을 무시해도 되는지를 선택하는 데 도움을 준다. 뇌가 빈둥거리는 것이 비효율적으로 보일 수 있다. 하지만 뇌가 모든 자극에 집중하게 되면 아무 일도 처리할 수 없다.

집중할지 무시할지를 선택하고 전환하는 뇌의 스위치는 섬엽이라 불리는 영역이다.[8] 사람마다 스위치의 성능이 달라서 어떤 사람들은 두 상태의 전환이 빠르고 쉽게 몰입한다. 이는 우리 뇌가 두 가지 상태를 자유롭게 오갈 수 있기 때문에 가능하다. 그러나 스위치가 너무 자주 작동하면 졸음과 함께 피곤함이 밀려온다. 이런저런 자극에 신경을 쏟을수록 뇌가 점점 지치는 것이다. SNS, 메일, TV 등에 자주 노출되면 집중력이 점점 떨어지는 것도 그 때문이다. 따라서 불필요한 자극이 엄습할 때는 주변에 대한 모든 관심을 버리고 멍한 상태로 있는 것이 낫다.

인간은 잡념과 몽상에 빠져드는 동물이다

사람들은 몽상에 빠져 있는 사람을 멍청한 사람으로 여기는 경향이 있다. 그러나 몽상은 부정적인 측면보다 긍정적인 측면이 더 많다. 몽상이나 잡념은 과거에 겪었거나 앞으로 겪을 수 있는 상황을 상상하는 것에서 시작된다. 그런 의미에서 몽상은 앞으로 겪을 가능성이 있는 상황을 머릿속으로 미리 연습하는 효과가 있다. 이러한 상상 훈련은 실제 상황에서 중대한 실수를 방지하는 데 도움이 된다. 또 흥미로운 생각, 자신에 대한 생각, 미래에 대한 생각으로 채워진 몽상은 긍정적인 감정을 일으킨다.[9]

뇌의 '기본 상태 영역'은 타인의 생각이나 감정을 상상할 때도 활성화된다. 사회를 이루어 살아가는 인간에게 타인과 교감하고 공감하는 능력은 매우 중요하다. 멍한 상태에서 활성화되는 뇌 영역이 공감 능력과 관련이 있다는 것은 우리가 사회적 동물로 진화하는 데 몽상이 적지 않을 역할을 했다는 것을 시사한다. 우리는 하릴없이 타인의 생각과 감정 상태를 상상하는 것이 아니다. 사람들은 몽상하면서 미처 생각하지 못했던 것들을 자유롭게 상상한다.

몽상은 자신의 정체성을 강화하는 데도 도움이 된다. 지난날을 기억하고 미래의 상황을 그려봄으로써 자신이 어떤 사람인지를 보다 잘 인식할 수 있기 때문이다. 그런 점에서 인간만이 잡념과 몽상에 빠져드는 동물이라는 사실은 매우 의미심장하다.

뇌를 쉬게 하는 또 한 가지 방법은 명상이다. 명상에는 한 가지에 집중함으로써 감각 신호를 차단하는 과정이 포함돼 있다. 여기에서 좀 더 나아가면 붙잡고 있던 것을 완전히 놓아버림으로써 깊은 명상에 빠지게 된다. 바로 무념무상無念無想 상태에 도달하는 것이다. 모든 사람이 이 상태에 도달하기는 어렵다. 하지만 뇌를 쉬게 함으로써 스트레스로부터 어느 정도 벗어날 수는 있다. 우리가 쉽게 실천할 수 있는 방법은 이런저런 일을 동시에 처리하기 위해 몸부림치지 않는 것이다. 뇌는 한 번에 한 가지 일만 처리할 수 있기 때문이다.

우리는 뇌를 혹사하고 있다. 인류는 이러한 혹사를 지금까지 경험해 본 적이 없다. 음악을 듣거나 TV를 보는 것조차도 뇌에 엄청난 노동을 강요하는 것이다. 따라서 가끔 뇌에 쉴 수 있는 기회를 주어야 한다. 아무 생각도 하지 않고 그저 가만히 창밖의 풍경을 바라보기만 해도 뇌는 여유를 되찾을 수 있다. 여행을 떠나는 것도 좋은 방법이다. 그러나 사람들끼리 떼를 지어 쇼핑센터나 관광명소를 찾아다니는 여행은 별반 도움이 되지 않는다. 휴식을 취하고 싶다면 여행에서 만나는 모든 것을 조용히 음미하면 된다. 생각 없이 마냥 걷는 것만으로도 목적을 이루는 데는 충분하다. 뇌가 리셋돼야만 새롭고 창의적인 일을 시작할 수 있다.

9. 하고 싶은 일을 하며 의미를 찾아야 한다

　멕시코시티의 시장 한구석에 앉아 매일 스무 다발의 양파를 파는 노인이 있었다. 한 미국인이 노인에게 다가가 물었다.

　"전부를 사면 얼마를 깎아주겠습니까?"

　노인이 대답했다.

　"전부는 팔지 않습니다."

　"안 판다고요? 당신은 가지고 나온 양파를 팔기 위해 여기 있는 것 아니요?"

　미국인이 버럭 화를 내며 묻자 노인이 이렇게 대답했다.

　"아닙니다. 나는 이 시장을 사랑하고 이곳에서 사람들을 만나는 일이 즐겁습니다. 그게 내 인생이지요. 양파를 전부 팔아버리고 나면 내 하루는 끝이 납니다."

　어니스트 톰슨 시턴의 저서 『인디언의 복음』에 나온 이야기다.

이 이야기에는 우리가 단지 돈 때문에 일하는 것이 아니라는 교훈
이 담겨 있다.

하고 싶은 일을 할 때 행복해진다

1999년 미국 연구팀이 취업을 앞둔 대학생 138명에게 두 가지
직업 중 하나를 선택하라고 요청했다.[1] 연구팀이 제시한 직업 중
하나는 주변의 권유 때문에 선택한 직업으로 처음 몇 년은 고생스
럽지만 장기적으로 보면 전망이 매우 밝다. 다른 하나는 늘 하고
싶어 했던 일이지만 수입이 적다. 그러나 만족도가 높고 인류 발전
에도 기여할 수 있다.

당신이라면 두 가지 직업 중 어느 직업을 선택하겠는가? 아마 당
신은 주저 없이 하고 싶었던 일을 선택할 것이다. 실험에서는 66%
의 학생이 자신이 하고 싶었던 직업을 선택했다. 연구팀은 질문을
바꾸어 물어보았다.

"그럼 친구에게 권유한다면 어떤 직업을 권유하겠는가?"

이번에는 83%가 친구가 하고 싶어 하는 직업을 권유하겠다고
답했다. 자신의 행복보다 친구의 행복을 더 많이 원한 것이다. 그
들은 자신은 원하는 선택을 하지 못하지만 친구는 하고 싶은 일을
하면서 행복하게 살라는 바람을 내비쳤다. 그들은 주변의 기대와
시선을 차마 뿌리치지 못했고 친구들도 같은 처지에 있기는 마찬
가지였다.

철학자 버트런드 러셀은 저서 『게으름에 대한 찬양』에서 일을
두 가지로 분류했다. 하나는 땅 위의 물체를 다른 곳으로 옮기는
일이고, 다른 하나는 다른 사람에게 그것을 시키는 일이다. 대다수

의 사람들은 남에게 시키는 일을 선호한다. 노동을 어쩔 수 없이 해야 하는 고역으로 여기기 때문이다. 그러나 일은 생계 수단 이상의 의미를 지니고 있다.

가장 행복한 사람은 하고 싶은 일, 잘할 수 있는 일, 해야만 하는 일이 같고 실제 그런 일에 종사하는 사람이다. 하지만 그런 경우는 매우 드물다. 대부분의 사람들은 생계를 해결할 수 있는 일자리를 구하고 취업하고 나면 원하지 않는 일이라도 할 수밖에 없다. 먹고살기 위해 일하는 사람은 행복하지 않다. 행복해지려면 '어쩔 수 없이 해야만 하는should 일'을 '하고 싶은want to 일'로 바꾸어야 한다.

일하지 않는 삶은 지루할 뿐이다

돈만 있으면 당장 직장을 때려치우겠다는 사람들을 주변에서 흔히 볼 수 있다. 정말 일하지 않으면 행복할까? 앞서 언급했듯이 행복한 삶은 일하지 않는 삶이 아니라 하고 싶은 일을 자유롭게 선택할 수 있는 삶이다. 실업자는 자신의 의지대로 일을 선택할 수 없다. 우리는 대단한 대가를 바라면서 일하는 것이 아니다. 때로 권태에서 벗어나기 위해 일한다.

일하지 않는 삶은 지루하다. 『성경』에 등장하는 아담과 이브를 상상해 보라. 영원히 에덴동산의 숲에서 무르익어가는 과일만 바라보는 삶은 행복하지 않다. 우리는 선악과를 먹은 죄로 수고로운 일을 떠맡긴 신의 저주에 감사해야 한다. 인간만큼 부산을 떨어야 존재감을 느끼는 동물이 어디에 있겠는가? 노벨문학상 수상자이기도 했던 윌리엄 포크너는 이렇게 말했다.

'하루 여덟 시간 동안 먹을 수 없고, 하루 여덟 시간 동안 마실 수

없고, 하루 여덟 시간 동안 사랑을 나눌 수도 없다. 여덟 시간 동안 할 수 있는 것은 일뿐이다.'[2]

하루 여덟 시간 동안 할 수 있는 것이 일밖에 없다면 왠지 서글픈 생각이 들 것이다. 물론 우리는 여덟 시간 동안 잠을 잘 수 있고 여덟 시간 동안 가만히 앉아 있을 수 있다. 그러나 그 이상 아무것도 하지 않으며 시간을 보내는 것은 지루하고 짜증나는 일이다.

영원히 노닐 수 있는 에덴의 낙원이 존재한다 해도 우리는 다시 그 시절로 돌아갈 수 없다. 태초의 시원으로부터 너무 멀리 와버렸다. 어머니의 자궁에서 탯줄이 끊어지는 그 순간부터 생존을 위해 땀 흘려야 하는 운명을 타고났다. 단순히 먹기 위해서가 아니라 더 맛있는 것을 더 우아하게 먹기 위해 일한다. 인간이 행복의 쳇바퀴를 굴리며 부실없이 앞으로 나가려 애쓰는 것은 탐욕을 통해 살아남은 조상의 후손이기 때문이다.

자신이 하는 일을 의미있게 만든다

심리학자 배리 슈워츠Barry Schwartz 연구팀은 일을 생업job, 직업career, 소명calling으로 구분한 후 사람들이 자기 일을 어떤 시각으로 바라보는지에 따라 일에 임하는 태도가 달라지는 것을 확인했다.[3] 소명은 생업이나 직업과 다르다. 생업이 생계를 위한 것이라면 소명은 자신의 정체성을 확인하고 의미 있는 것을 추구하는 것이다. 자기 일을 생업으로 여기는 사람들은 일에 몰입하거나 일해야 하는 의미를 거의 발견하지 못했다. 또 자기 일을 직업으로 보는 사람들은 승진, 높은 보수, 성공에 관심이 있었다. 반면 자기 일을 소명으로 인식하는 사람들은 일에서 즐거움을 느꼈고 일을 자아 정체성을 구성하는 중요한 요소로 보았다. 그들은 자기가 하는 일 덕분에 세상이 더 나아질 것이라 믿었고, 다른 사람에게도 자신이 하는 일을 권했다.

열정을 발화하는 힘은 행위의 이유, 즉 의미다. 병원 종사자들을 대상으로 진행한 연구에 의하면 일에 의미를 부여하는 사람은 생계를 위해 청소 일을 한다고 생각하는 사람보다 행복했다.[4] 가령 자신이 하는 일이 환자의 회복에 기여한다고 생각하는 병원 청소부들은 더 행복했다. 그들은 단순히 병원을 청소하는 것이 아니라 자신이 하는 일이 환자들의 회복에 도움이 되며 병원의 이미지도 향상시킨다고 생각했다. 심지어 이들은 같은 병원에서 일하는 의사나 간호사들보다 더 보람을 느꼈다. 또 가족을 대신하여 환자의 임종을 지킨다고 생각하는 간호사들은 환자의 뒤치다꺼리나 한다고 생각하는 다른 간호사나 의사들보다 더 행복했다. 행복한 사람은 좋은 직업을 가진 사람이 아니라 자신이 하는 일을 의미 있게 만드는 사람이다.

하루 종일 키보드만 두드리는 사람도 일에서 의미를 찾을 수 있을까? 또 하루 여덟 시간 이상 철사를 자르는 사람에게 일은 어떤 의미가 있을까? 자신이 하는 일의 전체적인 맥락을 파악하지 못하면 일에서 의미를 찾기 어렵다. 철사를 자르는 사람은 자신이 자른 철사가 스프링이 된다는 사실을 알고 그 스프링이 어떤 제품의 부속품인지 알아야 의미를 찾을 수 있다. 그렇지 않으면 일은 단순하고 반복적인 노역일 뿐이다.

2012년 하버드대학교 연구팀은 실험참가자들을 두 그룹으로 나누어 한 그룹에는 이케아 제품을 조립하게 한 후 자신들이 조립한 완제품을 구매할 수 있다고 알려주었다. 반면 다른 그룹에는 단순히 이케아 완제품을 구매할 수 있다고 말했다.[5] 그러자 직접 제품을 조립한 그룹이 제품을 더 마음에 들어 하고 더 많은 금액을 지불할 수 있다고 대답했다. 사람들은 '힘들인 만큼 애정을 느낀다 Labor leads to love'. 연구자들은 이러한 현상을 '이케아 효과Ikea effect'라 명명했다.

다음 실험에서 연구팀은 실험참가자들을 두 그룹으로 나누어 장난감 로봇을 조립하게 한 후 조립품을 가져올 때마다 일정한 금액을 지급했다. 그런데 한 그룹은 조립된 장난감을 가져오자마자 곧바로 분해하여 박스에 넣어버렸다. 그러자 그들은 곧 의욕을 잃었다. 대조 그룹에 속한 참가자들이 평균 10.6개를 조립하고 14달러 40센트를 받은 반면에 눈앞에서 조립품이 해체되는 모습을 본 그룹의 참가자들은 평균 7.2개를 조립하고 11.52달러를 받는 데 그쳤다. 일의 의미를 빼앗자 아무것도 아닌 것이 돼버렸다. 의미가 없다고 느끼는 일에서는 의욕도 즐거움도 얻을 수 없다.

행복의 비결은 일에서 의미를 찾는 데 있다

일이 고통이 되지 않게 하려면 일에서 의미를 찾아야 한다. 일에서 의미를 찾는 것이 행복의 비결이다. 미하이 칙센트미하이는 『몰입의 즐거움』에서 카메라 공장에서 일하는 '리코'라는 노동자를 예로 들었다. 생산직 직원들은 대부분 마지못해 일했고 자신들은 단순조립 같은 하찮은 일을 할 사람이 아니라는 생각을 하고 있었다. 하지만 리코는 달랐다. 그는 43초 동안 카메라의 규격을 점검하는 일을 맡고 있었는데 오랜 연구와 시도 끝에 점검 시간을 28초로 줄일 수 있었다. 점검 시간을 15초 줄였다고 해서 상을 받은 것도 아니었지만 자신이 해낸 일에 자부심과 희열을 느꼈다.

위대한 책을 쓰는 사람은 행복해 보일 수 있다. 반면 소음 가득한 공간에서 종일 서서 책을 인쇄하거나 제본하는 사람은 불행해 보인다. 하지만 어느 나라든 글을 쓰는 사람의 수명은 짧고 일 자체도 고통스럽다. 만일 인쇄공이 위대한 사상의 한 페이지를 구성한다고 생각하고 제본공이 잃어버린 역사의 한 페이지를 꿰매고 있다고 생각한다면 위대한 책을 쓴 사람만큼이나 의미 있는 삶을 살고 있는 것이다.

일에서 행복을 느끼는 사람은 자신이 하는 일에 생계 이상의 의미를 부여하는 사람이다. 대개 소방관이나 경찰관에게 주어지는 금전적 보상은 크지 않다. 그렇지만 아이들의 눈에는 그들이 박봉을 받는 공무원이 아니라 누군가를 살리고 돕는 사람으로 비친다. 현상을 보는 것이 아니라 의미를 보는 것이다. 묘지에서 무덤을 파는 사람조차도 어떤 의미를 부여하는가에 따라 일에 임하는 자세가 달라진다. 그는 단순히 구덩이를 파는 사람이 아니라 삶과 죽음의 경계를 잇는 사람이다. 1.5미터 깊이의 구덩이는 누구나 팔 수 있지만 삶과 죽음의 경계에 있는 구덩이는 아무나 팔 수 없다.

금전적 이익만으로는 사람의 마음을 움직이지 못한다. 마음을 움직이는 것은 사랑이나 진실처럼 그것이 품고 있는 의미다. 사람들이 게으름을 피우는 것은 일이 싫기 때문이 아니라 일할 이유를 찾지 못하기 때문이다.

10. 자신의 실수를 용납하지 못하면 불행해진다

완벽完璧이라는 말은 중국의 고사 '화씨의 구슬和氏之璧'에서 유래한 것으로 알려져 있다. 화씨라는 사람이 초나라 여왕과 무왕에게 옥돌을 바쳤다. 그런데 하찮은 돌멩이를 가지고 왕을 속였다는 죄로 양쪽 발꿈치를 잘렸다. 무왕이 죽고 문왕文王이 즉위하자 화씨는 초산楚山 아래로 가서 옥돌을 끌어안은 채 사흘 밤낮을 목 놓아 울었다. 그 소식을 들은 문왕이 화씨가 바친 옥돌을 다듬게 했더니 세상에서 가장 아름다운 구슬이 나왔다고 한다. 완벽은 티 하나 없이 완전한 구슬을 의미한다.

실패를 인정하고 배우는 긍정적 완벽주의자가 되자

"당신은 완벽주의자군요."

이런 말을 들었을 때 어떤 기분이 드는가? 칭찬하는 것으로 느껴지는가, 아니면 비난하는 것으로 느껴지는가? 완벽주의는 두 가지가 있다. 하나는 긍정적인 의미의 완벽주의optimalism이고 다른 하나는 부정적인 의미의 완벽주의perfectionism다. 긍정적 완벽주의는 기대하는 적절한 수준에 도달했을 때 완벽하다고 느끼는 일종의 '최적주의'다. 반면 부정적 완벽주의는 지나치게 높은 기준을 세워놓고 티끌만한 흠도 받아들이지 못하는 것을 말한다.

심리학자들이 문제 삼는 것은 부정적 완벽주의다. 완벽주의를 장점으로 받아들이는 사람도 있지만 일을 망치는 주범으로 여기는 사람도 있다. 심리학자 고든 플렛Gordon Flett은 완벽주의를 정신적 병리를 드러내는 '불행의 레시피'라고 말한 바 있다.[1] 자신의 실수를 용납하지 못하는 사람은 실패해도 괜찮다는 생각을 하는 사람에 비해 불행하다. 결코 만족하는 법이 없기 때문이다.

하버드대학교의 심리학자 탈 벤 샤하르Tal Ben-Shachar는 완벽주의자의 특징을 네 가지로 정리했다.[2] 첫째, 실패에 대한 두려움 때문에 실패를 받아들이지 못한다. 이것이 완벽주의자의 가장 눈에 띄는 특징이다. 둘째, 고통스러운 감정을 두려워하기 때문에 실패를 인정하지 않는다. 셋째, 만족을 모르기 때문에 웬만한 성취를 성공으로 인정하지 않는다. 넷째, 늘 더 나은 상태가 있다고 믿기 때문에 현실을 인정하지 않는다.

완벽주의자를 움직이는 동기는 성취가 아니라 불안과 두려움이다. 그들은 실패에 대한 불안과 두려움 때문에 선뜻 행동에 나서지 못한다. 실패에 대한 두려움은 새로운 도전과 모험으로 향하는 용기를 꺾어버린다. 이에 비해 긍정적 완벽주의자는 실패를 인정하고 실패로부터 배운다. 실패하지 않으면 배울 수 없다.

완벽주의자는 성공에 집착하지만 그의 인생에서 성공은 존재하지 않는다. 성공을 느끼지 못하기 때문이다. 그들에게는 최상 아니면 최악, 전부 아니면 전무만 존재한다. 그가 무엇을 하든 얼마만큼의 노력을 기울이든 완전한 상태에는 영원히 도달할 수 없다. 그래서 그들은 남보다 좋은 성과를 거두고도 절대 만족하는 법이 없다.

문제는 자신에게 적용하는 가혹한 기준을 타인에게도 똑같이 적용한다는 것이다. 자신에게 엄격한 사람은 다른 사람을 평가할 때도 가혹한 잣대를 들이댄다.[3] 예컨대 아침 일곱 시에 출근하는 완벽주의자에게는 자신보다 늦게 출근하는 모든 사람이 한심해 보인다. 그래서 완벽주의자를 직장 상사로 둔 사람은 괴롭다.

완벽주의는 일종의 강박 장애다. 보고서에서 오자 하나를 발견하고 불같이 화를 내거나 지저분한 책상을 눈뜨고 보지 못하는 상사도 강박 장애를 가졌다고 할 수 있다. 그들의 삶은 고달프다. 남에게 완벽해 보이기 위해 힘든 티를 전혀 내지 않기 때문이다. 하지만 그 이면을 들여다보면 실패할지 모른다는 불안감을 늘 안고 산다.[4] 여러 연구에 의하면 완벽주의자는 스트레스가 심하고[5] 우울증에 걸릴 가능성이 크고[6] 자살 확률도 높다.[7] 또 섭식 장애에 시달릴 수 있고[8] 신경성 과민증을 더 많이 앓는다.[9]

연애도 순탄치 않다. 제임스 브룩스 감독의 영화 「이보다 더 좋을 순 없다」에 등장하는 남자 주인공은 강박 증세가 있다. 그는 꽤 알려진 로맨스 작가지만 지나친 결벽증 때문에 다른 사람과의 관계가 원만하지 않다. 길을 걸을 땐 사람들과 스치지 않으려 발버둥치고 단골식당에서는 늘 똑같은 테이블에 앉아 직접 챙겨온 일회용 나이프와 포크로만 음식을 먹는다. 그러니 유일하게 호감을 느긴 식당 종업원 캐럴과의 사랑이 순조로울 리 없다.

완벽주의자는 성생활도 만족스럽지 않다.[10] 17~69세의 여성 164명을 대상으로 분석한 결과 완벽주의자를 파트너로 둔 여성은 성욕, 성적 흥분, 성적 만족도가 매우 낮았고 성관계를 할 때도 고통을 더 많이 느끼는 것으로 나타났다.

완벽주의자는 일터에서 소진하거나 탈진하기 쉽다

완벽주의자는 무슨 일이든 혼자서 해낼 것 같지만 그렇지 않다. 그들은 실패를 두려워하기 때문에 좀처럼 실행에 옮기지 못한다. 그래서 결단력 있는 사람에게 결정을 의존하는 경향이 있다. 그들의 불안은 실패에서 오는 것이 아니다. 그들을 불안하게 하는 것은 남들이 자신의 실패를 어떻게 바라볼 것인가 하는 염려다. 그들은 다른 사람이 자신을 완벽한 사람으로 평가해주길 원한다. 이러한 욕구가 충족되지 않을 때 완벽주의자는 쉽게 좌절한다.

완벽주의자는 목표에 가까이 다가가서도 계속 일을 미룬다. 지나온 과정에서의 결점이 계속 눈에 밟히기 때문이다. 이런 불안감이 자기 비하로 이어지고 결국엔 자신의 성과를 갉아먹는다. 그래서 완벽주의자는 거창한 계획을 세워놓고도 시도하지 못하거나 약속한 기한을 넘기고도 일을 붙들고 있는 경우가 많다. 이는 곧 번아웃으로 이어진다. 완벽주의는 일터에서의 소진과 탈진 증상과 깊은 관련이 있다.[11]

흥미로운 점은 완벽주의자가 점점 증가하고 있다는 사실이다. 1990년대 이후 남녀 모두에서 완벽주의자가 계속 증가하고 있다.[12] 완벽주의자는 신경증적 성향을 보이고 덜 양심적이며 사망 위험도 크다. 연구자들은 그 이유로 점점 격화되는 경쟁, SNS 활동으로 인한 과시 욕구, 그리고 타인에 대한 선망 등을 들었다. 이런 현상은 특히 젊은이들 사이에서 두드러졌다. 1989년부터 2016년까지 축적된 미국, 캐나다, 영국 대학생 4만 1,641명의 데이터를 분석했다. 이들 국가에서 모든 형태의 완벽주의가 증가한 것으로 나타났다.[13] 젊은이들은 주위로부터 더 완벽해지라는 압력을 받고 있으며 스스로 완벽해지고 싶은 욕구도 높다.

스스로에게 엄격하되 완벽 강박에서 벗어나야 한다

아이러니하게도 완벽주의자는 실패의 두려움에 떨면서도 성공에 집착한다. 그래서 완벽주의자 중 상당수는 일 중독자다. 성공에 대한 강박적인 집착은 본인만이 아니라 함께 일하는 사람들을 힘들게 만든다. 그들은 사람들과 잘 어울리지 못하고 여가도 즐기지 않는다. 시간도 늘 부족하다. 현재의 상태가 불만족스러워서 쉴 틈이 없다.

완벽주의자는 현실적으로 이루기 힘든 목표를 갖는다는 점에서 이상주의자와 유사해 보이지만 그 지향은 다르다. 이상주의자는 인간의 무한한 가능성에 대한 믿음을 바탕으로 최고의 가치를 지향한다. 그러나 완벽주의자는 지향하는 바가 무엇이든 단계마다 완전한 상태가 존재한다고 믿는다. 따라서 완벽주의자에게 현재의 나는 부족한 인간이며 현실은 불완전한 지옥이다. 대부분의 사람들은 나이가 들면서 부정적인 감정과 불안감이 점차 수그러든다. 그러나 완벽주의자는 그 반대다. 그들은 나이가 들수록 부정적인 정서가 오히려 증가한다.

완벽주의자는 나이가 들면 꼰대로 취급될 가능성이 크다. 주변 사람들의 행동, 태도, 성과가 자신이 세운 기준에 미치지 못하기 때문에 매 순간 남에게 충고하고 싶은 욕구를 주체하지 못하기 때문이다. 그들의 눈에는 모든 사람이 최선을 다하지 않는 것처럼 보인다. 하지만 최선은 애초부터 존재하지 않는다. 사흘 밤을 새워 일한 사람에게 "그것이 최선인가?"라고 물으면 아무도 최선이라고 답할 수 없다. 할 수 있는 것이 노력밖에 없는 사람에게 최선을 다하라는 충고는 아픈 채찍이다. 만일 "내가 젊었을 때는 밤을 새워 일하는 것이 다반사였지."라고 말한다면 당신은 이미 꼰대 반열에 들어선 것이다. 대개 꼰대의 기억은 과장돼 있다. 설령 당신이 젊은 시절에 밥 먹듯이 밤을 새웠더라도 잠을 자지 않고 이룰 수 있는 것은 아무것도 없다.

완벽주의자의 맞은편에는 최적주의자optimalist가 있다. 최적주의자는 실패를 인정하고 실패로부터 배운다. 그들은 자신의 눈높이에 맞는 현실적인 기준을 가지고 있기 때문에 현재의 성취에 적당히 만족한다. 완벽해지기 위해 노력할 필요는 있지만 완벽에 대한 강박에서는 벗어나야 한다. 또 스스로에게 엄격하되 완벽을 요구하는 압력에서는 자유로워져야 한다. 그래서 우리는 술자리에서 이렇게 말하지 않는가?

"인생, 뭐 있어?"

작은 성공에도 격려하고 만족할 줄 알아야 한다

누구나 조금씩은 완벽을 추구하는 성향을 지니고 있다. 그렇지 않았다면 세상은 일찌감치 엉망진창이 됐을 것이다. 누구나 잘하고 싶어 하고, 타인에게 인정받고 싶어 하고, 맡은 일을 깔끔하게 처리하고 싶어 한다. 하지만 완벽에 대한 추구가 지나치면 마음에 병이 된다. 우리 안에 숨어 있는 완벽주의적 성향을 강점으로 만들려면 염두에 두어야 할 것들이 있다.

첫째, 현실을 인정하라. 완벽주의자는 현재의 순간이 늘 불완전하다는 생각에 사로잡혀 있다. 그의 내면은 의심과 불만으로 가득 차 있으며 확 뜯어고쳐야 한다고 믿는다. 하지만 세상은 우리가 바라보는 그대로다. 세상은 완벽주의자가 생각하는 만큼 비뚤어져 있지 않으며 자신이 개입하지 않아도 잘 굴러간다. 그가 염려하는 최악의 경우도 일어날 가능성이 거의 없다.

둘째, 자신과 타인의 결점을 인정하고 용서하라. 완벽주의자는 자신만이 아니라 타인을 판단할 때도 엄격한 잣대를 들이댄다. 자신의 결점을 인정할 수 있어야 타인의 결점도 너그럽게 수용할 수 있다. 실패는 늘 있어 왔고 앞으로도 계속 경험하게 될 것이다. 자신과 타인의 작은 실패들을 성공을 위한 예행연습으로 받아들이자.

셋째, 성공에 대한 집착을 버려라. 완벽주의자는 완벽해 보이고 싶은 욕구 때문에 어려운 상황에서도 힘든 티를 내지 않는다. 또 실패에 대한 두려움과 성공에 대한 집착 때문에 사람들과 잘 어울리지 못하고 여가도 거의 하지 않는다. 쉴 줄도 모르고 노는 방법도 모른다.

완벽주의자는 아무것도 하지 않는 것을 쉬는 것으로 여기고 가만히 있으면 불안해한다. 일상에서 소소한 행복을 누리지 못한다. 대단한 성공만이 성취가 아니다. 작은 성공에도 스스로 격려하고 만족하는 법을 터득하라. 현실적으로 이루기 힘든 목표를 추구할 것이 아니라 작은 목표들을 정하고 성취할 때마다 스스로에게 보상할 필요가 있다.

자신이 부족하거나 노력을 덜 했기 때문에 성공하지 못했다는 자책은 몸과 마음을 병들게 한다. 자신보다 나은 사람과 비교하면서 스스로 형편없는 존재라고 여기거나 더 열심히 해야 한다고 채찍질을 가하는 행위는 어리석다. 그가 높은 직위를 가진 사람이라면 그 채찍은 다른 사람들을 향한다. 완벽에의 추구와 목표에 대한 열정은 성공의 밑거름이 될 수 있다. 그러나 이 열정을 잘 다룰 줄 아는 자만이 진정한 성공에 도달할 수 있다.

왜 종교와 정치에
목숨 걸고 싸우는가

1. 불행해진 사람은 벌받을 짓을 했을까

'두 아이가 과수원에서 사과를 훔치다가 주인에게 들켰다. 한 아이는 붙잡혔고 한 아이는 가까스로 도망쳐 개울을 건너다가 다리가 무너지는 바람에 물에 빠지고 말았다. 그 아이가 사과를 훔치지 않았어도 다리가 무너졌을까?'

이 이야기는 스위스의 심리학자 장 피아제가 6~12세의 아이들에게 들려준 것이다.[1] 1991년에도 한 심리학자가 아이들에게 똑같은 이야기를 들려주고 반응을 분석했다.[2] 그러자 6세 아이 86%, 7~8세 아이 73%, 9~10세 아이 54%, 11~12세 아이 34%가 사과를 훔치지 않았으면 그 아이가 물에 빠지지 않았을 거라고 대답했다. 아이들은 사과를 훔치다가 물에 빠진 것은 아이가 천벌을 받았기 때문이라고 생각했다. 아이들은 나이가 어릴수록 나쁜 짓을 하면 천벌을 받는다는 믿음이 더 강했다.

선한 행위는 보상받고 나쁜 행위는 처벌받는가

2004년 인도양에서 발생한 지진해일로 23만여 명이 목숨을 잃었을 때 일부 기독교인들은 인간이 저지른 죄악에 대한 신의 경고라고 주장했다. 2020년 코로나19가 세계를 휩쓸었을 때도 똑같은 경고음이 흘러나왔다. 재해로 목숨을 잃은 사람들이 신에게 처벌받을 만큼 잘못을 저질렀던 것일까?

사람들은 나쁜 일이 일어났을 때 그 원인을 찾으려는 욕구가 있다. 누군가 사고를 당하면 피해자에게서 그런 일을 당할 수밖에 없는 이유를 찾아낸다. 이런 심리적 현상을 설명하는 이론이 '공정한 세상 가설just-world hypothesis'이다. 사람들은 세상이 공정하기 때문에 선한 행위는 보상받고 나쁜 행위는 처벌받는다고 믿는다. 피해자를 비난하는 것도 이런 심리에서 비롯된다. 그럴 만한 짓을 했기 때문에 그런 불행을 당했을 거라고 짐작하는 것이다.

에이즈 환자를 바라보는 시선이 대표적인 예다. 사람들은 색안경을 끼고 에이즈 환자를 대한다. 나쁜 짓을 했기 때문에 천벌을 받아 그런 몹쓸 병에 걸렸다고 생각한다. 에이즈에 걸리는 경로는 다양하다. 시카고대학교 연구팀은 실험 참가자들에게 에이즈 환자들의 고통스러운 모습을 담은 영상을 보여주며 참가자들의 절반에게는 환자들이 수혈로 감염됐다고 알려주고 나머지 절반에게는 마약 주사기 사용으로 감염됐다고 말했다.[3] 연구팀은 실험참가자들이 영상을 보는 동안 이들의 뇌를 촬영했다. 그 결과 수혈로 감염됐다고 들었을 때 실험참가자들의 뇌에서 고통과 관련된 영역인 전대상피질ACC이 활성화됐다. 방탕한 성생활이나 약물 사용으로 감염된 에이즈 환자보다 수혈로 인해 감염된 환자에게 더 연민을 느낀 것이다.

우리는 피해자의 불행을 정당화함으로써 세상이 공정하다는 믿음을 유지한다. 큰 교통사고를 당한 사람일수록 더 비난받고[4] 성폭행 피해자 역시 모욕적인 비난에 직면한다.[5] 특히 성범죄자들은 피해자에게 책임을 전가하는 방식으로 자신의 행위를 정당화한다. 범죄심리학자 그레셤 사이크스Gresham Sykes와 데이비드 맛차David Matza는 범죄자들이 자신의 행위를 정당화하는 과정을 5단계로 구분했다.[6] 1단계, 어쩔 수 없었던 상황이라며 변명한다. 2단계, 자신의 행위가 어떤 피해도 주지 않았다고 주장한다. 3단계, 피해자에게도 책임이 있다고 오도한다. 4단계, 자신에 대한 사회적 비난이 부당하다고 항의한다. 5단계, 자신의 행위가 오히려 공동체의 이익을 위한 것이라며 정당화한다.

세상이 공정하다고 믿는 사람일수록 피해자를 업신여기고 모든 책임을 피해자에게 돌린다.[7] 에이즈 환자, 극빈층, 성폭력 피해자, 노숙자, 실업자, 장애인들을 경멸하면서 그들 스스로 불행의 원인을 제공했다고 생각하는 것이다. 그래서 세상이 공정하다고 믿는 사람들은 약자에 대한 관심도 적다.

부자는 열심히 노력했고 빈자는 게을렀는가

미국의 심리학자 멜빈 러너Melvin Lerner는 실험참가자들을 모집한 후 유리창 너머로 과제를 수행하는 두 사람의 모습을 보여주었다. 그리고는 예산상의 문제 때문에 무작위로 한 사람에게만 보수를 지급하고 있다고 말했다. 연구팀은 누가 보수를 받는지 알려준 다음 두 사람이 하는 일을 평가해달라고 요청했다. 그러자 참가자들은 보수를 받지 못한 사람의 기여도를 낮게 평가했으며 열등하다고 평가했다.[8] 이 실험은 사람들이 왜 부자나 권력자를 높게 평가하는지 보여준다. 부자나 권력자는 열심히 노력했기 때문에 그렇게 된 것이며 가난한 사람은 못났거나 게으르기 때문에 그렇게 된 것이라고 평가한다.

이러한 심리는 불평등을 정당화하는 논리로 이어진다. 사람들은 어떤 일이 좋아서 할 경우 열악한 노동조건도 감수해야 한다고 생각한다.[9] 좋아하는 일을 하기 때문에 착취당해도 괜찮다는 것이다. 또 열정적으로 일하는 사람에게는 별도의 보상이 필요하지 않다고 생각한다. 이 때문에 사람들은 공동체에 헌신하는 사회운동가나 스스로 원해서 창작활동을 하는 예술가의 가난을 당연하게 여긴다. 성공한 사람들에게서 성실성이나 열정 같은 미덕을 찾아내 성공을 정당화하고 실패한 사람에게서 부정적인 원인을 찾아내 패배자로 낙인찍는다. 그 역시 세상이 공정할 것이라고 믿고 싶은 심리 때문이다.

게을러서 가난한 사람도 있지만 열심히 노력해도 가난에서 벗어나지 못하는 사람도 많다. 세상이 공정하다고 믿는 사람들이 이러한 불공정을 해결하는 방법은 간단하다. 가난이 행복을 가져온다는 환상을 만들어내는 것이다. 부자는 일과 욕망의 노예이기 때문에 행복하지는 않다는 스토리도 이러한 전략에서 비롯됐다. 그래서 드라마, 영화, 소설의 스토리는 부자들이 비극적인 결말을 맞는 것으로 묘사되지만 그건 거짓이다.

사실 가난한 사람들의 가장 큰 문제는 가난 그 자체다. 가난한 사람들은 나이, 성별, 교육 수준, 인종을 불문하고 불공정한 상황을 순순히 받아들인다는 연구 결과가 있다.[10] 반면 부자들은 사소한 손실만 예상돼도 불공정한 거래를 냉정하게 거부한다. 부자는 자신이 입을 손실을 재빨리 인식하는 반면에 가난한 사람들은 손실이 분명한 상황에서도 쉽게 거절하지 못한다.[11] 가난한 사람들은 자신이 약자이기 때문에 불공정한 대접일지라도 어쩔 수 없이 받아들여야 한다는 것을 잘 알기 때문이다. 부자일수록 더 좋은 대접을 받을 자격이 있다고 생각하고 자신이 소유한 부를 정당화한다. 즉 자신이 부유한 건 자신이 잘났기 때문이며 가난한 사람들은 못났기 때문이라고 불평등을 정당화하는 것이다.

세상이 누구에게 공정하다고 생각하는가

세상이 공정하다고 믿으면 현실에 엄연히 존재하는 불평등에 대한 심리적 갈등을 줄일 수 있다. 모든 책임을 당사자에게 돌리면 되기 때문이다. 그렇게 하면 사회나 국가는 아무런 책임이 없고 세상에 대한 불만도 사라진다. 불공정은 개인의 능력이나 노력의 문제일 뿐이다. 하지만 이런 믿음은 사회가 안고 있는 문제들을 적당히 덮어버리는 부작용을 낳는다.

공정한 세상에 대한 믿음이 자신과 집단과 이데올로기를 정당화하는 수단으로 사용될 때 기존의 불합리한 시스템까지 정당화하는 오류를 범하게 된다.[12] 사회가 해결해야 할 문제를 개인의 문제로 돌려버리는 것이다. 개인의 정치적 성향도 피해자를 바라보는 관점에 영향을 미친다. 보수주의자들은 대체로 개인에게 책임을 돌리는 경향이 있다. 그래서 가난한 사람들에게 연민을 덜 느끼며 국가가 사회적 약자에게 도움을 주어야 한다는 생각도 약하다.[13]

공정성 문제는 '세상이 누구에게 공정한가?'에 관한 것이다. 세상이 자신에게 공정하다고 믿는 것과 남에게 공정하다고 믿는 것은 전혀 다르다. 자신에게 공정하다고 믿는 사람은 세상을 긍정적으로 바라보며 대체로 행복한 삶을 누린다. 그들은 불안하거나 불확실한 상황에서도 자존감과 자신감을 잃지 않는다.[14] 하지만 세상이 남에게 공정하다고 생각하는 사람은 사회적 약자를 외면하거나 부정적인 시선으로 바라보고 법을 어긴 자를 냉혹한 시선으로 바라본다.

세상이 공정하다는 믿음을 가진 사람은 약자를 향한 관심과 배려가 부족하다는 연구들이 꽤 많다. 1988년 한 연구팀이 학생 411명을 대상으로 세상의 공정성에 대한 믿음 여부를 조사한 뒤 다른 곳으로 이동하라고 요청했다.[15] 학생들이 이동하는 경로에는 빈곤과 기아 문제를 호소하는 전시물과 어린이 자선단체에 기부해달라고 호소하는 테이블을 놓아두었다. 연구팀은 학생들이 이곳을 지나서 오는 동안 무엇을 보았는지 질문했다. 그 결과 세상이 공정하다고 믿는 학생들은 기억하는 것이 별로 없었다. 세상이 공정하지 않다고 믿는 학생들에 비해 약자를 향한 관심이 적었다.

2008년 프랑스 연구팀이 그르노블시 중앙광장에서 거지로 위장한 연기자를 투입한 후 행인들을 관찰했다.[16] 행인들은 거지에게 적선하거나 무심히 지나쳤다. 그들을 따라가 설문조사를 해보니 세상이 남들에게 공정하다는 믿음을 가진 사람일수록 거지에게 적선하지 않았다. 거지가 된 것은 온전히 그 사람 탓이라는 심리 때문이었다.

청년들은 공정성에 매우 민감하다. 고위층 자녀가 특혜를 입거나 경쟁을 거치지 않고 안정적인 직장에 채용되는 것에 비판적이다. 자신의 경쟁자가 노력으로 얻은 것이 아니기 때문이다. 그만큼 젊은이들이 치열한 생존 경쟁에 내몰리고 있다는 신호다. 치열한 취업 전쟁을 치러야 하는 요즘 젊은이들에게는 약자를 배려할 여유조차 없다.

세상은 공정하지 않다. 그렇기 때문에 사회에 갈등이 존재하는 것이며 해결하려는 이념과 정치세력이 있는 것이다. 그런데도 세상이 공정하다고 믿는 것은 자신의 믿음에 맞게 세상이 돌아가고 있다는 예측이 심리적 안정을 느끼게 하기 때문이다. 예측이 어긋나는 세상은 한 치 앞을 내다볼 수 없는 모호한 세상이다. 이런 세상에서는 노력이나 헌신의 대가를 기대할 수 없다.

세상이 공정하다는 믿음은 가난한 사람에게도 희망의 불씨가 된다. 노력하면 언젠가 성공할 수 있기 때문이다. 실제로 세상이 공정하다고 믿는 학생일수록 바쁜 학기 말에도 봉사에 나서는 비율이 높다.[17] 연구팀이 217명의 대학생에게 시험이 없는 학기 중 혹은 시험이 진행 중인 학기 말에 시각장애인을 위한 봉사활동을 요청하자 세상이 공정하다고 믿는 학생들의 참여율이 훨씬 높았다. 좋은 일을 하면 언젠가는 상이 뒤따를 것이라는 믿음이 있기 때문이었다.

세상이 공정하다는 믿음은 자기기만에 불과하지만 그것이 삶에 기여하는 한, 그 믿음은 영원히 사라지지 않을 것이다. 반면 세상이 공정하지 않다는 확신을 가진 사람의 삶은 고통스럽고 생물학적으로도 생존에 불리하다. 아이러니하게도 우리는 세상이 공정하다고 믿는 사람들과 불공정하다고 믿는 사람들이 공존하는 세계에 살고 있다.

2. 공정성을 따지고 분노하는 것은 본성이다

2000년대 초반 영장류학자인 프란스 드 발Frans de Waal은 꼬리감기원숭이를 둘씩 짝지은 후 두 마리에게 같은 과제를 내주었다.[1] 과제를 마치면 먹이와 교환할 수 있는 티켓을 주었다. 둘에게 똑같은 먹이를 주었을 때는 아무런 문제가 없었다. 하지만 한 마리에게는 달콤한 포도를 주고 다른 한 마리에게는 오이를 주었다. 그러자 오이를 받은 원숭이는 자신이 받은 오이를 내팽개쳤다. 공정하지 못한 처우에 분노한 것이다.

왜 공정성이 훼손됐을 때 분노하는가

공정성에 대한 감정은 진화적으로 기원이 오래됐다. 우리는 공정성이 훼손됐을 때 분노할 뿐만 아니라 불공정하게 혜택을 입은 사람을 처벌한다. 영국의 경제학자 앤드류 오스왈드Andrew Oswald 연구팀은 실험참가자 116명을 네 명씩 짝지어 실험실로 들여보냈다.[2] 참가자들은 칸막이가 설치된 컴퓨터 앞에 앉아 게임을 시작했다. 모니터에는 네 명의 게임 머니가 익명으로 기록돼 있다. 이 게임 머니는 게임이 끝난 후 현금으로 지급된다.

첫 게임이 끝났을 때 연구팀은 참가자 네 명 중 두 명을 무작위로 골라 애초 계획에 없었던 보너스를 따로 지급했다. 두 명은 아무런 설명도 듣지 못한 채 다른 두 명에게 보너스가 지급되는 상황을 모니터로 지켜보아야 했다. 이 실험의 핵심은 게임이 끝나갈 무렵 참가자들에게 자신의 게임 머니를 걸고 다른 사람의 게임 머니를 삭감할 수 있는 권한이 주어지는 것이다. 마지막 라운드에 이 룰이 적용되자 보너스를 받지 못한 두 참가자가 보너스를 받은 두 사람의 게임 머니를 열심히 삭감했다. 손해를 무릅쓰고 불공정에 저항한 것이다.

더 흥미로운 실험도 있다. 런던대학교 연구팀은 60명의 실험참가자들을 심한 갈증 상태에 이르게 만들었다.[3] 그런 다음 두 사람씩 짝을 짓게 하고 생수 한 병을 나눠 마시도록 했다. 두 사람은 최후통첩게임을 통해 물을 나눠 마실 수 있다. 한 사람이 나누는 비율을 제안하면 다른 한 사람은 이 제안을 받아들이거나 거절할 수 있다. 제안을 받아들이면 제안한 비율대로 물을 나누어 마시지만 거절하면 두 사람 모두 물을 마실 수 없다. 따라서 제안자는 상대방이 받아들일 만한 비율을 제시하는 것이 유리하고 수용자는 비율과 관계없이 무조건 제안을 받아들이는 것이 유리하다. 그렇지 않으면 둘 다 물을 마실 수 없다.

그때 제안을 수용하는 역할을 맡은 사람에게 비밀 메시지가 전달된다. 사실은 분배 비율을 제안한 사람이 물을 조금 더 가지고 있다는 메시지다. 그러자 수용자는 자신도 물을 마시지 못할 것을 뻔히 알면서도 상대가 물을 마시지 못하도록 '거절'하는 비율이 증가했다. 공정성에 대한 욕구가 '갈증'이라는 생리적 욕구보다 더 절실했던 것이다.

이기주의자를 처벌할 때 쾌감을 느낀다

우리 내면은 부당한 제안을 받아들일 수밖에 없을 때 복잡하게 반응한다. 불공정한 상황에 부닥치면 뇌 안쪽에 있는 섬엽이 활성화된다.[4] 이 영역을 전자파로 교란하면 상대방의 제안을 거부하는 횟수가 감소한다.[5] 상대방의 제안이 공정한지 불공정한지 판단이 흐려지는 것이다. 섬엽은 구역질을 유발하는 혐오감과 관련이 있다. 도덕적인 혐오감을 느낄 때도 비슷한 반응을 보인다. 따라서 불공정한 상황은 누구에게나 구역질이 날 정도로 역겹다고 할 수 있다.

하지만 현실에서는 윗사람이 부당한 요구를 하면 거부하기 어렵다. 이런 상황에서는 섬엽의 활동이 감소하고 배외측 전전두피질이 활성화된다.[6] 이 부위는 자기제어와 관련이 있다. 피할 수 없는 상황에서는 분노를 억제하며 어쩔 수 없이 부당한 요구를 받아들이는 것이다. 즉 저항이 가능한 상황이면 섬엽이 활성화되고 불공정을 피할 수 없는 상황이면 배외측 전전두피질이 활성화된다. 분노할 것인가, 인내할 것인가는 뇌의 두 영역 간 경쟁을 통해 판가름난다.

사람들은 공정성을 위반한 사람에게 보복하는 방식으로 불공정에 저항한다. 다만 직장에서는 본인의 손실이 더 크기 때문에 저항하기 어렵다. 그러나 기회만 주어진다면 기꺼이 손실을 무릅쓰고 보복에 나설 것이다. 보복은 그 자체로 쾌감을 준다. 2018년 네덜란드 연구팀이 컴퓨터 게임에 참가한 사람들의 뇌를 기능성 자기공명영상fMRI 장치로 촬영했다.[7] 참가자들은 다른 참가자를 돕거나 이기주의자를 응징할 수 있다. 그들의 뇌를 촬영한 결과 이기주의자를 처벌할 때 복측 선조체가 활성화됐다. 이 부위는 쾌감을 느낄 때 활성화되는 곳이다. 사람들은 피해자를 도울 때보다 가해자를 처벌할 때 쾌감을 느끼고 처벌의 강도가 강해질수록 쾌감도 함께 증가한다.

어린아이들도 공정성이 실현되기를 원한다. 2017년 독일 막스플랑크연구소 연구팀은 침팬지 열일곱 마리와 4~6세 어린이 일흔두 명에게 착한 사람과 나쁜 사람, 제3의 처벌자가 등장하는 연극을 보여주며 반응을 관찰했다.[8] 무대에는 두 명의 인물이 등장한다. 한 명은 음식을 나누어 주는 착한 역할을 하고 다른 한 명은 착한 인물을 배신하고 음식을 독차지하는 악한 역할을 했다. 잠시 뒤 제3의 심판자가 등장하여 두 인물 중 한 명을 무작위로 골라 매질하는 시늉을 했다. 심판자는 4초 동안 체벌을 가한 뒤 무대 뒤로 가서 마저 벌을 가한다고 알려주었다.

침팬지와 아이들이 무대 뒤에서 벌어지는 체벌 장면을 보고 싶으면 대가를 지불해야 한다. 침팬지는 무거운 문을 밀어야 하고 아이들은 장난감 동전을 지불해야 한다. 실험 결과 착한 인물이 맞을 때는 침팬지의 18%가 무대 뒤에서 벌어지는 체벌 장면을 보러 갔고 나쁜 인물이 맞을 때는 50%가 보러 갔다. 3배나 많은 침팬지가 나쁜 사람이 처벌받는 것을 끝까지 지켜보고 싶어 한 것이다.

그러나 아이들은 달랐다. 4세 어린이들은 착한 사람인지 악한 사람인지와 상관없이 무대 뒤에서 벌어지는 처벌 장면을 보고 싶어 했다. 5세 어린이들은 두 인물 중 누구에게도 관심을 가지지 않았다. 하지만 6세 어린이들은 반응이 달랐다. 악인이 맞을 때 고소한 웃음을 짓는 비율이 착한 인물이 맞을 때보다 4배 이상 많았고 나쁜 인물이 처벌받는 것을 보겠다고 동전을 낸 경우도 2배 이상 많았다. 아이들은 6세가 돼서야 침팬지와 같은 반응을 보인 것이다. 이 실험은 침팬지도 공정성이 실현되기를 원하고, 특히 사람은 6세가 돼야 그런 감정을 갖게 된다고 볼 수 있다.

우리는 악인이 처벌받는 것에 환호한다. 이런 감정이 없었다면 정의justice는 출현하지 못했을 것이다. 일부 경제학자들은 시장에 사회적 정의 같은 것은 존재하지 않는다고 말한다. 하지만 정의를 추구하는 것은 인간의 본성이다. 사회를 유지하려면 정의가 필요하다. 그래서 자연은 사회적 동물의 내면에 공정성을 추구하는 마음을 새겨 넣었다. 이 때문에 우리는 불공정과 독재에 저항하는 심리를 갖게 됐다.

조상들은 사냥꾼으로 살아가던 시절에 이미 사악한 이기주의자들을 처벌하는 심성을 장착했다. 사냥한 고기는 중립적인 인물이 분배했으며 폭력을 남용하는 자는 동맹을 결성하여 제거했다.[9] 끝까지 살아남은 수렵 채집 사회는 과도한 이기주의자를 처벌하기 위해 따돌림, 추방, 사형 같은 징벌 수단을 썼다. 사회적 처벌은 진화의 선택압으로 작용했다. 그로 인해 조상들은 부끄러움과 죄책감을 내면화하고 무엇이 잘못된 행동인지 본능적으로 알아차릴 수 있게 됐다.

물론 진화는 완벽한 해결책이 아니다. 사회적 처벌을 피할 수 있는 이기주의자도 성공적으로 살아남았다. 그래서 사회에는 여전히 악당이 존재한다. 그럼에도 우리는 이기주의자들을 응징한 조상들 덕분에 정의와 폭력이 동일시되던 환경에서 벗어나 평화와 협력의 시대로 들어설 수 있었다.

우리의 능력이나 지식은 평등하지 않다

사람들은 불공정한 상황에 공분한다. 하지만 정작 직장에서는 불공정을 감수하려는 경향이 있다. 기업은 개인의 성과를 평가한 후 그 결과에 따라 차별적으로 보상한다. 이 방식은 능력자에게 분에 넘치는 보상을 기대하게 만들고 평균 이하의 보상에 대해 적개심을 갖도록 만든다. 또 능력에 따른 보상은 능력이 부족한 사람에게 불만을 품도록 만든다.

능력이 많든 적든 구성원들의 높아진 기대 수준을 충족시킬 수는 없다. 기대와 현실의 괴리는 자연스레 공정성에 대한 반감을 불러일으킨다. 능력에 따라 보상을 제공하는 것은 공정한가, 아니면 불공정한가? 공정하다면 어느 정도까지 능력에 따라 보상하는 것이 적절한가? 이 문제는 오랫동안 논쟁거리였고 여전히 해결하기 어려운 딜레마다. 이 때문에 능력주의는 누구도 만족하지 못하는 결과를 낳을 수도 있다.

보상에 대한 만족감은 보상의 크기가 아니라 공정한 절차가 좌우한다. 직장에서 공정성을 확보하기 어려운 이유는 개인마다 기대하는 값이 다르기 때문이다. 모든 사람의 기대를 충족시킬 방법은 존재하지 않는다. 기대가 충족되지 않으면 모든 것이 불공정하다고 느낀다. 더구나 공정성에 약간의 균열만 생겨도 구성원들에게 미치는 영향이 크다.

공정성을 경험하면 도파민, 세로토닌, 옥시토신 같은 신경호르몬이 분비돼 유대감과 신뢰감이 상승한다. 반면 공정하지 않다고 느끼면 스트레스 호르몬인 코르티솔의 분비가 증가한다. 따라서 보상의 크기를 늘리는 것보다 투명하고 공정한 절차 자체가 구성원들에게는 최고의 보상이다.

능력에 따른 보상 대신 집단에 보상하는 것도 공정성을 유지하는 방법의 하나다. 예컨대 팀 전체에 보너스를 지급하고 자율적으로 분배하도록 하면 구성원들은 공정성을 의심하지 않는다. 팀원들이 자율적으로 배분 방식을 결정했을 때는 능력에 따라 배분하든, 균등하게 배분하든 결과에 만족하는 것으로 나타났다.[10] 연구팀은 실험참가자들에게 일정한 과제를 수행하도록 한 후 팀 전체에 상금을 지불했다. 그런 다음 팀원에게 상금을 똑같이 배분할 것인지, 아니면 기여도에 따라 배분할 것인지 결정하도록 했다. 그결과 배분된 금액과 관계없이 절차가 공정했다고 믿는 사람들은 결과에 긍정적이었다.

정의는 상대적이다. 사람들은 자신이 저지른 불공정한 행위에 대해서는 관대하지만 남이 저지른 불공정한 행위는 참지 못한다. 특히 직위를 이용하여 특혜를 누린 공직자에게는 극도의 분노를 드러낸다. 그러나 자신이 지지하는 정치인이나 소속 집단에서 이런 일이 일어나면 눈을 감아버린다.

그럼에도 우리는 희망을 품어야 한다. 사람들은 자신이 이득을 본 뒤에는 기회를 놓친 사람에게 이득이 돌아갈 때 만족을 느낀다.[11] 연구팀은 실험참가자들에게 게임을 하게 한 후 처음 게임에서 50달러에 당첨되도록 했다. 이때 참가자는 당첨되지 못해 아쉬워하는 다른 참가자들을 목격했다. 그런데 다음 게임에서 그동안 당첨되지 않았던 사람들이 당첨되자 참가자의 뇌에서 보상회로가 활성화됐다. 보상회로가 활성화됐다는 것은 만족감이나 즐거움을 느꼈다는 의미다. 즉 내가 한 번 행운을 잡았으니 그다음엔 당첨되지 않은 사람이 행운을 잡는 것이 공정하다고 느낀 것이다. 인간은 지구에서 가장 지독한 맹수 중 하나지만 자기 배를 무한히 채우기 위해 상대의 목을 물어뜯는 흡혈귀는 아니다.

아랫사람이 고분고분 받아들였다고 해서 당신의 제안을 진심으로 수용한 것은 아니다. 부당한 제안을 받아들일 때 뇌는 복잡하게 움직인다. 부당한 제안을 받아들이려면 감정을 제어해야 한다. 이 과정에서 엄청난 인지적 자원이 소비된다. 우리의 능력이나 지식은 평등하지 않다. 능력만으로 보상이 결정된다면 세상은 언제나 불공정할 수밖에 없다. 누구도 자신의 능력을 선택할 수 없기 때문이다. 그래서 때로는 운이 따르는 보상이 필요하다. 운은 능력에 비해 훨씬 공정하고 평등하다.

3. 복수한다는 생각만으로 달콤함을 느낀다

흥미로운 스토리들은 대부분 복수를 다룬다. 신화뿐 아니라 일상에서 접하는 영화와 드라마도 대개 연인을 빼앗아 간 자에 대한 복수, 친구나 가족의 뜻하지 않은 죽음에 대한 앙갚음, 훼손된 명예를 되찾기 위한 보복, 사랑과 신의를 배신한 자에 대한 처벌이 주요 모티프다. 때로는 개인적인 복수가 집단이나 계급 간의 전쟁으로 비화하기도 한다. 그만큼 복수는 인류의 역사만큼이나 오래됐다.

보복하는 사람이 생존하는 데 더 유리했다

원한이 깊다고 해서 늘 복수에 성공하는 것은 아니다. 악인이 벌을 받는 것은 영화나 만화에서나 가능한 일이다. 현실에서는 악인이 처벌받는 일이 드물고 악인의 미래가 불행으로 끝나는 것도 아니다. 실제로는 악인이 선량한 사람보다 행복한 삶을 누리는 경우가 더 많을 것이다. 악인은 반드시 벌을 받게 되고 말년이 불행해질 것이라는 환상은 허구일 뿐이다.

국가와 사회는 아무리 억울한 일을 당해도 사적 복수를 허용하지 않는다. 오늘날에는 국가가 나서서 대신 복수한다. 개인은 살인하면 안 된다고 하면서 국가는 살인해도 되는 것이다. 군대, 경찰, 검찰, 판사가 이 일을 대신한다. 사실 사적 복수는 성공한다 해도 아무런 이득이 없다. 오히려 국가는 나에게 폭력을 행사한 죄를 물을 것이다. 복수의 권한은 오직 국가만이 행사할 수 있다.

복수는 복수를 부른다는 점에서 치명적이다. 영화는 악인이 죽거나 사라지는 것으로 마무리된다. 그러나 악인에게도 가족과 지지자들이 있다. 내가 복수를 끝내는 순간 그들은 나를 상대로 복수를 꿈꿀 것이다. 그러므로 목숨을 담보로 벌이는 생존게임에서 복수는 꽤 위험한 전략이다. 복수에 성공한 사람에게 복수하려는 사람이 계속 따라붙는 악순환이 반복되기 때문이다. 역설적으로 이러한 악순환이 상호보복의 연쇄를 끊을 수 있다. 복수를 실행하는 자는 먼 훗날 자신에게 칼을 겨눌 여러 후보자를 염두에 두어야 한다. 그것이 두렵다면 복수를 포기할 수밖에 없다. 복수에 대한 두려움이 복수의 악순환을 끊는 것이다.

복수심은 인간이 가진 결함이 아니다. 우리에게 복수심이 없었다면 험난한 세상에서 살아남기 힘들었을 것이다. 부당한 대우를 무던히 참고 견디는 사람과 반드시 보복하는 사람을 가정해 보자. 아마 보복하는 사람이 생존에 훨씬 유리했을 것이다. 당한 대로 갚는 사람이라는 악명을 얻게 되면 아무도 함부로 대하지 못하게 된다. 그런 사람은 복수하겠다는 위협만으로도 악당들의 공격을 저지할 수 있다. 따라서 복수는 손해보는 장사가 아니다.

악을 응징한다는 것은 복수를 감행한다는 의미다. 하지만 복수할 용기나 힘이 없었던 사람들은 늘 착취의 대상이 됐을 것이고 후손을 남기기도 어려웠을 것이다. 복수심은 자신과 가족을 보호하고 자신의 권리를 방어하며 사회질서를 유지하는 데 기여해 왔다. 복수심은 악인에게 유리하게 짜인 도덕적 대차대조표가 한쪽으로 완전히 기울어지는 것을 방지한다.

복수를 상상하는 것만으로 쾌감을 느낀다

어느 사회든 악인에 대한 복수는 선으로 인식된다. 그러므로 부당한 행위에 앙갚음할 수 없는 사회는 정의로운 사회가 아니다. 다시 말하면 악인을 처벌할 수 없거나 처벌하지 않는 사회는 악한 사회다. 다만 정의로운 사회는 국가가 개인의 복수를 공정하고 공평하게 대신한다. 물론 완전히 공정하게 복수하는 국가는 존재하지 않는다. 대개 사법체계는 공정하지 않으며 그곳에 종사하는 사람들도 기득권에 속한다. 복수를 위해 개인이 준비해야 할 것은 칼이 아니라 고발장이다. 그러나 어떤 정부도 개인이 잃은 것을 완벽하게 복원하지 못한다. 그래서 사람들은 여전히 복수심을 불태운다.

왜 사람들은 자신이 입게 될 불이익에도 불구하고 복수를 감행하는 것일까? 놀랍게도 그 이유는 복수가 주는 쾌감 때문이다. 심리학자들은 게임을 통해 사람들이 복수할 때 쾌감을 느낀다는 사실을 알아냈다. 게임을 진행하는 방식은 이렇다. 참가자들이 돈 일부를 기부하면 진행자는 기부금을 2배로 불려 돌려준다. 그런데

한 명이라도 돈을 내지 않으면 한 푼도 돌려주지 않는다. 가장 좋은 것은 참가자들이 모든 돈을 기부하고 2배로 돌려받는 것이다. 하지만 게임이 거듭될수록 기부액은 점차 줄어든다. 서로 눈치를 보며 돈을 덜 내기 때문이다. 심리학자들은 이를 방지하기 위해 적게 기부하는 사람을 처벌하는 제도를 도입했다. 그러자 참가자들은 자기 돈을 내면서까지 적은 돈을 내는 사람에게 보복했다.[1]

2004년 스위스 연구팀은 사람들이 복수를 감행할 때 뇌에서 쾌감을 관장하는 영역이 활성화된다는 사실을 발견했다.[2] 실험참가자들이 배신자를 응징할 때 뇌를 촬영한 결과 뇌의 선조체가 활성화됐다. 이 영역은 보상받는다는 느낌이 들 때 특히 활성화된다. 이는 자신이 손해를 보더라도 배신자를 처벌하는 것이 상당한 즐거움을 주는 일이라는 것을 의미한다. 사람들은 자신이 무시당할 때는 고통을 느끼지만 자신을 소외시킨 자들에게 복수할 것을 상상하면서 쾌감을 느낀다.[3] 무시당할 때는 뇌에서 고통과 관련된 배측 전방대상피질과 앞쪽 섬엽이 활성화되지만 복수를 상상하면서 쾌감중추인 측좌핵이 활성화된다. 무시당할 때의 고통이 곧바로 복수에 대한 상상과 쾌감으로 전환된 것이다.

후속 연구에서 연구팀은 깜짝 놀랄 만한 사실을 발견했다. 참가자들에게 쾌감을 억제하는 효과가 있다며 가짜 약을 먹이자 갑자기 복수심이 사라진 것이다.[4] 이는 복수가 오직 쾌감을 얻기 위해 행해진다는 것을 의미한다. 우리는 복수를 상상하는 것만으로 쾌감을 느끼며 그 때문에 복수를 감행한다. 복수심은 복수해야만 사라지는 감정인 것이다.

이타적 처벌이 집단 내 협력을 이끌어낸다

다행히 모든 사람이 복수를 감행하지는 않는다. 지금까지 진행된 여러 연구에 의하면 사람들은 복수를 결심하거나 상상할 때, 복수를 실행할 때, 복수가 이루어졌을 때 즐거움을 느낀다. 또 남성은 여성보다 더 큰 쾌감을 느낀다.

우리는 쾌감을 얻기 위해 복수를 하지만 쾌감은 오래 지속되지 않는다. 9·11테러를 주도한 오사마 빈 라덴이 사살된 후 미국의 심리학자들이 복수에 대한 실험을 진행한 적이 있다.[5] 참가자들은 빈 라덴의 사망 뉴스를 본 후 쾌감을 느꼈지만 시간이 지나면서 기분이 부정적으로 바뀌었다. 복수의 즐거움은 일시적이다. 그래서 상당수의 복수극은 비극으로 끝난다. 복수가 끝난 뒤 관객은 쾌감을 느끼지만 당사자에게 남는 것은 허무뿐이다.

심리학자 마이클 맥컬러프Michael McCullough는 복수의 역할을 세 가지로 요약했다.[6] 첫째, 다음 피해를 방지한다. 둘째, 잠재적 가해자들이 공격을 포기하게 한다. 셋째, 협력하지 않는 구성원들을 처벌함으로써 공동선에 기여하도록 한다. 복수가 난무하는 세상에서는 신뢰가 싹트지 않고 협력도 이루어지지 않는다. '눈에는 눈' 원칙을 고수하면 세상에는 장님만 남게 될 것이다. 그래서 오늘날에는 폭력 대신 선거 같은 합법적 제도를 이용한다. 사람들은 몇 년마다 시행되는 선거를 통해 권력자에게 복수한다. 정치는 이익을 달리하는 집단의 대리전이며 선거는 권력에서 소외된 자들이 벌이는 피비린내 나는 복수극이라 할 수 있다. 투표를 통한 복수는 분명 사회를 더 나은 방향으로 이끈다.

다행스럽게도 우리는 이기주의자를 처벌하면서 쾌감을 느끼는 존재다. 인간은 나쁜 인간을 처벌하지 않는 인간에게도 똑같이 분노한다. 우리는 악행을 저지르는 사람만이 아니라 방관하는 사람까지 처벌한다. 이것이 이기적 인간끼리 협력을 끌어낼 수 있었던 열쇠다. 협력하지 않는 이기주의자를 처벌할 수 있어야 대규모 협력이 가능하다. 이기주의자에 대한 처벌을 '이타적 처벌altruistic punishment'이라 부른다. 우리가 이기주의자를 처벌하면서 쾌감을 느끼는 것은 처벌받는 쪽보다 처벌하는 집단에 속한다는 것에 안도감을 느끼고 장기적으로도 이익이기 때문이다. 이타적 처벌이 없었다면 집단 내에서 협력도 없었을 것이다.

이기주의자에 대한 처벌은 그가 공동체에 손실을 끼치면서 얻은 이익에 대한 복수다. 사람들은 반사회적 행위를 자행한 사람을 처벌함으로써 심리적으로 쾌감을 느낀다. 이런 본능은 생물학적으로 깊이 뿌리를 내리고 있다. 복수는 공동체의 이익을 위해 진화적으로 선택됐다는 뜻이다. 그래서 인간은 조건적 협력자인 동시에 이타적 처벌자이며 복수하는 자이기도 하다.

4. 우리는 진보주의자인 동시에 보수주의자다

친구들 모임에 참석했다가 괜한 논쟁에 휘말려 서로 얼굴을 붉힌 적이 있을 것이다. 불필요한 논쟁을 하지 않으려면 반드시 피해야 할 주제들이 있다. 지역, 종교, 그리고 정치와 관련된 이야기다. 처음엔 가벼운 이야기를 주고받으며 대화를 시작한다. 하지만 누군가 자신의 입장을 주장하기 시작하면 금세 논쟁으로 비화하고만다. 모든 논쟁이 그러하듯 말싸움에서는 승자도 없고 패자도 없다. 또 설득에 성공하는 사람도 없고 설득당하는 사람도 없다. 서로 기분만 상한 채 헤어진다.

인간이 사회적 동물이라는 말은 정치적 동물이라는 말과 같다. 우리가 살아가면서 맺는 모든 사회적 관계는 정치와 결부돼 있다. 사람은 늘 어느 집단에 소속되고 싶어 하고 관계를 맺고 싶어 하고 가능하면 타인에게 영향력을 미치고 싶어 한다.

생각만 다른 것이 아니라 뼛속까지 다르다

모든 사람이 똑같은 꿈을 꾼다면 사회적 갈등은 존재하지 않을 것이다. 하지만 우리는 몇 사람만 모여도 생각이 갈린다. 가령 모든 사람이 행복을 꿈꾸지만 그 도달 방법에 대해서는 각자 생각이 다르다. 가장 극명하게 다른 길을 걷는 사람들이 바로 진보주의자와 보수주의자다. 사람들은 왜 이렇게 다른 생각을 하게 됐을까? 신경정치학 또는 정치유전학을 연구하는 학자들은 "진보주의자와 보수주의자는 생각이 다른 사람이 아니라 뼛속까지 다른 사람"이라고 말한다. 진보주의자와 보수주의자는 뇌만이 아니라 유전자에서도 차이가 난다는 것이다.[1]

그들의 연구에 의하면 진보주의자는 뇌 전방대상피질의 회색질 부피가 크고 보수주의자는 우측 편도체의 회색질 부피가 더 크다.[2] 회색질 부피가 크다는 것은 해당 부위에 많은 신경세포가 모여 있다는 의미다. 전방대상피질의 기능 중 하나는 불확실한 상황을 관찰하고 갈등을 조절하는 것이고 편도체는 공포와 불안감을 처리한다. 따라서 진보주의자는 불확실성과 그에 따른 갈등을 잘 조절한다고 볼 수 있으며 보수주의자는 불안정한 상황에서 변화를 두려워하고 안정 상태로 회귀하려는 심리가 강하다고 볼 수 있다. 진보주의자와 보수주의자가 공포와 불확실성을 대처하는 방식에 큰 차이가 있다. 보수주의자는 공포심을 비롯하여 혐오 같은 부정적 감정에 민감하다. 혐오스러운 자극에 민감할수록 보수 정당 후보에 투표하는 경향을 보인다.[3] 121개국 5,457명을 대상으로 한 추가 연구에서도 이와 비슷한 결과가 나왔다.

혐오감은 본래 상한 음식이나 전염병에 대한 회피 심리로부터 진화했다. 우리는 썩은 음식이 풍기는 역한 냄새에 혐오감을 느낀다. 또 세균을 옮길 가능성이 있거나 피를 빨아먹는 벌레와 동물에게 혐오감을 느낀다. 따라서 혐오감은 자신과 집단을 오염시킬 수 있는 외부 요인들을 차단하는 역할을 해왔다. 집단이 커지면서 혐오감은 낯선 존재, 낯선 풍습, 낯선 음식으로 확대됐다. 오늘날에도 우리는 기생충이나 쥐처럼 세균을 퍼뜨릴 가능성이 있는 존재에 혐오감을 느낀다. 또 집단을 오염시키는 근친상간과 동성애, 낯선 이방인과 문화, 불공정하고 비도덕적인 행위에 혐오감을 느낀다. 보수주의자들은 이러한 요소에 대한 심리적 면역이 약하다고 할 수 있다.

유전적으로는 진보주의자들이 특정 유전자인 DRD4-7R를 지니는 것으로 알려져 있다.[4] DRD4-7R은 도파민 수용체를 만드는 유전자이다. 이 중 '7R'이라는 긴 형태의 유전자가 새로움을 추구하는 기질과 관련이 있다. 새로움을 추구하는 사람은 단조로움과 지루함을 견디지 못하는 성향이 있고 때로는 충동적이고 쉽게 흥분하는 모습을 보이기도 한다. 따라서 이런 유전자를 지닌 사람은 변화를 추구하는 진보주의자가 될 가능성이 크다. 여러 논문을 메타분석한 연구에 따르면 정치적 성향의 40~60%는 유전적으로 결정된다.[5] 만약 유전자에 각인된 개인의 기질이 정치 성향에 영향을 미친다면 정치적 입장을 바꾸는 것은 습관을 바꾸는 것만큼이나 어렵다.

정치적 성향이 생물학적 요인에 의해서만 결정되는 것은 아니다. 어떤 환경에서 성장했는지도 큰 영향을 미친다. 예를 들어 도시인과 농부의 정치적 성향은 일반적으로 뚜렷한 차이를 보인다.

도시인은 사냥꾼이나 유목민의 후예다. 그들은 불확실성이 증가하면 새로운 환경을 찾아 이동하는 삶을 살아왔다. 그러나 농부는 식량이 부족한 상황에서도 별다른 탈출구가 없다. 땅을 버리는 것은 곧 죽음과 다를 바 없기 때문이다. 땅을 떠나지 못하는 농부는 상황을 통제하는 데 익숙하다. 환경을 통제하거나 적응하는 데 어려움이 닥치면 집단의 규율을 만들고 순응함으로써 위기를 극복하는 것이다. 이는 전형적인 보수주의자의 특성이다.

가정환경도 개인의 정치적 성향에 영향을 미친다. 인지언어학자인 조지 레이코프George Lakoff는 어떤 부모 밑에서 성장했는지에 따라 정치적 성향이 달라질 수 있다고 말한다.[6] 그에 따르면, 엄격한 아버지 밑에서 자란 사람은 보수적 성향을 지닐 가능성이 크다. 엄격한 아버지가 지배하는 가정은 권위, 순종, 절제, 보상과 처벌이 하나의 문화로 이루어져 있다. 이는 보수주의자들이 중시하는 가치들이다. 반면 자애로운 부모 밑에서 성장한 아이는 이 세상이 보살핌을 받고 남을 보살펴야 하는 곳이라는 가치를 익히게 된다. 약자에 대한 동정과 연민은 진보주의자들이 중시하는 가치다.

사실 어느 이론도 완벽한 설명을 제공하지는 못한다. 다만 우리는 개인의 정치적 성향이 유전적 기질을 바탕으로 환경에 의해 형성됐다고 이해할 수 있다. 분명한 것은 대부분의 사람들이 나이가 들면서 점차 보수화된다는 사실이다. 이는 생물학적으로도 수긍할 만한 변화다. 젊은 시절에는 목숨 걸고 지켜야 할 것이 별로 없다. 하지만 결혼하고 나면 기존에 성취한 것들을 보호하고 배우자와 자녀를 부양해야 한다. 보수적 성향은 자신의 사회적 지위를 지키고 배우자와 자녀를 부양하는 데 유리하다.

진보주의자와 보수주의자 중 누가 더 도덕적인가

진보주의자와 보수주의자는 자신들이 중시하는 가치가 사회의 도덕이며 유일한 정의라고 생각한다. 그들은 인간의 본성을 바라보는 시각에서부터 차이가 난다. 보수주의자는 인간은 본래 이기적이며 이 이기심이 사회적 이익을 창출한다고 믿는다. 또 이기적 본성은 변화시킬 수 없고 보상과 처벌을 통해 제어돼야 하며 그렇지 못했을 때 세상은 '만인 대 만인의 투쟁'으로 얼룩지게 된다고 주장한다. 반면 진보주의자는 인간은 본래 선하게 태어났으나 주어진 환경에 의해 본성이 왜곡된다고 생각한다. 인간이 악행을 저지르는 것은 환경 때문이다. 도둑이 빵을 훔치는 것은 배가 고프기 때문이지 악해서 그런 것이 아니다. 따라서 선한 본성을 회복하려면 잘못된 환경과 질서를 바로잡아야 한다. 또 선을 창출하는 것은 인간의 이성이며 이성의 진보를 통해 사회적 악을 해소할 수 있다고 믿는다.

사회질서와 도덕을 바라보는 시각에서도 명백한 차이를 보인다. 보수주의자는 사회질서를 누적된 관행과 전통에 의해 자생적으로 이루어진 질서로 파악하고 도덕 역시 공동체 내에서 전통적으로 승인된 보편성으로 이해한다. 따라서 사회질서에는 어떤 목적이나 의도가 없으며 전통적 관습에 맡길 때 가장 효율적인 사회가 구축된다. 민주주의 역시 자생적 질서에 우선할 수 없다. 이에 비해 진보주의자는 사회질서가 인간의 이성이 낳은 결과물이며 도덕 역시 이성의 산물로 파악한다. 이들은 합리적 이성으로 새로운 사회질서를 설계할 수 있다고 믿으며 이성이야말로 더 나은 상태로 진보하는 원동력이라고 생각한다.

진보주의자는 민주주의를 신봉하지만 보수주의자와 마찬가지로 다수결의 원칙에 항상 동의하는 것은 아니다. 때로는 왜곡된 환경이 다수의 의견을 변질시킬 수도 있기 때문이다. 가령 언론이 통제된 독재체제 아래서는 다수결이 합리적 결정이라 볼 수 없다. 따라서 진보주의자는 다수의 사람들이 불평등한 사회를 원한다 해도 평등한 사회가 더 낫다는 가치 중심적인 신념을 갖고 있다.

인류 역사는 두 진영 간의 첨예한 대립으로 점철됐다. 이들의 싸움은 서로의 생명을 앗아갈 만큼 끔찍한 양상으로 전개됐다. 이 문제는 본질적으로 자본주의나 사회주의에 대한 것이 아니다. 이념은 인간의 본성에 대한, 사회 정의에 대한, 그리고 도덕적 감정에 대한 문제다. 그러므로 어느 쪽이 전적으로 옳거나 틀리다고 말할 수 없다. 두 진영의 논리는 한편으론 모두 맞고 한편으로는 모두 틀리다.

진보주의자와 보수주의자가 우선시하는 도덕적 가치는 다르다. 진보주의자는 '공정fairness'과 '정의justice'에 무게중심을 두는 반면에 보수주의자는 '충직loyalty'에 무게중심을 둔다.[7] 이 도덕적 가치들은 모두 소중하지만 서로 충돌한다. 충성스러움은 집단의 질서와 안전을 유지하는 데 도움이 되지만 공정성이나 정의로움에 부합하지 않는다.

심리학자 조너선 하이트Jonathan Haidt는 인류가 진화 과정에서 획득한 여섯 가지 도덕률을 바탕으로 진보주의자와 보수주의자의 도덕적 가치를 비교한 바 있다.[8] 그가 제시한 여섯 가지 도덕률은 배려, 공정성, 권위, 충성심, 순결(신성함), 자유다. 6가지 도덕률에 대한 감정은 유전적으로 타고나며 문화와 환경에 따라 습득되거나 강화된다. 따라서 어느 한쪽의 가치를 신봉하게 되면 거기에서 빠져나오기 힘들다.

보수주의자는 여섯 가지 도덕률 중에서 권위, 충성심, 순결(신성함)의 가치를 중시한다. 이에 비해 진보주의자는 배려, 공정성, 자유의 가치를 더 소중히 여긴다. 이들은 지키고 싶은 가치를 제외한 나머지 가치를 등한시하거나 배척한다. 진보주의자는 권위, 충성심, 순결(신성함) 같은 도덕적 가치를 부인하는 경향이 있으며 보수주의자는 공정성과 자유를 기존 질서를 위협하는 가치로 여기는 경향이 있다. 모든 갈등은 이로부터 비롯된다.

합리적 판단이 아닌 감정에 의존해 투표한다

진보나 보수를 자처하는 사람들조차도 그 차이를 정확히 아는 사람은 드물다. 진보와 보수를 구분하기 위한 질문들은 대개 개인의 가치관에 관한 것이다. 다음의 질문을 보자.

"낙태에 찬성하십니까, 반대하십니까?"

"복지 예산을 증액해야 한다는 주장에 찬성하십니까, 반대하십니까?"

"경제적 손실을 보더라도 후손들에게 깨끗한 환경을 물려주는 것이 우선이라고 생각하십니까?"

일반적으로 보수주의자는 낙태에 반대하고, 복지 예산 확대에 반대하고, 환경 보호보다는 경제적 이익을 옹호한다. 한국인을 대상으로 조사한 바에 따르면 보수주의자는 옷을 구입할 때 유명 브랜드 제품을 선호하고 진보주의자는 개성을 중시한다.[9] 또 보수주의자는 주택을 소유하고자 하는 욕구가 강하고 돈을 성공과 행복의 중요한 기준으로 꼽는다. 이에 비해 진보주의자는 돈을 성공의 기준으로 꼽은 사람이 상대적으로 적다. 일상생활의 측면에서 보면 진보와 보수의 가장 중요한 차이는 경제적 부와 소유에 대한 관점이 다르다는 것이다. 하지만 다음 질문을 보면 그 차이를 구분하기가 매우 어려울 것이다.

"손실을 감수하더라도 강자가 약자를 돕는 사회가 바람직한 사회라고 생각하십니까?"

강자가 약자를 배려하는 것은 진보의 가치다. 그렇다고 보수주의자가 이 가치에 반대하는 것은 아니다. 보수주의자는 강자가 약자를 보호해야 한다는 데는 동의하지만 국가가 세금을 거두어 돕는 것에는 반대한다. 뚜렷한 차이를 보이는 몇몇 쟁점들을 제외하면, 진보와 보수는 사회적, 도덕적 가치의 상당 부분을 공유한다.

사람들은 합리적 판단에 따라 투표한다고 믿지만 실제로는 감정에 의존한다. 후보의 정책이 아니라 얼굴을 보고 누구에게 투표할 것인가를 판단한다.[10] 연구팀은 800명의 학생에게 미국 하원의원 후보 두 명의 사진을 1초간 보여준 후 첫인상만으로 한 사람을 선택하도록 했다. 이 결과를 실제 선거 결과와 비교해보니 70%가 일치했다. 학생들은 1초의 첫인상으로 후보를 판단하고 실제로도 그 후보에게 표를 던진 것이다.

사람들은 자신과 비슷한 외모와 행동을 하는 사람에게 더 호감을 느끼거나 신뢰한다. 이를 '카멜레온 효과chameleon effect'라 부른다. 카멜레온 효과는 선거에서도 나타난다. 연구자들은 미국 대통령선거에 출마한 조지 부시와 존 케리 후보의 사진을 실험참가자들에게 번갈아 보여준 후 누구를 지지하는지 조사했다.[11] 그런 다음 참가자들을 세 그룹으로 나눈 후 각 참가자 본인의 얼굴과 후보의 얼굴을 합성한 사진을 보여주며 누구에게 투표할 것인지 물었다. 실험 결과 사람들은 자기 얼굴과 합성한 사진 속 후보에게 6~15% 더 많은 표를 던졌다.

대부분의 사람들은 '그저 좋아하기 때문에' 표를 던진다. 우리의 뇌는 자신의 선택을 합리화하면서 그 위에 고상한 이념의 옷을 입힌다. 그런데도 사람들은 자신의 선택이 이성적 판단에 의해 이루어졌다고 착각한다.

합리적 진보주의자와 보수주의자가 있다

물론 세상에는 합리적 신념을 가진 진보주의자와 보수주의자가 존재한다. 신념은 합리적 신념과 정서적 신념으로 나뉜다. 합리적 신념은 자신이 알지 못했던 새로운 정보를 접했을 때 기존의 신념을 수정하는 것이 가능하다. 그러나 정서적 신념은 새로운 정보를 아예 배척한다. 인종주의, 지역주의 등이 정서적 신념에 해당하며 정치적 이데올로기 역시 정서적 신념에 가깝다. 정서적 신념을 가진 사람은 객관적 진실을 볼 수도 없고 잘못된 신념을 바꾸기도 어렵다. 어떤 진영에 속해 있든 극단적인 강경론을 주장하는 사람은 신념이 강한 사람이기보다 편견이 강한 사람에 가깝다.

안타깝지만 우리는 합리적 사고보다 직관에 더 많이 의존한다. 직관은 하나의 '프레임'이다. 프레임이란 세상을 바라보는 방식을 결정하는 정신적 틀이다. 가령 누군가 "코끼리는 생각하지 마!"라고 말하면 그 말을 듣는 순간 코끼리를 떠올리게 된다. 이것이 바로 프레임이다.[12] 프레임은 직접 보거나 만질 수 없지만 우리 뇌의 시냅스에 자리잡고 있다.

사람들은 기존의 생각과 다른 정보를 접했을 때 오히려 기존의 신념을 더욱 강화하는 경향이 있다. 프레임은 반복적으로 뇌에 주입되고 무의식적으로 사용되고 한번 만들어지면 반대 프레임을 억제한다. 어떤 정보가 들어오더라도 자신이 만든 프레임에 부합하지 않으면 무시하는 것이다. 그렇게 되면 기존의 프레임은 더욱 강해지고 편견 또한 강화된다.

보수주의자는 사회적 분란을 일으키는 진보주의자를 처벌함으로써 안정성을 확보할 수 있을 것으로 생각하고 진보주의자는 보수주의자를 논리적으로 설득할 수 있으리라고 믿는다. 하지만 정치적 관점을 바꾼다는 것은 정말 어려운 일이다. 개인의 정치적 성향은 유전자의 결과물이기도 하기 때문이다. 진보와 보수의 이념 차이로 인해 발생하는 사회적 갈등을 단박에 해결할 방법은 없다. 유일한 방법은 상대의 관점을 인정하는 것뿐이다.

그러나 이런 결론은 너무 뻔하다. 사람은 자신과 정체성이 다른 사람을 쉽게 인정하지 못한다. 상대방을 인정하라는 것은 자신의 정체성을 버리거나 극도의 자제력을 발휘하라는 것과 같다. 차라리 정치적 관점이 다른 사람을 만났을 때는 이 세상에 없는 사람처럼 대하는 편이 훨씬 효과가 있다. 상대가 먼저 정치적인 입장을 설파하면 아예 대꾸조차 하지 않는 것이다.

진보와 보수가 서로에게 상처를 입히고 피를 흘리는 행위는 어리석은 짓이다. 우리는 모두 진보주의자인 동시에 보수주의자다. 혁신을 두려워하지만 점진적으로 나아가고 싶어 하고 혁신을 지향하지만 안전을 보장받고 싶어 한다. 우리가 두 가지 사고 양식을

가진 것은 위험을 피하는 동시에 기회에 도전하는 개체가 진화적
으로 유리했기 때문이다.

　따라서 변화의 가능성이 전혀 없는 것은 아니다. 우리는 양쪽 끝
에서 합리적 혹은 객관적 관점을 향해 조금씩 이동할 수 있다. 합
리적 이성을 제대로 사용하려면 새로운 정보를 접했을 때 기존에
알고 있던 정보를 재해석하고 무엇을 수정해야 하는지 심사숙고해
야 한다. 세상을 객관적으로 바라본다는 것은 자신이 가진 프레임
을 최대로 넓혀가는 것이고 세상을 변화시킨다는 것은 곧 프레임
을 변화시키는 것이다.

5. 보수주의자와 진보주의자 중
누가 더 행복한가

스트레스 지수가 높은 사람은 투표 확률이 낮다

선거가 끝난 후 후유증에서 벗어나지 못하는 사람들이 있다. 아무리 가까운 친구라도 정치 이야기는 폭발성이 큰 주제다. 정치적 견해가 다르다는 이유로 친구의 인격까지 의심하기도 한다. 말하자면 이런 식이다.

"네가 그 정도밖에 안 되는 놈인 줄 이제 알았어!"

어느 모임이든 정치적 발언을 자제하는 것이 서로에 대한 예의다. 그럼에도 술기운이 오른 누군가 갑자기 정치적 발언을 하게 되면 분위기가 싸늘하게 식는다. 대통령선거에서 누구를 찍었다는 발언 자체가 뇌관을 건드리는 것이다. 여기에 상대 후보를 비방하는 발언까지 하게 되면 폭탄은 이미 터진 것이다. 사람들은 정치적 견해를 드러내는 것에 거부감을 느끼고 있다. 투표는 가장 온건하게 그리고 드러나지 않게 정치적 의사를 표현할 수 있는 방식이다.

투표는 내가 원하는 사람이 당선될 것이라는 기대감과 원하지 않는 사람이 당선될지 모른다는 불안감을 동시에 안겨준다. 이스라엘 연구팀이 2009년 총선에 참여한 유권자 113명의 코르티솔을 측정한 결과 투표소 앞에 있을 때 평소보다 3배 이상 높은 스트레스를 경험하는 것으로 나타났다.[1] 코르티솔은 급성 스트레스에 반응할 때 부신피질에서 분비되는 호르몬이다.

스트레스는 선거 기간 내내 계속된다. 상호비방과 시도 때도 없이 휴대폰을 울려대는 메시지, 후보와 지지자들 사이에 얽히고설킨 인맥으로 인해 선택의 고민은 더욱 깊어지게 마련이다. 2010년 제프리 프렌치Jeffrey A. French 연구팀이 미국 중서부 도시에 거주하는 유권자 345명의 투표 데이터와 스트레스 수준을 분석한 결과 스트레스 수치가 높은 사람일수록 투표율이 낮은 것으로 나타났다.[2] 이 지역에서 실시된 여섯 번의 선거 데이터를 분석한 결과였다. 가장 높은 코르티솔 수치를 가진 사람들은 투표할 확률이 가장 낮았다. 스트레스가 투표소로 향하는 발걸음을 멈추게 한 것이다.

공화당 지지자들은 뇌의 편도체를 많이 사용한다

진보주의자와 보수주의자의 행복감과 관련하여 주목해야 할 것은 뇌의 신경회로다. 공화당을 지지하는 미국인들은 오른쪽 편도체를 많이 사용한다.[3] 편도체는 공포와 불안감에 즉각적으로 반응한다. 그래서 보수주의자는 불안과 공포에 민감하고 불확실한 상황에 놓였을 때 안정적인 상태로 회귀하려는 심리가 강하다. 이로써 보수주의자가 왜 평화로운 시기에도 안보를 걱정하고 사소한 사회적 분란조차 용납하지 않는지 짐작할 수 있다. 앞의 연구팀은 뇌를 촬영하는 것만으로 그가 민주당을 지지하는지, 공화당을 지지하는지 82.9%의 정확도로 맞힐 수 있다고 밝혔다.

사람들은 공포와 불안이 극대화될 때 쉽게 결집한다. 2004년 미국 대선을 6개월 앞두고 다섯 명의 심리학자가 뉴욕 브루클린대학교 학생 157명을 대상으로 실험을 진행했다.[4] 연구팀은 학생들을 두 그룹으로 나누어 절반에게는 죽음을 생각할 때의 느낌을 적도록 했고 절반에게는 고통을 생각할 때의 느낌을 적도록 했다. 그런 다음 조지 W. 부시와 존 케리 중 어느 후보에게 투표할 것인가를 물었다. 첫 번째 그룹은 대부분 부시를 선택했고 두 번째 그룹은 케리를 선택했다. 죽음에 대한 공포가 투표에 상당한 영향을 미친 것이다. 실제로 9.11테러가 일어난 지 한 달 후 부시는 높은 지지율로 대통령에 당선됐다.

사람들은 자신이 가진 것을 위협받을 때 쉽게 보수화된다. 모린 크레이그Maureen Craig 연구팀은 실험에 참가한 백인들을 두 그룹으로 나누었다. 한 그룹에게는 앞으로 히스패닉 인구가 급격히 늘어 주류로 성장할 것이라는 글을 읽게 했고 다른 그룹에게는 미국 사회의 이동성mobility에 변화가 일어나고 있다는 글을 읽게 했다.[5] 그러자 정치적 성향과 관계없이 자신들의 지위가 위협받을 것이라는 암시를 받은 사람들은 쉽게 보수화됐다. 지금까지 누려오던 것을 잃을 수 있다는 메시지는 불안감과 공포심을 촉발한다. 그래서 보수 정당은 늘 전쟁이나 사회적 혼란에서 오는 위협을 강조한다.

진보주의자들은 소득 불평등이 커질수록 불행해진다

그렇다면 진보주의자는 어떤 상황에서 불행하다고 느낄까? 진보주의자는 소득 불평등이 심해질수록 불행하다고 느낀다.[6] 소득 불평등이 심해지면 보수주의자와 진보주의자 모두 불행해진다. 하지만 행복지수가 보수주의자는 서서히 감소하는 반면에 진보주의자는 급격히 추락한다. 공정성과 공평성이 훼손될 때 진보주의자가 더 괴로워하는 것이다.

미국 고등학교를 졸업한 935명을 30년 넘게 추적한 연구에 의하면, 경기침체기에는 사람들이 전반적으로 보수화되는 경향이 있다.[7] 특히 경기침체기에 소득이 늘어난 이들이 가장 많이 보수화됐다. 또 소득 격차가 벌어지면 소득 증가율이 낮은 이들이 진보적 성향을 띠었다. 불황기에는 가진 자들이 보수화되고 불평등이 심해지면 가지지 못한 자들이 진보적 성향을 띠는 것이다. 이처럼 경제적 불평등은 계층의 양극화와 더불어 이념의 양극화를 부추긴다.

정치적 견해 때문에 겪는 심리적 고통은 대부분 생각이 다른 사람과의 갈등으로 인한 것이다. 고통을 피하는 방법은 상대방의 생각을 인정하는 것이다. 그렇다고 해서 상대방의 이념까지 존중할 필요는 없다. 그저 상대방의 엉터리 주장을 흘려듣는 것만으로도 고통을 피할 수 있다. 어쩔 수 없이 상대방의 이야기를 들어야 하는 상황이라면 이런 주문을 외워야 한다.

"너는 짖어라! 나는 여기 없다!"

더 좋은 방법은 정치 이야기를 아예 입에 담지 않는 것이다. 사람들은 무지할수록 더 용감해지는 경향이 있다. 이를 더닝-크루거 효과Dunning-Kruger effect라 부른다. 모든 상황에 이념적 딱지를 붙이고 입에 날카로운 송곳을 물고 다니는 사람이야말로 가장 무지한 사람이다. 이들은 타인을 논리적으로 설득할 수 있으리라 생각하지만 이는 착각에 지나지 않는다. 정치적 성향은 유전적으로 타고나는 데다 각자의 뇌 속에 단단한 프레임으로 구축돼 있다. 이 프레임은 정의나 도덕 수준의 논리로는 절대 무너지지 않는다.

이념이란 그 사람이 수십 년 동안의 경험과 학습을 통해 형성된 취향인 동시에 수십만 년 동안 전수돼 온 생물학적 유산이기도 하다. 그러므로 논쟁과 토론을 통해 타인의 생각을 바꾸려는 시도는 부질없는 것이다. 세상을 바꾸고 싶다면 생각이 다른 사람과 논쟁할 것이 아니라 생각이 통하는 사람을 투표소로 나오게 해야 한다.

6. 감정적으로 호감을 느낀 후보에게 투표한다

한 해가 무사히 지났다 싶으면 또다시 찾아오는 것이 선거철이다. 선거가 시작되기도 전에 이미 언론으로부터 받은 스트레스는 선거가 끝난 후에도 사라지지 않는다. 선거 결과에 불만을 가진 이들 중에는 이민 가고 싶다는 사람이 적지 않다. 과잉 반응이다. 이들은 당선자의 결점이 세상에 알려질 때마다 그에게 투표한 자신의 손가락을 잘라버리고 싶다고 허풍을 떤다. 물론 그는 당선자를 찍지 않았다. 그의 본심은 당신 같은 우매한 다수가 바보 같은 인물을 선택하는 바람에 나라 꼴이 이 지경이 됐으니 책임감을 느끼라는 것이다.

경제학자들의 눈에 투표는 비효율적이다

선거제도를 유지하고 운영하는 데는 엄청난 비용이 든다. 선거가 끝난 후 수년 동안 정치인들을 지켜봐야 하는 국민도 견디기 힘든 스트레스를 경험한다. 경제학자들이 보기에 투표는 비효율적이다. 후보를 선택하고 투표소를 오가는 시간을 고려하면 투입 비용에 비해 유권자가 얻을 편익이 불분명하기 때문이다.

미국의 심리학자 배리 슈워츠Barry Schwartz는 저서 『선택의 심리학』에서 이런 예를 들었다. 두 명의 정치학자가 함께 자동차를 타고 투표하러 가다가 지지하는 후보가 서로 다르다는 것을 알았다. 어떻게 하는 것이 최선일까? 그것은 두 사람이 동시에 집으로 돌아가 하던 일을 마저 하는 것이다. 두 사람이 투표를 포기해도 아무런 차이가 없기 때문이다.

선거제도는 민주주의를 지탱하는 근간이지만 늘 선good을 선택하는 것은 아니다. 미국의 사회학자 윌리엄 그레이엄 섬너William G. Sumner가 1883년에 제시했던 유명한 예를 보자.[1] A와 B가 사회적 약자인 X를 돕기 위한 법안을 만들기로 했다. 그런데 이 법안에는 당사자가 아닌 C도 X를 도와줘야 한다고 명시돼 있다. 섬너는 자신의 의지와 관계없이 X를 도와줘야 하는 C를 '잊힌 사람the forgotten man'이라고 명명했다. 사실 그는 잊힌 사람이기보다 처음부터 고려의 대상이 아니었다. 만약 A와 B가 제안한 법률이 다수결로 통과되면 C는 원하지 않는 의무를 지게 된다.

스스로 '자유주의자'로 불리기를 원했던 프리드리히 하이에크는 저서 『법, 입법 그리고 자유』에서 이 사례를 인용했다. 그는 10%의 저소득층을 돕기 위해 10%의 고소득층에게 세금을 매기는 법안에 80%가 찬성하는 것은 문제가 있다고 말한다. 이 법안에 찬성한 80%는 무임승차자다. 그들은 아무런 의무도 지지 않으면서 고소득층 10%에게 사회가 짊어져야 할 의무를 떠넘긴 것이 된다. 물론 민주주의 국가에서 이런 법률이 통과되지는 않을 것이다. 이 사례는 투표제도의 문제점을 보여주는 상징적인 비유이다.

미국의 철학자 로버트 노직Robert Nozick이 저서 『아나키에서 유토피아로』에서 든 예는 더 재미있다. 네 명의 남자가 한 여성에게 청혼하는 상황을 떠올려보자. 네 명의 남자는 아무 권한이 없고 결혼 상대를 결정할 권한은 오직 여성에게 있다. 그런데 다섯 사람이 투표하여 여성의 결혼 상대를 정하는 것이 가능할까?

사람들은 선거에 익숙해져 있기 때문에 잘 인식하지 못하지만 사실 많은 문제점을 안고 있다. 가령 모든 사람에게 투표권이 주어진다고 해서 발언권까지 평등한 것은 아니다. 또 투표권은 개인의 간절함을 반영하지 않는다. 민주주의를 위해 희생할 준비가 돼 있거나 투표 결과 때문에 목숨이 위태로운 사람도 한 표만 행사할 수 있다. 더구나 선거가 끝나고 나면 당선자와 나는 아무런 관계도 없다. 그들이 입안한 정책 역시 나의 의사와는 무관하게 결정된다.

왜 멍청한 인간이 선거에서 이기는가

어떻게 저런 사람이 당선됐을까 싶을 때가 있다. 그런 경우 유권자들이 멍청하거나 선거제도에 문제가 있다는 생각이 들 것이다. 절차적인 측면에서만 보면 가장 완전하게 평등을 구현할 수 있는 제도는 추첨이다. 원하는 사람이 모두 출마하여 제비뽑기를 통해 한 사람이 당선되는 것이다. 그러나 이 제도가 아무리 평등하다 해도 추첨을 통해 지도자를 선출하는 것에 만족할 사람은 거의 없을 것이다. 공동체의 미래를 운에 맡기는 것은 위험하다. 현재와 같은 선거제도를 유지할 수밖에 없는 것은 더 나은 대안을 찾기가 어렵기 때문이다.

민주사회는 선거로 인한 모든 책임을 공동체가 함께 짊어져야 한다. 멍청이에게 투표하지 않았다고 변명해 봐야 아무 소용이 없다. 당신이 멍청이가 아니라는 보장도 없을 뿐더러 다른 진영에 속한 사람이 보기에 당신은 무조건 멍청이다. 사람들은 이성적 판단으로 지도자를 선택하는 것이 아니라 호감을 느낀 정당, 인간관계, 종교, 지역주의에 근거하여 투표한다. 사실 이러한 성향은 매우 자연스러운 것이다. 수백만 년 전부터 권력자와 혈연, 지연, 인맥으로 얽혀 있는 사람은 생존에 훨씬 유리했다. 문제는 사람들이 지금도 과거의 관성에 의존해 투표한다는 사실이다. 한심한 인간이 선거에서 이기는 데는 몇 가지 이유가 있다.

첫째, 우리는 대세론에 취약하다. 사람들은 어떤 후보의 당선이 유력해 보이면 묻지도 따지지도 않고 지지하는 경향이 있다. 그를 지지해서이기보다 자신이 다른 사람들과 같은 생각을 하고 있다는 것을 확인하고 싶기 때문이다. 다수에 속해 있을 때 사람들은 심리적 안정감을 느낀다.

둘째, 약자에게 연민을 느끼는 언더독 효과underdog effect다. 사람들은 역경을 극복해가는 약자에게 호감을 느낀다. 그래서 선거에 나선 후보들은 자신의 성공 스토리를 과장하거나 창작한다. 사람들은 이렇다 할 배경 없이 오로지 실력만으로 성공한 사람의 스토리에 약하다.

셋째, 사람들은 지나치다 싶을 만큼 자신감을 보이는 후보에게 투표하는 경향이 있다. 하지만 그런 사람일수록 멍청이일 가능성이 크다. 멍청이들은 무엇을 모르는지 모르기 때문에 남 앞에 나서

기를 좋아하고 용감하게 행동한다.

넷째, 동질감이다. 사람들은 똑똑한 사람이 논리적인 말을 쏟아내면 거부감을 느낀다. 오히려 함께 소주를 한잔하고 싶은 사람이 멍청한 해결책을 자신 있게 제시하면 금세 매력을 느낀다. 불편한 진실을 이야기하는 똑똑한 사람보다 듣고 싶은 말을 해주는 한심한 인간을 선호하는 것이다.

마지막으로 외모다. 인류가 작은 공동체를 이루어 살았던 시절에는 집단을 이끌어보겠다고 나선 리더가 뉘 집 자식이고 어린 시절을 어떻게 보냈는지 속속들이 알 수 있었다. 그러나 오늘날에는 생김새와 언변 외에는 후보에 대해 아는 것이 거의 없다. 사람들은 후보가 내세우는 정책보다 자신과 인연이 있는 후보, 외모가 반듯한 후보, 자신과 닮은 후보를 선택한다.

정치에 관심이 없고 TV를 많이 시청할수록 후보자의 외모가 큰 영향을 미친다. MIT 연구팀이 2006년 미국 하원의원 선거에 참여한 3만 6,500명의 투표 행태를 분석한 결과 외모는 정치에 대한 지식 수준이 낮은 사람들에게 결정적인 영향을 미쳤다.[2] 특히 TV를 많이 시청하는 사람들은 후보의 외모 점수가 10점 올라갈 때마다 지지율이 4.8% 높아졌다.

외모만이 아니라 후보자의 목소리도 선거에 영향을 미친다. 미국 듀크대학교와 마이애미대학교의 공동 연구팀은 여러 남녀의 목소리를 저음과 고음 두 가지 버전으로 녹음한 후 남녀 학생 160명에게 들려주고 어느 후보에게 투표할지 물었다.[3] 그 결과 저음의 목소리를 가진 사람이 20% 정도 많은 표를 얻었다. 사람들은 자신이 선택한 후보가 더 정직하고 똑똑하며 올바른 생각을 가졌다고 생각하지만 정확한 판단에 근거한 것은 아니다.

왜 선거에서 네거티브 전략을 사용하는가

선거철이 되면 누구나 스트레스를 경험한다. 특히 상대 후보를 공격하는 네거티브 전략은 짜증을 넘어 정치에 대한 환멸을 불러 일으킨다. 후보들이 네거티브 전략을 사용하는 것은 경쟁 후보에게 부정적인 이미지를 덧씌우기 위해서다. 우리는 부정적인 정보에 더 주의를 기울이고 더 오래 기억하는 부정 편향negativity bias을 갖고 있다. 한번 부정적인 이미지를 갖게 되면, 즉 프레임이 형성되면 그 후보자를 떠올릴 때마다 부정적인 프레임이 활성화된다. 그러면 후보자가 의혹을 해명한다고 해도 의혹이 해소되기는커녕 부정적인 이미지만 더 강화된다. 그래서 후보자들은 진실 혹은 거짓여부와 관계없이 기를 쓰고 흑색선전의 유혹에 빠진다.

물론 네거티브 캠페인은 선거에 관심을 높이는 긍정적인 효과도 있다. 특히 지지율이 낮은 후보가 네거티브 전략을 사용하면 유권자들은 두 후보가 접전을 벌이고 있다는 착각에 빠진다.[4] 그래서 지지율이 낮은 후보일수록 네거티브 전략을 많이 구사한다. 상대를 비방하는 후보자일수록 별 볼 일 없는 후보라는 얘기다. 다른 연구에 의하면 젊을수록, 교육 수준이 낮을수록, 그리고 보수 성향을 가진 유권자일수록 네거티브 전략이 먹히는 것으로 나타났다.[5] 사리 판단을 못 하는 사람이 흑색선전이나 가짜 뉴스에 쉽게 속는 것이다.

투표율을 높이려면 유권자들의 스트레스를 줄여야 한다. 미국 중서부 도시에 거주하는 유권자 345명의 투표 데이터와 스트레스 수준을 분석한 결과 스트레스 수치가 높은 사람일수록 투표율이 낮은 것으로 나타났다.[6] 반면 스트레스 수준이 낮은 사람들은 선거 캠페인이나 후원 같은 정치활동에 더 많이 참여했다.

스트레스는 선거가 끝난 뒤에 절정을 이룬다. 2016년 미국 대통령 선거에서 도널드 트럼프가 당선됐을 때 한 연구팀이 선거 결과에 실망감을 느낀 60명을 면담하고 이들의 뇌를 기능성 자기공명영상fMRI으로 촬영했다.[7] 면담 결과 40명은 선거 결과가 개인의 삶에 부정적인 영향을 미칠 것이라고 답했고 20명은 별다른 영향을 주지 않을 것이라고 답했다. 삶에 부정적인 영향을 미칠 것이라고 답했던 40명 중 23%는 불면증과 식욕 감퇴 같은 우울 증상을 보였다. 연구팀은 우울 증상을 보이지 않은 77% 사람들의 뇌를 분석했다. 그랬더니 내측 전두피질이 유달리 활성화돼 있다는 사실을 발견했다. 내측 전두피질은 자기 인식이나 사회적 정보를 처리하는 데 관여한다. 선거 결과에 연연해 하지 않는 사람은 스스로를 성찰하고 다른 사람과 잘 어울리는 성향을 가지고 있다는 의미다.

이념에 집착하는 사람일수록 지지 후보가 선거에서 패배했을 때 스트레스가 절정에 달한다. 선거가 끝난 뒤 찾아오는 심리적 고통은 변화된 현실을 받아들이지 못하는 데서 온다. 선거철에 스트레스를 받지 않으려면 미리 지지 후보를 정해두고 투표일까지 신경을 쓰지 않는 게 좋다. 또 투표 당일에는 축제에 참여한다는 마음으로 투표소에 가고 선거가 끝난 뒤에는 결과에 연연하지 말고 친구들과 어울려 즐거운 시간을 보내는 것이 좋다. 단 친구들과 어울릴 때 선거 이야기는 꺼내지 않아야 한다.

만일 선거 결과가 기대했던 것과 다르다면 당신의 생각이 주류가 아니라는 사실을 인정해야 한다. 어떤 결과가 나왔든 당신의 생각이 틀린 것은 아니다. 당신과 다른 생각을 하는 사람이 조금 더 많았거나 멍청이들이 더 많았을 뿐이다. 그것마저 인정하고 싶지 않다면 4년 후 혹은 5년 후를 기대하면서 살아가면 된다. 물론 그때의 결과도 당신이 기대했던 것과는 어긋날 수 있다. 세상은 다시 한번 당신에게 변화를 요구할 것이다. 그때도 생각을 바꾸기 싫다면 그다음 선거를 기다리면 된다.

7. 왜 인간은 맹목적으로 추종하는가

두 명의 소방관이 있다.

조지는 28세다. 결혼하여 한 살배기 아들이 있다. 그는 육군에 복무하기 전 2년 동안 전문대학에 다녔고 군 복무 때는 베트남에서 잠시 근무한 적도 있다. 조지의 아버지는 지역에서 철물점을 운영하고 있으며 어머니는 초등학교 보조교사로 일하고 있다. 또 조지의 아내는 최근에 은행원으로 복귀했다. 조지의 취미는 텔레비전 시청, 공상과학 소설 읽기, 골프다.

프랑크는 육군 베테랑 출신이다. 그는 25세이며 군에 입대하기 전 1년 동안 대학교에 다녔다. 결혼하여 6개월 된 딸을 두었다. 최근 돌아가신 아버지는 화학공장의 관리자였고 어머니는 지역의 작은 회사에서 비서로 일하고 있다. 프랑크의 아내는 현재는 일하고 있지 않지만 아이가 조금 더 크면 예전 직장이었던 옷 가게 판매원으로 다시 일할 계획이다. 프랑크의 취미는 스쿠버다이빙, 자전거 타기, 대중음악 듣기다.

이 이야기는 1980년 스탠퍼드대학교 학생들을 대상으로 진행한 실험에서 사용된 예시다.[1] 연구팀은 학생들을 두 그룹으로 나눈 후 한 그룹에는 프랑크가 매우 유능한 소방관이며 위험회피 테스트에서 가장 안전한 선택을 했다고 알려주었다. 반면 다른 그룹에는 프랑크가 테스트에서는 가장 안전한 선택을 했지만 사고를 쳐서 상사에게 경위서를 쓰거나 경고를 받은 적이 여러 차례 있다고 알려주었다.

잠시 후 연구팀은 학생들에게 조금 전에 알려준 정보는 모두 엉터리이니 무시하라고 말했다. 그런 다음 학생들에게 두 소방관이 위험한 상황에서 어떤 선택을 할 것인지 물었다. 합리적인 사람이라면 엉터리 정보를 무시해야 한다. 하지만 프랑크가 유능한 소방관이라고 들었던 학생들은 그가 위험한 행동을 하지 않을 것으로 예측했다. 반면 프랑크가 사고뭉치라고 들었던 학생들은 그가 무모한 행동을 할 것으로 예상했다. 학생들은 거짓 정보를 판단의 근거로 활용한 것이다.

보수주의자와 진보주의자는 사고 방식이 다르다

사람들은 자신이 접한 정보가 거짓이라는 사실을 안 후에도 처음 가졌던 생각을 수정하지 않는다. 실험에 의하면 사람들은 한번 결정을 내리면 다수의 의견과 다르다고 해도 자신의 결정에 더 확신하고 다른 사람들과 생각이 다르다는 것에 자부심을 느낀다.[2] 하지만 선뜻 결정을 내리지 못한 사람들은 다수의 의견을 따르는 경향이 있다. 선거 캠프에서 대세론을 강조하며 부동층에 공을 들이는 것도 이 때문이다.

재미있는 사실은 의견이 같더라도 다른 사람이 먼저 말하는 순간 그 의견에 동의하지 않는 경향이 있다는 것이다. 이를 '선택적 나태the selective laziness'라 부른다. 한 실험에서 연구팀은 학생들에게 논리 문제를 풀게 하고 답을 선택한 이유를 밝혀달라고 요청했다.[3] 그다음에는 참가자들에게 다른 사람들이 쓴 답을 보여주며 타당한지 물었다. 이때 연구팀은 참가자 자신이 선택했던 답을 슬쩍 끼워 넣어 다른 사람의 답처럼 생각하도록 유도했다. 절반 정도가 자신의 답이 다른 사람의 답으로 둔갑됐다는 것을 눈치챘지만 나머지 절반은 눈치채지 못했다. 속임수를 눈치채지 못한 학생들은 자신이 적은 답의 56~58%를 틀린 답이라고 평가했다.

이 실험은 자신과 의견이 같을지라도 다른 사람의 의견이라고 생각했을 때 더 비판적이라는 사실을 보여준다. 또 사람들은 자신의 의견을 정당화하려 하기 때문에 자신의 의견을 비판적으로 검토하지 못한다는 것을 알 수 있다. 자신의 의견보다 다른 사람의 의견을 평가할 때 더 엄격한 잣대를 적용하는 것이다. 왜 우리는 다른 사람의 의견을 부정하는 심리를 갖게 됐을까? 심리학자들은 다양한 추론과 의견이 권력자를 견제하기 위한 장치의 일종으로 진화했다고 설명한다. 한 가지 생각만 가진 사람이 우두머리가 되면 독선과 아집으로 무리를 지배하게 된다. 집단사고 증후군에 사로잡힌 무리는 파국을 맞을 수밖에 없다. 우리가 한 가지 의견을 두고 혈투를 벌이는 것은 이러한 위험을 방지하기 위해서라는 것이다.

우리가 살아가는 현실은 진실과 거리가 멀다. 세상은 이해하지 못할 사람들로 넘쳐난다. 외계인을 만났다는 사람이 있는가 하면 독재자를 구세주로 여기는 사람도 있다. 또 선거 결과가 기대와 다르다고 해서 부정선거라고 주장하는 사람이 있고 바이러스가 창궐하는 상황에서도 끝까지 백신의 효능을 인정하지 않고 접종을 거부하는 사람도 있다. 사람들은 똑같은 정보와 사실을 두고도 다른 해석을 내놓을 뿐 아니라 자기가 이해하기 편한 방식으로 왜곡해서 받아들인다.

진보주의자와 보수주의자는 정보를 처리하는 방식이 다르다. 진보주의자는 '반성적reflective'으로 사고하는 데 비해 보수주의자는 '직관적intuitive'으로 사고하는 경향이 있다. 진보주의자는 의식적으로, 보수주의자는 무의식적으로 사고한다는 말이다. 이 때문에 진보주의자는 보수주의자에 비해 더 똑똑해 보인다. 하지만 어느 쪽이 더 똑똑하거나 합리적이라고 말할 수는 없다.

이성은 철학이나 신학 같은 추상적인 문제를 해결하기 위해 존재하는 것이 아니다. 몇몇 심리학자들에 의하면 이성은 인간관계에서 발생하는 복잡다단한 문제들을 해결하기 위해 진화했다. 뇌는 지독히 자기중심적이다. 나에게 불리한 것을 배척하고 유리한 것만 취한다. 뇌의 관점에서 진실이란 '옳은 것'이 아니라 나에게 '좋은 것' 혹은 '이익이 되는 것'이다. 우리를 움직이는 힘은 이성이 아니라 두려움과 불안, 기대와 욕망, 사랑과 증오 같은 감정이다. 가치관에 영향을 미치는 것도 지식이 아니라 습관화된 신념이다.

우리는 진실을 좇기 위해 사는 것이 아니다. 진실은 인간의 정체성과는 관련이 없다. 우리의 정체성을 구성하는 것은 사회다. 사람은 자신이 속한 공동체의 종교나 도덕 같은 믿음을 통해 정체성을 구성한다. 이념은 그 결과물 중 하나다. 문제는 사람들이 자신의 정체성을 지키기 위해 무엇이든 한다는 것이다. 정치적 이념을 진실이라고 믿으면 그에 따른 모든 행동이 정의로운 것이 된다. 안타깝게도 인간은 이런 위험을 감수해 왔다. 인류의 역사는 위험한 믿음, 맹목적 추종, 그로 인해 흘린 핏물로 기록됐다.

지식인들은 깊이 안다는 착각에 빠져 있다

신념은 생물학적 개념으로 설명될 수 있다. 믿음은 특정 신경 네트워크를 선택한 결과이다. 믿음을 바꾸는 것 역시 새로운 신경 네트워크를 선택하는 행위다. 뇌는 반복되는 패턴을 선택하고 기존의 프레임에 반대되는 것을 차단함으로써 특정 신경 네트워크를 강화한다. 이렇게 형성된 믿음은 수십 년간 반복돼 온 습관을 바꾸는 것만큼이나 어렵다. 믿음 역시 습관이다.

"당신은 지식인인가?" 자신 있게 답할 사람은 많지 않다. 그러나 "당신은 똑똑한 편인가?" 물으면 대부분 그렇다고 답할 것이다. 하지만 인간은 다른 동물에 비해 특별히 뛰어나지 않다. 아무리 빠른 사람도 치타만큼 빨리 달릴 수 없고 아무리 헤엄을 잘 치는 사람도 돌고래만큼 수영할 수 없다. 밀림이나 바다 혹은 허공에서 인간은 무력하기 짝이 없는 존재다. 다만 인간은 다른 동물과 뚜렷이 구분되는 인지 능력을 가지고 있다. 그러나 인간이 가진 인지 능력의 대부분은 다른 동물에게는 필요 없는 것들이다. 개나 고양이에게 가장 필요한 인지 능력은 주인의 의도를 알아차리는 것이지, 사룟값을 계산하는 것이 아니다.

개인의 능력 차이도 크지 않다. 보통의 신체조건을 가지고 있다면 2배 이상 높이 뛰어오를 수 없고 2배 이상의 지능을 갖기도 어렵다. 더구나 인간의 인지 능력은 오류를 진실이라고 믿을 만큼 비합리적이다. 우리가 아는 것은 극히 일부이며 그것마저 진실이 아닐 가능성이 있다. 그런데도 자칭 지식인들은 '깊이 안다는 착각illusion of explanatory depth'에 빠져 있다.

미국 최고의 명문대학 중 하나인 예일대학교 대학원생들은 얼마나 많은 것을 정확하게 알고 있을까? 전공이 다양한 예일대학교 대학원생 열여섯 명을 대상으로 재미있는 실험을 진행했다.[4] 연구팀은 대학원생들을 대상으로 일상에서 흔히 볼 수 있는 석궁, 위성 수신기, 속도계, 피아노 건반, 수세식 변기, 자물쇠, 헬리콥터, 시계, 재봉틀 같은 기계장치의 작동 원리를 얼마나 이해하는지 7점 척도로 측정했다. 실험 결과 대학원생들의 지적 수준은 연구팀의 기대치에 크게 못 미쳤다. 실험에 참가했던 대학원생들도 자신이 생각했던 것보다 아는 것이 훨씬 적다는 것에 대해 놀라워했다. 모든 것을 아는 것은 불가능할 뿐더러 비효율적이다. 우리에게 필요한 것은 세상에 대한 모든 지식이 아니라 필요한 지식을 누가 가졌는지를 아는 것이다.

뇌는 진실을 외면하고 믿고 싶은 것만 믿는다

사람들은 보잘것없는 지식 위에 무모한 신념을 쌓아올린다. 당신이 무엇을 주장하든 당신은 아는 것이 별로 없다. 뇌는 에너지에 관한 한 지독한 구두쇠다. 무엇이 옳은지를 판단하려면 에너지가 필요하다. 그런데 내가 이미 알고 있는 것, 믿고 있는 것을 바탕으로 선택하면 뇌는 에너지를 소모하지 않아도 된다. 또 내 편의 생각과 행동에 손을 들어주면 내 편으로부터 버림받을 위험도 사라진다. 그래서 우리는 너무나 손쉽게 진실을 외면하고 믿고 싶은 것만 믿는다. 진실은 중요하지 않다. 뇌는 거짓을 선택하면서 편안함을 느낀다.

정치적 편향을 완화하는 한 가지 방법은 상대가 주장하는 것에 대해 설명을 요청하는 것이다. 한 실험에서 참가자들에게 건강보험제도나 교사의 성과급 등에 대한 찬반 의견을 묻자 찬반이 확연히 구분됐다. 처음에는 찬성 의견과 반대 의견이 극단적으로 갈렸다. 그러나 그 제도가 어떤 것이며 사회적으로 어떤 영향을 미치는지 설명해달라고 요청한 후 의견을 묻자 극단적인 답변이 눈에 띄게 줄었다.[5] 사람들은 그제야 자기가 별로 아는 것이 없다는 것을 깨달은 것이다. 자신의 무지를 깨닫게 되면 함부로 의견을 말하기가 어려워진다. 자신의 무지를 깨닫지 못하면 독선과 아집에서 빠져나오기가 쉽지 않다.

우리는 정치적 편향에서 벗어날 수 없다. 그것이 자연의 요구이기 때문이다. 문제는 정치적 편향에 심리적 고통이 수반된다는 것이다. 정치적 편향이 강한 사람은 사사건건 신경을 곤두세우고 적을 공격할 논리를 찾는 데 골몰한다. 정말 피곤하고 힘든 일이다. 피할 수 없다면 즐길 수 있어야 하고 즐길 수 없다면 피해야 한다. 세상이 잘못돼 가고 있다며 분개하고 있지는 않은가? 그렇다면 분노하라! 세상에 돌을 던져라! 행동하라! 그리고 그 상황을 즐겨라! 그럴 자신이 없다면 피하라! 싸울 수 없다면 모든 정치적 이슈와 결별하는 것이 마음의 평안에 이르는 길이다.

8. 왜 선동자나 독재자에게 세뇌되는가

"우리는 누군가 멀리서 괴로워하며 구슬피 우는 소리를 들었을 때 도저히 무관심할 수 없을 것이다. 그 소리가 귓전을 울리는 순간부터 그의 운명에 관심을 가진다. 만약 그 소리가 계속되면 거의 무의식적으로 돕기 위해 뛰어가게 된다."

애덤 스미스의 저서『도덕감정론』에 나오는 말이다.

부자는 도움받을 필요가 없다 보니 공감력이 낮다

사람들은 자기가 아는 것을 다른 사람도 알고 자기가 느낀 대로 똑같이 느낄 것이라 여긴다. 그래서 상대방이 자신의 믿음을 받아들이지 않으면 거부감이 생긴다. 사람과 사람, 집단과 집단 사이의 갈등은 이런 착각에서 비롯된다. 마찬가지로 사람들은 자신이 추구하는 가치가 정의에 부합한다고 믿는다. 그러나 정의의 기준은 사람과 사회에 따라 조금씩 다르다. 어떤 행동이 정의인가는 구성원들의 지지와 공감 여부에 달려 있다. 어느 사회에서는 가해자에 대한 복수가 정당한 행위로 용인되고 어느 사회에서는 범죄가 된다. 공감하는 정의의 기준이 서로 다를 때 갈등이 깊어진다.

우리 뇌에는 공감 회로가 배선돼 있다. 이 신경회로는 '내가 속한 집단in group'과 '다른 집단out group'을 구분한다. 내가 속한 집단의 구성원은 '우리'이지만 다른 집단의 구성원은 '그들'이 된다. 집단을 구분하고 나면 다른 집단에 대한 공감 능력이 현저히 낮아진다. 진보주의자와 보수주의자는 사회적 약자에 대한 공감 수준이 다르고 가난한 사람과 부자 역시 공감 능력에 차이가 있다. 특히 부자들은 가난한 사람들에 대한 공감 수준이 낮은 것으로 알려져 있다.

2011년 캘리포니아대학교 연구팀이 실험참가자들에게 평범한 일상을 담은 영상과 암에 걸린 아이들이 투병하는 모습을 담은 영상을 각각 보여주면서 심박수가 어떻게 변화하는지 분석했다.[1] 그러자 부자일수록 심박수의 변화가 적었다. 암으로 고통받는 아이의 모습을 보고도 감정의 변화가 별로 없는 것이다. 또 뉴욕대학교 연구팀이 61명의 실험참가자들에게 시선 추적 장치가 달린 안경을 쓰게 하고 맨해튼 길거리를 걷도록 한 결과 부자일수록 길거리의 행인들에게 관심을 덜 기울였다.[2] 부자들일수록 타인의 고통에 무감각하다. 부자는 타인의 도움에 의존할 필요가 없기 때문이다.

동물도 공감 능력이 있다. 원숭이가 공감 능력을 있다는 것은 오래전에 알려졌다. 공감 능력과 관련이 있는 뇌 부위는 전방대상피질이다. 전방대상피질은 고통을 느낄 때 활성화되는데 뒤쪽 영역은 자신의 고통에만 반응하는 반면 앞쪽은 자신의 고통과 타인의 고통에 공통으로 반응한다.[3] 물론 우리가 타인과 공유하는 것은 고통의 정신적 경험이지 물리적 통증이 아니다.

전방대상피질은 포유류에게서 특징적으로 발견된다.[4] 포유류가 파충류와 다른 점은 크게 세 가지다. 첫째는 부모와 자식 간의 모성애다. 둘째는 새끼 양육에 필요한 청각적 커뮤니케이션이다. 셋째는 놀이다. 포유류는 자식 양육에 필요한 일련의 행동이 진화하면서 앞쪽 뇌가 발달했다.

포유류인 생쥐는 동료의 고통에 공감한다. 그러나 낯선 쥐의 고통에는 공감하지 못한다.[5] 인간의 공감 능력은 생쥐에 비할 바가 아니다. 우리는 생전 처음 보는 사람의 괴로워하는 모습에도 고통에 공감한다. 공감은 고통에 특화된 것이다. 그래서 우리는 타인의 고통에는 쉽게 공감하지만 타인의 분노에는 쉽게 공감하지 못한다. 누군가 괴로워하는 것을 보면 원인을 몰라도 동정심을 느낀다. 분노의 경우에는 원인을 알아야만 공감할 수 있다.

공감이 '우리편 편향'으로 이어지면 악의 숙주가 된다

우리는 고문을 당하며 고통에 몸부림치는 사람을 보면 식은땀을 흘리며 함께 전율한다. 이런 반응은 아주 자연스럽고 당연한 것으로 여겨진다. 실제로 전기충격을 당하는 사람을 보고 있으면 보는 사람의 몸에서도 전기 반응이 일어난다.[6] 고문당하는 사람의 손에 전기충격을 가하면 지켜보는 사람의 손에 그리고 발에 가하면 지켜보는 사람의 발에 전기신호가 발생한다. 가까운 사람이 고통을 당하는 모습을 보면 반응은 더 격렬하다. 연인에게 전기충격을 가하면서 이를 지켜보는 파트너의 뇌를 스캔하면 통증과 관련이 있

는 뇌 영역이 활성화된다.[7]

우리는 모든 사람에게 공감하지는 않는다. 가족이 고통받는 상황이라면 기꺼이 도움의 손길을 내밀지만 싫어하는 사람의 고통에는 공감하지 않을 뿐더러 오히려 즐긴다. 자신이 응원하는 팀과 경쟁 팀의 축구 경기를 상상해보자. 응원하는 팀의 선수가 다치면 뇌의 앞쪽 섬엽이 활성화되지만 상대 팀의 선수가 다치면 측좌핵이 활성화된다. 섬엽은 인체에서 일어나는 내부 감각을 반영하는데 선수의 고통이 내 몸에 전달되는 것 같은 느낌이 들게 한다. 반면 측좌핵은 뇌의 쾌감중추다. 우리 팀 선수의 고통은 나를 고통스럽게 하고 경쟁 팀 선수의 고통은 내게 쾌감을 준다. 더욱 놀라운 사실은 공감 능력이 높은 사람일수록 상대방의 고통을 더 즐긴다는 것이다.

공감이 늘 좋은 결과만 가져오는 것은 아니다. 공감 능력이 '우리 편 편향myside bias'으로 이어지면 오히려 악의 숙주가 된다. 우리는 자신의 기준에서 공감할 만한 가치가 있는 대상에게만 공감한다. 이를 '선택적 공감selective empathy'이라 부른다. 그러다 보니 공감은 때로 약자에 대한 연민으로 이어지지 않고 편향을 강화하는 원인이 된다. 공감은 오직 내 편일 때만 위력을 발휘한다. 애덤 스미스가 지적했듯이 타인이 당하는 재난은 자신의 사소한 불편에 비하면 아무것도 아니다. 먼 나라에서 지진이 일어나 수천 명이 땅속에 매몰된다 해도 내 손톱 밑에 박힌 가시보다 아프지 않다.

공감 능력의 한계 중 하나는 지나치게 감정이입을 하면 감정이 빠르게 소진될 수 있다는 것이다.[8] 그래서 공감 능력이 뛰어난 사람은 고통당하는 사람을 돕기보다 외면하는 경향이 있다. 타인이 고통스러워하는 상황에 직면하는 것이 힘들기 때문이다. 참을 수 없는 상황을 견디는 방법의 하나는 빨리 잊는 것이다. 상대방이 고통당하는 현장을 방관하고 망각함으로써 뇌리에서 완전히 지워버린다. 그래서 공감 능력이 뛰어난 사람은 문제를 해결하기보다는 눈을 감아버림으로써 그 상황을 재빨리 회피한다.

공감은 세 가지 심리 과정을 통해 형성된다.[9] 첫째, 마음 읽기다. 상대방의 마음을 심리적으로 이해하는 것으로 가장 낮은 수준의 공감이 이루어진다. 둘째, 정서적 일치다. 상대방의 정서 상태와 같아지는 것이다. 셋째, 공감적 동기화다. 상대방이 느끼는 상태와 완벽히 일치되는 상태다. 즉 상대방이 처한 상황이 내가 고통당하는 상황과 같아진다. 이 단계에서 가장 깊은 공감이 이루어진다.

상대방이 고통을 당할 때 행동에 나서지 않고 회피하는 것은 깊은 수준의 공감에 이르지 못하고 '정서적 일치'에 머물렀기 때문이다. 이때 사람들은 타인의 괴로움을 덜기 위해 행동에 나서기보다 자신의 괴로움을 덜기 위해 고통당하는 사람을 외면한다. 진정한 의미의 공감은 정서적 일치를 넘어서 타인이 처한 상황으로 들어가는 것이다.

다른 집단의 타인을 짐승처럼 취급하기도 한다

공감 능력이 반드시 이타적 행위로 이어지는 것은 아니다. 공감 능력이 뛰어난 사람이라도 미리 도움을 주기로 약속하지 않았거나 피해자가 아는 사람이 아니라면 자신의 심리적 고통을 줄이기 위해 외면할 수 있다. 한 실험에서 실험참가자들을 두 그룹으로 나누어 전기충격을 당하는 사람을 지켜보게 한 후 각 그룹의 참가자에게 두 가지 상황 중 하나를 선택하도록 했다.[10] 첫 번째 그룹에는 이 상황을 계속 지켜보든지 자신이 피해자 대신 전기충격을 당하는 것 중 한 가지를 선택하도록 했다. 또 두 번째 그룹에는 피해자 대신 전기충격을 받든지 그냥 집으로 돌아가는 것 중 하나를 고르도록 했다. 그러자 첫 번째 그룹에 속한 참가자들이 더 많이 피해자 대신 전기 충격을 받겠다고 나섰다. 왜 그들은 상황을 지켜보는 대신 자신이 대신 전기충격을 받겠다고 했을까? 그 이유는 이 상황을 벗어날 가능성이 전혀 없을 경우 차라리 도덕적 선택을 하는 것이 낫기 때문이다.

연구팀은 참가자들에게 전기충격 장면을 보여주기 전에 피해자와 만나게 하여 미리 공감을 형성할 기회를 제공했다. 그러자 사전에 공감을 형성할 기회가 있었던 사람들은 더 많이 전기충격을 대신 받겠다고 나섰다. 특히 집으로 가도 되는 두 번째 그룹에 속한 참가자들의 자원이 증가했다. 사전에 공감을 형성하고 자유롭게 실험실을 떠날 수 있었던 사람들이 가장 많이 자원했다. 이들의 91%가 대신 전기충격을 받겠다고 나섰다.

여기에 공감의 치명적인 한계가 있다. 그것은 내가 아는 사람들에게 공감이 편중돼 있다는 것이다. 다른 집단의 구성원들에게는 공감 능력이 거의 미치지 못한다. 우리는 다른 집단에 속한 타인을 짐승처럼 취급하기도 한다. 심지어 사람들은 사랑과 자비를 설파하는 종교를 믿으면서도 다른 종파의 신도들을 원수처럼 대한다. 종교 지도자들은 증오를 가르친 적이 없다고 변명하지만 유일신을 고집하는 것 자체가 증오의 씨앗이 발아하는 텃밭이다. 그들을 결속하는 힘은 핍박을 함께 견딘 동질감이다. 우리는 고통을 함께 나눈 사람에게 더 공감한다. 그래서 정치집단이나 종교집단은 곧 핍박과 고통이 끝나고 기다리던 세상이 올 날이 머지않았음을 강조한다. 믿음이 워낙 강고하기 때문에 편향으로 무장한 집단을 설득하기는 정말 어렵다.

공감이 동조와 결합하면 비극이 될 수 있다

공감 그 자체는 선이 아니다. 공감은 자신이 세운 도덕적 가치에 반응하는 것이기 때문에 보편적 도덕과는 무관하다. 독재자, 학살자, 악인에게 공감하는 것은 끔찍한 죄악이다. 공감 능력이 높은 사람은 선동가나 설교자에게 금세 감정이 이입돼 세뇌되는 경우가 많다. 또 이런 사람은 집단의 주장에 쉽게 동조되거나 주변 분위기에 곧잘 휩쓸린다. 중세의 마녀재판, 히틀러에 대한 숭배와 광기, 사이비 종교집단의 집단자살, 특정 인종이나 민족을 대상으로 한 집단학살도 이로부터 비롯된다. 이런 상황에서는 침묵하는 것만으로도 악행이 될 수 있다. 여러 연구에 의하면 공감은 고문, 사형제도, 다른 국가에 대한 정복 전쟁 등 폭력적인 정책을 지지하는 데도 큰 영향을 미친다.

공감이 동조conformity와 결합하면 끔찍한 비극이 일어날 수 있다. 심리학자 폴 블룸Paul Bloom은 『공감의 배신』에서 공감에 반대한다는 다소 도발적인 의견을 내놓았다. 그는 공감이 지역이기주의와 인종차별주의를 조장하고 한 사람을 편애하고 폭력을 일으킨다고 경고한다. 내 편에 쉽게 공감하는 것은 전쟁과 학살을 자극하는 힘으로 작용한다. 객관성을 상실한 공감은 공격성을 부추긴다. 폴 블룸이 공감 자체를 부정하는 것은 아니다. 오히려 그는 관심, 동정,

친절, 사랑으로 이어지는 공감을 중요하게 여긴다. 다만 그는 공감을 무조건적인 선이나 도덕으로 받아들일 때 자칫 끔찍한 결과를 가져올 수 있다고 경고한다.

공감 능력이 그릇된 방향으로 전이되는 것을 막으려면 의사의 냉정함을 배울 필요가 있다. 수술에 임하는 의사들을 보면 냉혈한처럼 느껴지기도 한다. 환자의 고통을 그대로 공감하는 의사는 수술에 임할 수 없다. 실제로 공감 능력이 뛰어난 의료계 종사자들은 자기 일에 염증을 느끼기 쉽다고 한다. 그들은 고통이 최고조에 달한 말기 환자들을 피하는 경향이 있다.[11] 반면 숙련된 의사들의 뇌를 촬영해 보면 고통에 신음하는 환자의 영상을 보는 동안 고통과 관련된 뇌 영역이 덜 활성화된다.[12] 의식적인 노력으로 감정의 거리를 객관적으로 유지하는 것이다.

하지만 의사도 종교나 정치적인 편향에서는 벗어나기 어렵다. 틀렸다는 사실을 알았을 때 주저하지 않고 생각을 수정할 수 있는 사람이야말로 지적으로 겸손하고 합리적인 사람이다. 지적 겸손을 갖춘 사람은 자신의 믿음이 옳다는 확신이 덜하고 종교에 근거하여 타인을 판단하지도 않는다. 또 의견이 다른 사람에 대한 편견이 적다.

정의는 도덕적 감정에서 우러나온 것이기 때문에 객관적 사실이 아니며 선과 악의 문제도 아니다. 다만 세상에는 선의를 가진 인간과 악의를 가진 인간이 양극단에 존재할 뿐이다. 나머지는 악하지도 선하지도 않으며 비겁하지도 용감하지도 않은 어느 지점에 위태로이 존재한다.

9. 왜 똑똑한 사람이 이상한 것을 믿는가

사람들은 유령, 외계인, 사후세계, 사라진 고대문명 등 판타지 영화에나 나올 법한 별의별 것들을 다 믿는다. 또 이런 믿음을 가진 사람일수록 눈에 보이지 않는 세력이 조직적으로 진실을 은폐하고 있다고 생각한다. 이들 중에는 허황된 믿음을 신봉하는 데 그치지 않고 음모론을 제기하고 확산하는 데 열중하는 사람도 있다. 이런 사람 중에는 교양을 갖춘 지식인들도 꽤 있다. 왜 똑똑한 사람들이 이상한 것을 믿는 것일까?

인간은 믿음을 형성하고 지키려고 한다

미국 매사추세츠대학교의 심리학자 토머스 키다Thomas Kida는 사람들이 범하기 쉬운 여섯 가지 오류를 지적한 바 있다.[1] 사람들은 객관적인 통계보다 스토리를 좋아하고, 이미 가진 믿음이나 추론을 옳다고 확정하고, 사건을 해석할 때마다 자신만의 의미를 부여한다. 또 세상을 잘못 인식하고 지나치게 단순화하며 불완전한 기억 체계를 가지고 있다. 그런데도 우리는 자신이 선택한 스토리, 믿음, 의미, 사실, 기억이 옳다고 착각한다.

믿음은 혼란스럽고 의심스러운 문제를 단숨에 해결하는 지름길이다. 불확실한 것, 보이지 않는 것, 알 수 없는 것을 의심하는 순간 뇌는 복잡해진다. 풀리지 않는 의문과 불확실성은 스트레스를 유발한다. 그러나 자신이 추론했던 것을 그대로 믿어버리면 문제가 사라진다. 뇌는 쓸데없이 에너지를 소모하는 것을 싫어한다. 그래서 확실한 믿음, 통제할 수 있다는 착각, 그것의 정체가 매우 단순하리라는 믿음 앞에 쉽게 굴복한다. 이로부터 얻은 질서, 균형, 대칭은 뇌를 편안하게 한다. 이것이 믿음의 역할이다.

뇌는 일단 어떤 믿음을 받아들이고 나면 그것을 뒷받침하거나 지지할 수 있는 모든 증거를 끌어모아 튼튼한 성을 쌓는다. 기존의 믿음을 보호하기 위해 얼토당토않은 넝마들을 끌어모아 단단한 철갑을 두르는 것이다. 이러한 심리적 성향을 '확증 편향confirmation bias'이라 부른다. 확증 편향이 작동하기 시작하면 논리적인 대화나 토론이 불가능하다. 심리학자들은 인간이 선천적으로 믿음을 형성하고 그것을 지키려는 성향을 타고났다고 말한다. 우리는 기존의 믿음을 확장하고 보존하기 위해 뻔뻔하게 자신을 속이는 뇌를 가지고 있다. 자기를 기만하는 동물은 인간이 유일하다. 사람들은 한번 형성된 믿음을 바꾸려 하지 않는다. 믿음 자체가 즐거움을 주고 자신이 옳다는 생각을 강화하기 때문이다. 그래서 우리는 본 것을 믿는 것이 아니라 믿는 것을 본다.

인과관계에 집착하는 심리가 미신을 만들어낸다

감쪽같이 사라졌던 카드가 마술사의 입에서 나오는 모습을 보면서 관객들은 환호한다. 물리적으로 도저히 일어날 수 없는 일을 마술사가 해냈기 때문이다. 어떻게 마술사의 몸짓 하나로 카드가 사라졌다가 마술사의 입에서 나오는가? 이상한 일이 일어났을 때 뇌는 기어이 원인을 찾으려고 시도한다. 그러나 우리가 설명할 수 없는 현상들은 너무 많다.

과거 조상들은 자연이 변덕스럽게 변화하는 원인을 알 수 없었기 때문에 오직 상상만으로 원인을 추론해야 했다. 종교학자 미르치아 엘리아데Mircea Eliade는 저서 『영원회귀의 신화』에서 고대인들이 겪었을 고통에 대해 이렇게 말한다.

'원인 없는 고통은 존재하지 않는다. (…중략…) 언제나 그 바탕에는 과오가 놓여 있다. 과오가 아니라면 최소한 (…중략…) 어떤 '원인'이 있는 것이다. (…중략…) 원인이 아직 알려지지 않았을 때만 고통은 사람을 불안하게 만드는 것이다. 아이들이나 가축들이 죽고, 가뭄이 계속되고, 폭우가 심해지고, 사냥거리가 사라지고 하는 일들의 원인이 주술사나 사제에 의해 밝혀지기만 하면 '고통'은 견딜 만한 것이 된다.'[2]

원인을 알기만 하면 고통은 별것 아닌 것이 된다. 가시에 찔렸을 때 상처를 잘 관리하면 금세 낫는다. 원인을 알면 관리하기도 쉽다. 그러나 세상에는 원인을 알 수 없는 고통이 즐비하다. 가령 짐승의 뿔에 찔린 상처의 원인은 명확하다. 그러나 갑자기 밤에 잠이 오지 않거나 불길한 꿈을 꾸며 식은땀이 비 오듯 쏟아지면 그 원인을 찾기 어렵다. 원인을 모르면 치유하기도 어렵다. 고대인들은 원인을 짐작조차 할 수 없었던 불치의 질병, 전염병, 가족의 죽음, 가뭄이나 폭우, 사냥감의 감소 때문에 불안해 했을 것이다. 고대인들은 느닷없이 자신에게만 찾아온 이 고통이 과거에 저지른 과오 때문이라고 믿었다. 과거의 과오를 용서하고 고통을 치유할 힘을 가진 존재는 누구인가? 엘리아데는 이러한 의문이 샤머니즘과 종교의 출발점이라고 추론했다.

우리는 주변에서 일어나는 사건들을 인과적으로 설명하려는 욕구가 있다. 인과관계를 파악하고 나면 불확실성에 대한 두려움을 줄일 수 있다. 원인을 알면 그것을 통제할 가능성이 커지기 때문이다. 그래서 인간은 사물과 사물, 현상과 현상 사이의 연관성을 찾아내는 능력을 발전시켰다. 이런 능력은 매우 쓸모가 있었다. 인과관계를 알면 행동을 계획하고 결과를 예측할 수 있다. 인간만이 인과관계를 통해 결과를 예측하고 행동으로 옮길 수 있는 것으로 보인다. 침팬지는 레버를 누르면 먹이가 나온다는 것을 금세 배우지만 동작과 동작 사이의 인과관계를 지각하지는 못한다고 한다.

문제는 인과적 사고가 가끔 착오를 일으킨다는 것이다. 착오는 두 가지 형태로 나타난다. 하나는 '부정 오류'고 다른 하나는 '긍정 오류'다. 숲속을 걷다가 방울 소리를 내는 뱀을 만났다고 가정해보자. 독사인지 아닌지 확신할 수 없는 상태에서는 모든 뱀이 독을 가졌다고 믿는 편이 낫다. 자칫 방심했다가 목숨을 잃을 수도 있기 때문이다. 존재하지 않는 위험을 존재한다고 믿는 부정 오류는 생존율을 높인다.

긍정 오류는 인과관계가 전혀 없는 것을 인과관계가 있다고 믿는 것이다. 기우제를 지내면 비가 올 것이라는 믿음이 여기에 해당된다. 기우제는 아무 효과가 없지만 사람들에게 심리적 위안을 준다. 이 때문에 우리는 쉽게 미신과 마법에 빠져든다. 사이비 과학의 정체를 폭로하는 데 주력해온 마이클 셔머Michael Shermer는 믿음의 특징을 세 가지로 요약했다. 패턴성, 행위자성, 확증 편향이다.[3]

첫째, 패턴성은 무작위적이고 임의적인 정보들 속에서 패턴을 찾아내는 것이다. 구름에서 동물의 모습을 보고 테러 현장의 연기 속에서 악마의 얼굴을 보는 것이 여기에 해당된다. 둘째, 행위자성은 어떤 사건이나 현상에 누군가의 의도적 행위가 개입돼 있다고 보는 것이다. 사물과 현상을 의인화함으로써 누군가 의도를 가지고 인간의 삶에 개입하는 것처럼 인식하는 것이다. 가령 사람들은 가뭄과 폭우를 신의 분노로 인식한다. 셋째, 확증 편향은 자신의 믿음을 뒷받침하는 증거만을 모으는 것이다.

허황한 믿음을 가진 사람들은 불규칙하고 무작위적인 정보에서 재빨리 패턴을 찾아내 보이지 않는 존재의 의도를 불어넣는다. 여기에 확증 편향이 결합하면 그것은 진실이 된다. 유령, 악마, 외계인은 이러한 과정으로 만들어진다.

뇌는 의심하는 것보다 믿는 데서 편안함을 느낀다

뇌는 생각을 위한 기관이 아니라 행동을 위한 기관이다. 우리는 뇌로 감각하고 예측하고 계획하고 결정하고 행동한다. 사실 우리가 하는 대부분의 행동은 생각을 필요로 하지 않는다. 무의식적으로 이루어지는 행동이 많기 때문이다. 우리가 행동을 통해 궁극적으로 얻고자 하는 것은 행복이다. 행복은 생존에 유리한 행동을 하도록 이끄는 유도등이며 불행은 생존에 불리한 행동을 피하도록 알리는 경고등이다.

'믿음의 회로' 역시 행동을 제어했던 뇌의 신경회로가 확장된 것이다. 뇌는 확실하고 명확하며 예측 가능한 것을 선호한다. 믿음은 빠르고 단순하며 직관적이다. 또 믿음은 불확실성과 모호함을 순식간에 제거한다. 믿음이 논리적이고 합리적인 것은 아니지만 한 번 형성되면 뇌가 들여야 할 비용을 절감할 수 있다. 믿음은 뇌의 타고난 특성이다. 뇌는 의심하는 것보다 믿는 데서 편안함을 느낀다. 그래서 믿음은 우리를 행복하게 한다. 고된 일상을 살아가면서도 기쁨으로 성소를 찾는 신앙인들을 보면 알 수 있다. 종교적인 믿음은 뇌가 궁금해하는 존재의 이유와 사후세계에 관해 명확한 답을 제공한다. 인간은 현실에서 행복할 수 없다면 죽어서라도 행복을 누리고 싶은 것이다.

종교가 전하는 스토리 역시 우리에게 만족감을 준다. 거기에는 현실 세계의 핍박, 고통, 방황, 극적 귀환과 영적 승리, 미래에 대한 약속과 경고가 담겨 있다. 이런 스토리야말로 행복을 퍼뜨리는 복음이다. 사람들은 잠시 현실에서 벗어나 자신이 상상하는 세계를 믿게 된다. 종교는 사람들이 믿고 싶은 것을 제공하고 그 믿음이 이루어지리라는 것을 신의 이름으로 보증한다. 다수가 믿으면 그것은 진실이 된다.

10. 왜 허무맹랑한 이야기에 빠져드는가

한류 콘텐츠가 전 세계로 확산되는 가운데 드라마 「오징어 게임」이 표절 논란에 휩싸인 바 있다. 사실 목숨 걸고 벌이는 게임 이야기는 세계 곳곳에 존재한다. 그런데도 이 드라마가 전 세계 시청자들로부터 폭발적인 반응을 얻은 데는 한국 드라마만이 가진 '감정선heart line' 때문이라는 분석이 있다. 한국 드라마는 시청자의 감정을 쥐락펴락하는 독특한 스토리 라인이 있다는 것이다. 그러나 이런 분석과는 별개로 사람들은 유사한 패턴의 스토리를 좋아한다.

인간의 마음은 논리 계산기가 아니라 이야기 계산기다

심리학자 조너선 하이트는 '인간의 마음은 논리 계산기가 아니라 이야기 계산기'라고 말한 바 있다.[1] 우리는 논리보다 스토리에 마음을 빼앗긴다. 거짓인 줄 알면서도 스토리를 선호하는 이유는 우리의 지식과 기억이 스토리 형태로 구성돼 있기 때문이다.

60세가 된 사람에게 지나온 인생을 적어달라고 부탁하면 고개를 내젓는다. 자신의 인생을 기록하기 시작하면 책으로 몇 권이나 써야 하기 때문에 종이 한 장으로는 턱없이 부족하다는 것이다. 그의 인생이 파란만장할 것 같지만 실제로는 단순하고 반복적인 패턴으로 나열돼 있다. 간단하게 정리하면 인간은 태어나 배우고 일하고 결혼하고 아이를 키우다가 병들고 늙어 죽는다. 그 과정에서 우여곡절이 있을 수는 있지만 혼자만 겪는 것은 아니다. 그래서 우리는 적당히 허구를 섞어 자신만의 독특한 스토리를 창조한다. 그런 이야기가 없다면 인생은 그저 별 볼 일 없는 일들의 연속일 뿐이다.

사람들은 왜 허무맹랑한 이야기에 빠져드는가? 우리가 깨어 있는 동안 뇌에는 엄청난 양의 정보가 입력된다. 이 정보들이 적절히 배열되고 통합되지 않으면 제대로 일상생활을 영위할 수 없다. 뇌는 넘쳐나는 입력 정보들을 걸러내 안정적이고 일관된 믿음 체계에 통합한다. 설령 앞뒤가 맞지 않는 정보라도 뇌는 자신이 이미 알고 있는 이야기에 맞추어 정보를 통합하는 것이다.

정보를 요약할수록 세계는 질서정연해지고 무작위성과 불안정성이 감소한다. 그래서 우리는 규칙적이고 일관성 있는 패턴을 선호한다. 이는 우리 뇌가 낯설고 추상적인 문제를 이해하도록 진화하지 못했기 때문이다. 지난 수만 년 동안 인간이 기억해야 할 지식과 정보는 엄청나게 증가했지만 뇌는 여전히 구석기 시대의 방식으로 세계를 인식한다. 뇌가 복잡한 정보를 쉽게 기억하는 방법은 구조를 단순화하는 것이다. 정보의 전후 맥락을 파악해야만 우리는 비로소 세계를 이해할 수 있다. 널리 알려진 신화, 전설, 민담이 일정한 패턴으로 구조화된 것도 그 때문이다. 대표적인 예로 『신데렐라』를 들 수 있다. 세계 곳곳에 존재하는 신데렐라 유형의 이야기는 350여 종에 달한다고 한다. 우리나라의 전래동화 『콩쥐팥쥐』 이야기도 여기에 속한다.

인간은 요약하기와 단순화하기를 좋아한다. 이야기는 우리가 세계를 이해하고 삶에서 일어나는 사건들의 의미를 간결한 방식으로 파악하게 한다. 가령 어린 시절에 들었던 『콩쥐팥쥐』 이야기에는 단순하고 명료한 메시지가 담겨 있다. 그 메시지는 이렇다. "만일 너희 아빠가 바람이 나서 나를 버리고 다른 여자와 살림을 차리면 계모는 너희를 가만두지 않을 것이다. 그러니 아빠의 바람기를 잘 감시하고 무슨 일이 있으면 엄마한테 빨리 알려야 한다."

이야기는 조상들이 생존의 방법을 기억하고 전달하기 위한 일종의 생존 매뉴얼이었던 셈이다. 많은 이야기가 유사한 패턴을 보이는 것도 사회적 관계 속에서 인간에게 요구되는 주제들이 거의 같기 때문이다.

성공적인 스토리는 그럴듯하고 믿을 만하다

성공적인 스토리는 새로운 무엇을 가르치거나 놀라운 정보를 담고 있지 않다. 성공한 스토리에 담긴 주제는 다수가 믿고 싶고 믿고 있고 당연히 그러해야 하는 것들이다. 그것이 진실이거나 사실일 필요는 없다. 진실이 아니더라도 그럴듯하고 믿을 만한 것이면 족하다. 스토리가 한번 세상에 받아들여지면 거짓으로 판명되기 전까지는 계속 살을 붙여가며 전파되고 확산된다.

우리를 설득시키는 것은 진실이나 사실이 아니라 정서적인 욕구를 충족시키는 것들이다. 사람들은 아인슈타인의 상대성이론보다 개인 스토리에 더 열광한다. 거짓으로 꾸며낸 스토리일수록 더 호소력이 있다. 가령 흡연의 폐해를 보여주는 임상 데이터는 '아버지는 하루에 담배 100개비를 피웠지만 100세까지 사셨다'는 이야기를 이길 수 없다. 그러다 보니 과학이 발달한 오늘날에도 초자연적이고 비합리적인 스토리들이 여전히 우리를 지배한다.

허구의 스토리를 지어내고자 하는 욕구는 잠재된 인간의 본성 중 하나다. 인간은 생리적으로 스토리에 적응돼 있다. 허구를 상상하는 것 자체가 즐겁기 때문이다. 뇌는 허구를 즐기게 하는 보상체계를 갖고 있다. 이 보상체계는 '도파민 시스템'이 관장한다. 뇌에 도파민 수치가 증가하면 패턴을 인식하는 능력이 향상되고 어떤 대상을 향한 의심도 줄어드는 것으로 알려져 있다. 도파민은 중독에 영향을 미친다. 가령 도박 중독은 무작위적인 패에서 일정한 패턴을 읽어낼 수 있다는 자신감에서 비롯된다. 그래서 한번 미신에 빠지면 쉽게 헤어날 수 없다.

왜 인간은 허구를 창조하고 그것을 즐기게 됐을까? 자연현상의 불확실성과 미래에 대한 불안감으로 가득했던 고대인들에게는 불가해한 세계를 정리하는 요약본이 필요했다. 고대인들은 도덕, 천국과 지옥, 신, 심판 같은 관념 세계를 진실이라고 믿음으로써 심리적 안정감을 얻었다. 그러나 선과 악, 죽음, 신 같은 주제는 매우 추상적이다. 추상적인 관념은 전달하기 어려우며 이해하기도 어렵다. 이 관념들을 전파하려면 스토리가 필요하다. 그래서 종교적이고 도덕적인 밈들은 대부분 스토리 형태로 구성된다.

이야기는 다차원적이며 '언제, 어디서, 누가, 왜, 무엇을, 어떻게?'라는 맥락을 갖는다. 이러한 맥락은 허구를 사실적으로 만든다. 사실에 가까운 재미있는 스토리에는 설득하는 힘이 있다. 사람들은 스토리를 통해 자신이 살아가는 세계에 질서를 부여함으로써 주어진 현실을 안정감 있게 받아들인다. 또 일상에서 접할 수 있는 수많은 사건을 일정한 믿음체계에 통합함으로써 불확실성과 불안감을 해소한다.

스토리를 통해 인생의 교훈을 배운다

대부분의 스토리는 사회에서 허용되는 행동과 해서는 안 되는 행동을 알려준다. 그래서 사람들은 비싼 대가를 치르지 않고도 스토리를 통해 인생의 교훈을 배울 수 있다. 모든 사람이 원하는 도덕적 진리는 악한 자가 실패하고 선한 자가 승리하는 것이다.

인간은 6세 무렵부터 악인이 응징되기를 바라는 마음이 생긴다.[2] 악한 자는 불행하게 삶을 마감해야 하며 선한 자는 언젠가 행복한 삶을 보상받아야 한다. 스토리는 인과응보를 원하는 사람들의 기대를 충족시킨다. 착한 흥부는 제비 다리를 고쳐주고 부자가 되고 마음씨 고운 신데렐라는 악한 자들의 방해를 물리치고 왕자와 결혼한다. 하지만 현실에서는 이런 인과관계가 성립되지 않는다. 금은보화가 열리는 박은 존재하지 않고 은혜에 보답하기 위해 씨를 가져다주는 제비도 없다. 또 신데렐라를 도와주는 요정은 존재하지 않으며 한 나라의 왕자가 예쁜 드레스로 위장한 재투성이 아가씨에게 반하는 일도 없다.

그런데도 사람들은 주인공이 착하기 때문에 보상받았다고 믿는다. 이런 헛된 믿음은 추상적인 진실보다 인과관계로 압축된 스토리를 편애하기 때문에 생긴 것이다. 사람들은 현실에서 행복할 수 없다면 죽어서라도 행복해지고 싶어 한다. 이런 기대에 부응하는 간략한 답이 바로 스토리다. 스토리는 행복한 결말을 약속한다.

우리는 보편적인 주제를 담고 있는 유사한 스토리에 매력을 느낀다. 과거 조상들의 기대를 충족시켰던 신화의 주인공들은 이제 슈퍼 히어로로 대체됐다. 오늘날의 슈퍼 히어로는 지상의 악당은 물론이고 우주를 지배하려는 악당과도 싸운다. 그들은 악과 불행으로 가득한 현실 세계에서 살아가는 우리에게 희망을 약속한다. 스토리의 역사는 매우 길지만 그 패턴은 크게 변하지 않았다. 우리가 알고 있는 대부분의 스토리는 짝짓기 경쟁, 예측할 수 없는 재난의 극복, 불의와의 대결을 다룬다. 여기에는 꼭 이성 간의 사랑, 자신과 가족에 대한 위협, 질투와 배신이 포함돼 있다.

스토리가 전달하고자 하는 것은 선이 승리한다는 보편적 진리, 선한 사람은 죽은 뒤라도 보상받는다는 도덕적 결과, 선한 사람의 고통은 일시적이라는 메시지다. 이러한 공정성에 대한 믿음, 삶은 즐길 만한 가치가 있다는 믿음, 역경을 극복하고 생존하리라는 믿음이야말로 우리가 희망을 품고 살아가게 하는 동기다.

11. 스토리텔링은 믿음과 행복을 준다

뇌는 현실과 허구의 차이를 거의 구별하지 못한다

왜 인간은 스토리를 좋아하게 됐을까? 몇 가지 심리학적 가설이 있다. 그중 하나는 '세에라자드 효과'다. 세에라자드는 『천일야화』의 화자이다. 세에라자드는 첫날밤을 보낸 후 곧바로 신부를 살해하는 왕을 설득하기 위해 자진하여 신부가 된 다음 매일 밤 흥미로운 이야기로 자신의 죽음을 늦춘다.

다소 억지스러운 이 가설에 따르면 이야기는 여성이 남편을 붙잡아두기 위한 전략에서 비롯됐다. 남녀가 짝짓기를 끝내고 아이를 낳아 기르려면 상당한 시간이 필요하다. 아이는 자궁 안에서 9개월을 지내야 하고 태어난 후에도 상당 기간을 무력한 상태로 보내야 한다. 이 기간 양육의 짐을 온전히 떠안아야 하는 사람은 여성이다. 아이를 성공적으로 양육하려면 여성은 남성을 최대한 곁에 붙들어

두어야 한다. 그래서 여성은 온갖 재미있는 이야기로 남성을 떠나지 못하게 함으로써 양육의 책임을 분산했다는 것이다.

또 한 가지 가설은 스토리가 사회적 상호작용을 기억하고 추적하는 데 필요했다는 것이다. 2006년 영국 더럼대학교 연구팀은 아이들이 옆의 아이에게 귓속말로 이야기를 전달하는 '귓속말 게임' 실험을 진행했다.[1] 이 게임은 전달하는 사람이 많을수록 이야기가 점점 변질돼 마지막에 이르면 완전히 다른 이야기가 돼버린다. 실험 결과 사회적 관계를 포함하는 이야기일수록 사람들에게 더 빠르게 기억되고 전파됐다. 이야기는 복잡한 인간관계를 헤쳐 나가는 데 필요한 정보를 더 효과적으로 전달하고 숙지하기 위해 필요했던 것이다.

이런 가설이 흥미롭긴 하지만 스토리의 본질을 설명하지는 않는다. 스토리의 본질은 허구다. 사람들은 거짓인 줄 알면서도 스토리를 좋아한다. 인간의 잠재된 본성이기 때문이다.[2] 안타깝게도 뇌는 현실과 허구의 차이를 거의 구별하지 못한다. 그래서 우리는 꿈을 꾸면서 그것이 현실에서 일어나는 일이라고 착각한다. 그나마 인간은 다른 동물에 비해 나은 편이다. 인간만이 현실과 가상의 세계를 제대로 분리할 수 있다. 이 때문에 직접 경험하지 않고도 상상과 예측만으로 세상을 학습할 수 있다. 또 우리의 기억이 엉터리라도 다른 동물에 비하면 놀라울 만큼 선명하다.

우리는 실제 사건을 낱낱이 기억한다고 믿지만 기억은 진실이 아니다. 뇌는 수많은 행동과 경험 중 일부를 선택해 재구성하고 의미를 부여하여 기억에 저장한다. 이 과정에서 기억은 변질되고 왜곡된다. 모든 경험은 꾸며낸 기억이자 스토리다. 우리가 인식하는 세계는 참이나 거짓이 아니다. 하지만 뇌에 저장된 기억은 이미 자신의 세계관에 맞게 재구성돼 있기 때문에 당신에게는 이미 진실이다. 우리는 각자 진실이라고 믿는 기억의 창을 통해 세상을 본다. 뇌가 만들어놓은 프레임에서 벗어나는 정보가 입력되면 뇌는 기존의 프레임에 맞추기 위해 스토리의 내용을 완전히 뒤바꾸거나 변형한다. 거슬리는 정보들을 걸러내고 관점에 맞는 정보들만 모아 일관된 믿음 체계로 통합하는 것이다.

따라서 올바르다는 것은 그 자체로 허구다. 진실은 존재하지 않는다. 우리가 할 수 있는 일이란 결국 경험을 해석하는 것이다. 뇌는 경제적으로 작동한다. 새로운 정보가 나타날 때마다 기존의 기억들을 지워버리고 새로운 정보들로 기억의 틀을 재구성하려면 엄청난 에너지가 필요하다. 따라서 뇌는 새로운 정보의 일부를 아예 무시하거나 기존 구조에 맞게 왜곡함으로써 마음의 안정을 유지한다.

세계 곳곳에 유사한 패턴의 스토리들이 존재한다

모든 스토리는 메시지, 갈등, 인물, 구성의 요소를 갖는다.[3] 그렇기 때문에 세계 곳곳에 유사한 패턴의 스토리가 다수 존재한다. 세상에 새로운 스토리는 거의 없다. 익숙한 스토리는 문제를 해결하기 위해 행동하는 영웅, 영웅의 목적을 방해하는 훼방꾼이나 악의 세력, 영웅을 돕는 조력자나 후원자, 목표, 영웅의 귀환에 따른 수혜자가 반드시 존재한다.

청중이 원하는 것은 정확한 정보나 딱딱한 설교가 아니라 사람들이 바라던 바를 충족시켜주는 스토리다. 모든 사람이 원하는 스토리는 악한 자가 멸망하고 선한 자가 승리하는 것이다. 성공적인 스토리는 청중의 세계관을 변화시키려고 하지 않는다. 사회에서 허용되는 행동과 해서는 안 되는 행동을 자연스레 알려줄 뿐이다.[4] 그래서 사람들은 힘들이지 않고도 스토리를 통해 인생을 배우고 세상을 깨우친다.

인간은 생리적으로 스토리에 적응돼 있을 뿐 아니라 스스로 스토리를 지어낸다. 허구를 창조하려는 인간의 욕구는 끊임없이 새로운 설명을 만들어낸다. 모든 부족, 민족, 국가는 창조와 건국의 서사를 가지고 있다. 이들 이야기는 대부분 집단의 탄생을 미화하고 정당화하며 의미를 부여한다. 가령 건국 신화는 자신들이 신으로부터 선택됐다는 점을 강조하며 창조 신화는 세상이 존재하게 된 이유와 경위를 조리 있게 설명한다. 또 경전에 기록된 종교적 신화는 세상의 종말, 선택받은 자들의 구원, 사후세계에서의 행복을 약속한다. 이러한 약속이 없다면 종교는 존재의 근거를 잃게 될 것이다. 약속을 지킨다는 믿음을 주지 못하는 이야기는 살아남기 어렵다. 믿음은 산을 움직일 수도 있기 때문이다.

인간이 세계를 이해하고 생존하기 위한 매뉴얼이다

모든 가르침에는 청중이 원하는 스토리가 들어 있다. 예컨대 스토리가 없는 종교 경전은 대중의 관심을 끌지 못한다. 누가 딱딱한 도덕 교과서의 구절들을 새벽마다 암송하며 희열을 느끼겠는가? 종교적 스토리들은 대부분 오래전의 신화에서 차용한 것이다.

스토리는 어떤 메시지를 전달하기 위해 창작된 것이다. 인간은 이야기를 짓는 동물이고, 거짓말을 하는 동물이고, 원인을 추론하는 동물이다. 신화는 이런 의문에 대한 대답을 찾기 위해 만들어졌다. 왜 태양과 별은 거기에 존재하는가? 바람과 비를 만들어내는 존재는 누구이며 자연을 만든 이는 누구인가? 특히 인간은 실패한 결과에 관해 설명하거나 변명하려고 애쓴다.

스토리는 인간이 세계를 이해하고 삶에서 일어나는 사건의 의미를 파악하고 생존 방법을 기억하고 전달하기 위한 일종의 매뉴얼이었다. 많은 스토리가 공통 화소로 이루어져 있는 것도 사회적 관계 속에서 인간에게 요구되는 주제들이 뻔하기 때문이다. 사회가 지켜야 할 가치를 담은 스토리들은 오래 살아남아 집단에 영향력을 미친다. 진실인가 거짓인가는 중요한 문제가 아니다. 중요한 것은 믿음이며 그것이 스토리의 본질이다.

우리가 어디선가 온 것이라면 사후에 돌아갈 곳도 있을 것이다. '그곳은 어디인가?'라는 의문으로부터 사후세계에 대한 스토리가 만들어졌다. 죽음의 세계가 실제로 존재하는가, 그렇지 않은가 하는 것은 문제가 되지 않는다. 인간이 절망에 빠지지 않고 현실의 고통을 견딜 수 있는 것은 다른 세계 혹은 다른 미래가 존재한다는 믿음 때문이다. 권력자들은 이러한 믿음을 적절히 이용함으로써 민중에 대한 착취를 정당화했다. 그들은 민중이 고통스럽게 제공하는 선의와 복종이 언젠가 보상받으리라는 메시지를 끊임없이 지어냈다.

죽음이 두려운 것은 누구도 그것을 경험해 보지 못했기 때문이다. 우리는 타인의 죽음을 경험하면서 비로소 죽음을 인식할 수 있다. 죽음은 존재가 받아들여야 할 가장 극한적인 상태다. 인간은 스스로 죽음의 문제를 해결할 수 없고 자신의 의지로 영혼의 안식

처를 선택할 수도 없다. 그것이 인간이 신에게 의지할 수밖에 없는 이유다.

저승에 이르지 못하고 이승을 떠도는 영혼은 위협적인 존재다. 고대인들은 원한과 분노와 후회와 집착의 사연을 가진 영혼은 산 자의 주위를 배회하며 현실의 삶에 영향을 끼친다고 생각했다. 떠도는 영혼과 산 자 사이에 내면의 평화가 유지되려면 영혼이 제 갈 길을 가야 한다. 산 자 역시 언젠가는 저승의 문턱을 밟아야 하기 때문에 죽음과의 조화를 선택할 수밖에 없다. 죽음을 다룬 신화가 세계 곳곳에 존재하는 것은 산 자가 내면의 평화를 얻기 위해 죽음을 수용하고 그 세계에서 부활하고 재생할 수 있다는 믿음을 강화한 결과이다.

사람들은 종교적 스토리를 접하면서 세계의 근원에 관한 질문을 접고 주어진 세계에 질서를 부여함으로써 현실을 안정감 있게 받아들인다. 또 일상에서 접할 수 있는 수많은 사건을 일정한 패턴으로 정립함으로써 세계 질서에 대한 불안감을 해소한다. 불안정한 세계에 대처하는 방법은 세계가 안정된 질서를 유지하고 있다는 믿음을 강화하는 것이다. 믿음을 강화하는 방법의 하나는 현실 세계를 통제하는 전능한 절대자가 존재하리라는 믿음을 갖는 것이다. 이러한 믿음이 없다면 인간이 몸담고 있는 세계는 한낱 악이 판치는 세계일 뿐이며 결국 몰락의 길을 걸을 수밖에 없다. 그런 세계에서 인간은 희망을 품을 수 없다.

| 4장 행복과 뇌과학 |

행복은 쾌락의 다른
이름일 뿐이다

1. 행복을 추구하도록 진화했다

　두 사람이 있다. 한 사람은 수천 명을 학살한 독재자다. 그는 부정하게 축적한 재산을 국외로 빼돌린 후 천혜의 휴양지에서 가족과 함께 풍요로운 말년을 보내고 있다. 다른 한 사람은 평생 가난을 벗 삼아 수행하면서 '무소유의 성자'라는 별명을 얻었다. 그는 대도시의 하수구에 머물며 아침마다 병든 몸을 이끌고 거리로 나가 인류에 대한 사랑을 설파하고 있다.

　당신에게 묻겠다.

　"독재자와 성자 중 누가 더 행복해 보이는가?"

뇌가 느끼는 쾌감을 행복으로 착각하는 것이다

　삶의 의미를 묻는 동물은 인간밖에 없다. 철학자들은 오래전부터 인생의 목적이 행복이라고 설파해왔다. 지금으로부터 2,400여

년 전 철학자 아리스토텔레스는 삶의 궁극적 목적이 '행복'이라고 선언했다. 그에 따르면 인간이 추구할 수 있는 최고의 선은 행복이다. 행복은 궁극적이고 자족적이며 모든 행동의 목적이다.

그로부터 2,200여 년이 지난 뒤 임마누엘 칸트는 최고의 선으로 자리잡고 있던 행복을 밑으로 끌어내리고 그 자리에 도덕을 올려놓았다. 그는 행복과 도덕이 항상 비례하는 것은 아니라고 생각했다. 도덕적인 사람이 반드시 행복한 것은 아니다. 때로는 도덕적 의무를 다하기 위해 행복을 포기할 수 있어야 한다.

행복을 바라보는 철학자들의 관점은 금욕주의와 쾌락주의로 뚜렷이 나뉜다. 금욕주의자는 행복을 삶의 완성으로 본다. 이때 행복은 이성, 도덕, 깨달음 같은 것에 의해 지탱된다. 이들은 행복이 객관적 상태이면서 동시에 도덕적 행위에 대한 보상이기 때문에 몸과 마음을 수련함으로써 완전한 행복에 도달할 수 있다고 믿는다. 반면 쾌락주의자는 행복이 주관적 경험이 만든 허구이며 인간은 도덕적 행위와 관계없이 쾌락을 좇고 고통을 피하도록 프로그래밍돼 있다고 본다. 그러므로 행복은 욕망의 충족과 그로 인한 쾌락을 통해 얻을 수 있다고 생각한다.

금욕주의자의 관점은 오랜 철학적 전통이 있다. 금욕주의자에게 행복이란 욕망할 것이 없는 상태이거나 욕망하지 않는 상태다. 이 논리에 따르면 욕망은 불행의 저수지다. 욕망하는 존재는 결코 행복에 도달할 수 없기 때문이다. 진정한 행복에 이르려면 물질적 욕망을 버리고 자신의 내면, 즉 정신적 행복을 추구해야 한다.

정신적 만족을 추구하라는 금욕주의자들의 주장은 옳은 것일까? 오늘날의 과학자들은 대부분 쾌락주의자의 관점을 지지한다.

쾌락주의자가 보기에 행복은 쾌감의 다른 표현이며 쾌감은 우리가 생존과 번식에 도움이 되는 행동을 했을 때 뇌가 선사하는 생화학적 보상이다. 뇌야말로 진정한 성감대다. 뇌의 특정 영역을 자극하면 누구나 행복감을 느낄 수 있다. 심지어 수행자들이 추구하는 정신적 초월의 황홀경도 체험할 수 있다. 단지 인간은 뇌가 느끼는 쾌감을 행복감으로 착각하는 것이다.

행복 추구로 얻는 최종 결과물은 생존과 번식이다

이제 행복에 관한 불편한 진실을 말할 때가 됐다. 우리가 열심히 일하거나 사랑하는 것, 성공을 위해 노력하거나 명예를 얻으려 애쓰는 것은 결국 행복해지기 위해서다. 그러나 우리가 행복을 추구하여 얻는 최종 결과물은 생존과 번식이다. 예컨대 사랑의 감정은 아름답고 숭고하지만 궁극의 결과물은 당신 유전자의 50%를 가진 아이를 세상에 내놓는 것이다.

심리학자 서은국 교수는 행복을 좇는 인간을 꿀벌에 비유한 바 있다.[1] 꿀벌이 노리는 것은 꽃이 아니며 꽃 역시 꿀벌에게 꿀을 제공하기 위해 존재하는 것이 아니다. 꿀벌과 꽃은 생존과 번식이라는 똑같은 목적이 있다. 꿀벌이 생존과 번식을 위해 꽃을 찾듯이 인간은 생존과 번식을 위해 행복을 좇는다. 행복은 삶의 궁극적 목적이 아니라 생존과 번식을 위한 수단에 지나지 않는다.

행복은 당나귀의 눈앞에 어른거리는 당근과 같다. 당나귀가 당근을 좇다 보면 자연스레 주인이 의도하는 길로 가듯이 우리가 행복을 좇다 보면 저절로 유전자가 의도하는 목적을 달성하게 된다. 행복을 좇음으로써 자연스레 자연의 명령을 이행하는 셈이다. 결국 인간은 행복하기 위해 사는 것이 아니라 살기 위해 행복감을 느끼도록 설계됐다고 할 수 있다.

동물은 쾌감을 좇고 고통을 피하도록 진화했다. 불행을 좇기보다 행복을 좇는 것이 생존과 번식에 유리하기 때문이다. 행복과 불행은 생존과 번식에 유리한 길과 불리한 길을 알려주는 교통 신호등 역할을 한다. 그래서 행복과 불행의 목적은 같다. 행복을 추구하는 사람은 살아남지만 불행을 추구하는 사람은 유전자를 남길 수 없다. 불행은 행복을 추구하라는 일종의 경고다.

자연은 인간의 행복 따위에는 관심이 없으며 진화의 목적 또한 행복이 아니다. 자연이 우리에게 주는 메시지는 끝까지 살아남아 번성하라는 것이다. 인간의 삶이 쾌락과 고통이라는 두 군주의 지배 아래 있다는 제러미 벤담의 통찰은 옳다. 쇼펜하우어 역시 일찍이 이를 알아차리고 이렇게 말했다.

"자연은 그 목적을 이루기 위해 환상을 심어주어 개체를 기만할 수밖에 없다. 개체는 이 환상에 미혹되어 진짜 목적이 종족 보존을 위한 것인데도 자신의 행복으로 오인하고 자신의 욕구를 충족시키기 위한 것이라 믿으며 자연의 노예가 된다. 그리하여 개체는 눈앞의 탐스러운 환상을 추구하게 된다."[2]

자연은 우리에게 매 순간 무엇을 해야 하는지 알려줄 수 없기 때문에 아주 단순한 지침만을 던져주었다. 당신의 유전자를 남기려면 행복을 추구하라는 것이다. 우리는 행복하도록 진화한 것이 아니라 행복을 추구하도록 진화했다. 이 때문에 우리는 의식하지 않더라도 저절로 생물학적 숙명에 따라 움직인다.

행복의 절반은 유전자에 달려 있다

행복은 공평하지도 않고 공정하지도 않다. 어떤 이는 별다른 노력 없이 행복을 누리고 또 어떤 이는 천재적인 재능을 지녔음에도 불행하다. 그렇다면 행복은 운명처럼 정해진 것일까? 심리학자 데이비드 리켄David Lykken은 미국 미네소타주에서 태어난 수천 쌍의 쌍둥이를 수십 년간 추적 연구한 끝에 행복의 50% 정도는 유전적으로 결정된다는 결론을 얻었다. 4.5년과 10년 간격으로 쌍둥이 표본을 테스트한 결과에서는 주관적 행복의 유전 가능성이 80%에 달하는 것으로 나타났다.[3] 그는 아주 유명한 말을 남겼다. "행복해지려고 노력하는 것은 키를 키우려는 노력만큼이나 헛된 일이다."

그 후 유사한 연구 결과들이 계속 쏟아졌다. 그간의 연구를 얼추 종합하면 행복에 영향을 미치는 요인은 유전자가 50%, 환경조건이 10%, 의도적인 활동이나 노력이 40% 정도다. 행복에 영향을 미치는 유전자는 많다. 2016년에는 200여 명으로 구성된 17개국 공동 연구팀이 수십만 명의 DNA를 분석해 삶의 만족도에 영향을 주는 유전자 변이 3개를 찾아냈다.[4] 우울증과 신경증에 영향을 주는 유전자 변이도 각각 2개와 11개를 찾아냈다.

이들 유전자는 신경전달물질과 호르몬 분비에 영향을 미친다. 이 중에서 가장 널리 알려진 것은 5-HTT5-hydroxytriptamin transporter 유전자 변이와 FAAHFatty acid amide hydrolase 유전자 변이다. 5-HTT 유전자는 우울증에 영향을 미치는 세로토닌 분비와 깊은 관련이 있고,[5] FAAH 유전자는 '뇌 속의 마리화나'라 불리는 아난다미드 분비와 관련이 있다.[6] 이런 행복 유전자는 아프리카와 아메리카 원주민들이 가장 많이 가지고 있고 아시아인이 가장 적게 가지고 있다고 한다.[7] 그래서 아프리카와 남아메리카 사람들이 흥이 많고 여유롭게 인생을 즐기는 것처럼 보인다.

한 연구에 의하면 감각적 쾌락과 정신적 행복의 30~64%가 유전자의 영향을 받는다.[8] 또 남성과 여성의 정신적 행복 수준은 비슷하지만 남성이 감각적 쾌락을 더 중시하는 것으로 나타났다. 정신적 행복만이 진정한 행복이라는 주장은 지적 허세에 불과하다. 행복에 이르는 길은 두 가지다. 하나는 욕망을 성취하는 것이고 다른 하나는 욕망을 최소한으로 줄이는 것이다. 두 가지 길 모두 어렵다. 욕망은 영원히 성취할 수 없고 욕망을 줄이려면 고통을 감수해야 한다. 일찍이 니체는 "인간이 쉽사리 신이라고 자처하지 못하는 것은 배를 가졌기 때문"이라고 말한 바 있다.[9] 우리는 동물의 본능을 가진 존재다. 정신적 만족은 행복의 한쪽 면이다. 나머지 한쪽 면은 욕망을 통해 얻어진다.

행복의 절반을 유전자가 결정한다면 행복을 얻기 위한 노력은 별반 효과가 없는 것처럼 보인다. 행복에 영향을 미치는 것은 유전자 자체이기보다 유전자가 만들어내는 그 사람의 성격과 태도. 행복의 10%에 영향을 미치는 지위, 소득, 교육 같은 환경조건을 바꾸려고 애쓰는 것도 미련한 짓이다. 부모는 바꿀 수도 없고 출신 국가나 학교를 바꾸기도 어렵다. 설령 바꾼다고 해도 행복에 미치는 영향은 미미하다. 환경을 바꾸는 것보다는 나를 바꾸기는 훨씬 쉽다. 수많은 현자가 가르침을 주었듯이 행복은 내 안에 있는 것이다.

2. 뇌는 호르몬으로 행복을 느끼게 한다

    1954년 심리학자 제임스 올즈James Olds와 피터 밀너Peter Milner는 현대 뇌과학의 출현을 알리는 전설적인 실험을 선보였다.[1] 그들은 쥐의 간뇌에 있는 특정 부위에 전기자극기를 삽입하고 스위치를 연결했다. 얼마 후 쥐들은 먹고 마시는 것, 심지어 교미조차도 잊은 채 미친 듯이 스위치를 눌러 대기 시작했다. 쾌락을 얻기 위해 죽음까지 불사한 것이다. 훗날 전기자극이 가해진 뇌 부위는 '쾌락 중추'라는 이름을 얻었다.

    행복은 마음의 상태와 직결돼 있다. 마음이 어디에 있으며 어떻게 만들어지는가에 대한 두 가지 견해가 있다. 하나는 뇌의 전기화학적 작용에 따라 마음이 만들어진다는 견해이고 다른 하나는 마음이 생물학적 구조와 관련이 없으며 외부에도 영향을 미칠 수 있다는 견해다. 외부에 영향을 미친다는 것은 마음이 독립적으로 존재하면서 영적 능력을 발휘할 수 있다는 의미다.

현대과학은 첫 번째 견해에 힘을 싣는다. 우리는 눈으로 세상을 보는 것이 아니라 뇌로 본다. 사과의 빨간색은 사과가 가지고 있는 것이 아니라 그것을 본 사람의 머릿속에서 생겨나는 경험이다. 빨간색은 빛의 현상이지 실재가 아니다. 행복도 마찬가지다. 행복은 뇌가 합성한 감정적 경험의 일부다.

도취 호르몬은 비자율신경계의 영향을 받는다

감정은 뇌의 변연계에 있는 여러 영역이 상호작용하면서 만들어낸다. 우리 몸의 감각기관을 통해 감지된 감각 정보들은 뇌의 감정 공장에서 조미료로 간을 맞춘 후 두려움, 즐거움, 분노 같은 감정들로 모습을 드러낸다. 이때 조미료 역할을 하는 것이 호르몬이다. 뇌는 수십 가지 호르몬으로 우리의 감정을 조절한다. 행복에 영향을 미치는 호르몬은 여러 가지가 있다. 대표적으로 엔도르핀, 옥시토신, 세로토닌, 도파민 등을 들 수 있다.

엔도르핀은 뇌가 만들어내는 천연진통제로 화학적 구조가 아편과 비슷하다. 우리 몸이 위기에 처하거나 체력이 고갈되면 뇌는 엔도르핀을 분비한다. 마라톤 선수들이 고통의 막바지에 황홀경을 느끼는 것은 이 때문이다. 옥시토신은 '사랑의 호르몬' 또는 '신뢰 호르몬'으로 불린다. 모성애처럼 사랑하는 사람들 사이의 친밀감이나 유대감은 이 호르몬이 만들어낸 것이다. 또 세로토닌은 기분, 음식, 수면, 통증 등 여러 요소와 밀접하게 연관돼 있다. 일상적인 행복을 느끼게 하는 뇌의 핵심적 기능들을 조절하고 균형을 맞춘다.

주목해야 할 것은 도파민이다. 도파민은 22개의 원자로 이루어진 분자로 '욕망 호르몬'으로 불린다. 뇌가 도파민에 젖게 되면 성취에 대한 갈망, 권력에의 도취, 성에 대한 탐닉, 약물 및 도박 중독에 이를 수 있다. 도파민이 작용하는 경로를 보상회로라 부른다. 우리를 쾌락으로 물들이는 것은 보상 자체가 아니라 보상에 대한 기대다. 그래서 여행 계획을 세울 때는 설렘과 흥분으로 가득하지만 막상 여행하면 별로 감흥이 없는 경우가 많다.

뇌의 보상회로는 기대를 먹고 자란다. 반복적으로 이루어지는 똑같은 보상은 기대를 낮추기 때문에 효과가 없다. 내년에 연봉이 1,000만 원 오른다는 소식을 접하면 인상된 연봉을 받는 날까지 즐거움이 계속된다. 그러나 인상된 연봉이 손에 들어오는 순간부터 즐거움은 사라지고 기대도 사라진다. 기대가 사라지면 더 큰 보상을 받고 싶은 강렬한 욕망이 생성된다.

이 과정이 반복돼 나타난 결과가 중독이다. 도박꾼들은 매일 일당을 벌기 위해 도박장으로 가는 것이 아니다. 도박꾼들에게 본전을 찾는 것은 의미가 없다. 만일 본전을 찾았다면 더 큰 도박판을 찾아 헤맬 것이다. 도박꾼이 원하는 것은 더 큰 기대, 더 큰 보상이다. 중독된 뇌는 더 큰 기대에 젖어 있기 때문에 웬만한 자극으로는 만족을 느낄 수 없다. 그래서 극한 스포츠를 즐기는 사람은 더 위험한 자극에 도전한다. 도파민은 욕망의 화학적 개폐기인 셈이다.

통증이나 쾌감을 느끼는 것은 뇌다. 뇌는 위기에 처했을 때 통각마저 호르몬으로 마취시킨다. 그래서 적과 교전 중인 병사는 다리가 부러진 줄도 모른 채 정신 나간 사람처럼 방아쇠를 당긴다. 우리의 유전자는 새로운 모험을 할 때 뇌를 흥분시키는 방식으로 위험을 감수하도록 만들었다. 모험은 보상회로를 작동시켜 도파민을 생성하고 도파민은 우리를 기분 좋게 만든다. 모든 향락은 도취다. 우리를 도취시키는 호르몬은 의식적으로 제어할 수 없는 비자율신경계의 영향을 받는다. 마음먹는다고 행복해질 수 없는 것이다.

뇌에는 욕망시스템과 만족시스템이 공존한다

뇌가 호르몬을 통해 행복감을 느끼게 하는 이유는 행복한 개체가 생존과 번식에 유리하기 때문이다. 유전자는 자신의 목적을 달성하기 위해 우리 뇌에 보상시스템을 심어놓았다. 끊임없이 더 나은 것을 원하는 보상회로를 갖게 되면서 욕망은 영원히 채워지지 않는다. 하지만 조상들이 욕망을 탐닉하는 데만 머물렀다면 오래전에 탈진하여 목숨을 잃었을 것이다. 다행스럽게도 뇌는 욕망을 멈추는 브레이크도 함께 갖추고 있다. 뇌에는 욕망시스템wanting system과 만족시스템liking system이 공존한다.[2]

욕망시스템은 도파민이 작용하는 신경회로이고 만족시스템은 모르핀 같은 오피오이드가 작용하는 신경회로다.[3] 욕망시스템은 '기대'에 초점이 맞추어져 있기 때문에 당장 쾌감이 수반되지는 않는다. 욕망시스템은 원하는 것을 추구하도록 우리를 부추긴다. 이때 우리는 보상을 얻으리라는 기대를 품고 무언가를 성취하기 위해 노력한다. 그러나 성취를 위한 힘든 노력이 즉각적인 쾌감을 가져다주지는 않는다. 로스쿨에 합격하는 꿈은 분발하게 되지만 공부 자체는 즐겁지 않은 것과 같다. 욕망시스템은 이 고통을 성취에 대한 기대로 상쇄시킨다. 우리가 미래를 위해 묵묵히 참고 노력하는 것은 이 때문이다.

동물의 도파민 경로를 차단하면 아무것도 원하지 않게 된다. 그래서 음식에 둘러싸여 있어도 굶어 죽게 된다. 반면 만족시스템은 원하는 것이 충족되는 순간 쾌감이 밀려왔다가 이내 사라진다. 욕망시스템이 '기대하는 것'에 대한 행복감을 느끼게 한다면 만족시스템은 '경험한 것'에 대한 행복감을 느끼게 한다. 만족시스템이 존재하지 않는다면 음식에 둘러싸인 동물은 죽을 때까지 음식을 탐할 것이다. 두 시스템은 서로 연계돼 있다. 두 시스템을 완벽하게 충족시키는 것은 섹스다.

철학자들이 생각하는 행복은 욕망의 충족이나 쾌감과는 거리가 있다. 오히려 평온함이나 만족감에 가깝다. 이러한 행복감은 도파민보다는 세로토닌과 관련이 있다. 세로토닌은 긍정적 감정과 부정적 감정 사이에서 균형을 맞춘다. 걱정, 두려움, 공포, 불면증 등을 완화하고 사교성, 협동심, 긍정적 감정을 강화한다.

행복을 얻기 위한 여정 자체가 행복의 기초가 된다

미국의 철학자 로버트 노직Robert Nozick은 『아나키에서 유토피아로』에서 '경험 기계'를 통한 사고 실험을 제시한 바 있다.[4] 이 기계 안에 들어가 원하는 것을 상상하면 상상했던 그대로를 경험할 수 있다. 더구나 기계 안에 들어가 있는 사람은 자신이 기계 안에 있다는 사실조차 인식하지 못한다. 그러므로 행복한 삶을 원하는 사람은 기계에 들어가는 것으로 영원한 행복을 누릴 수 있다. 그렇다면 당신은 영원히 이 기계 안에 머물 생각이 있는가?

죽음을 앞둔 사람이 아닌 이상 기계 안의 삶을 원하지 않을 것이다. 기계 안에는 어떤 성취도 없다. 아무것도 할 수 없는 삶은 죽음과 다를 바 없다. 우리는 모험을 원하고 때로는 위험을 감수하면서 행복을 느낀다. 행복을 얻기 위한 여정 자체가 행복의 기초가 되는 것이다.

불행할 가능성이 없는 행복은 행복이 아니다. 그런 삶은 무의미하고 지루한 일상의 반복이며 아무런 변화도 꿈꿀 수 없는 지옥의 삶이다. 행복을 얻기 위해서는 그만 한 대가를 지불해야 한다. 올더스 헉슬리의 『멋진 신세계』는 기계 안의 행복을 구현한 세계와 같다. 그곳에서 사람들은 '행복하다'는 주문을 암송하며 약물을 복용한다. 주인공은 지배자 무스타파 몬드에게 이렇게 말한다.

"나는 시를 원하고, 현실적인 위험을 원하고, 자유를 원하고, 선을 원합니다. 나는 죄악을 원합니다. (…중략…) 네, 그래요. 나는 불행할 권리를 주장하고 있습니다. 늙고 추하고 무기력해질 권리만이 아니라 매독과 암에 걸릴 권리, 굶주릴 권리, 비참하게 살 권리, 내일 무슨 일이 일어날까 끊임없이 걱정할 권리, 장티푸스에 걸릴 권리, 모든 종류의 형언할 수 없는 고통으로 신음할 권리……. 난 이 모든 권리를 원합니다."

우리는 뇌와 호르몬의 노예일까? 아마 그럴 것이다. 좀 더 정확히 말하면 인간은 자연의 노예다. 행복은 본질적으로 '생각'이 아니다. 그런데도 행복 전도사들은 생각을 고쳐먹어야 한다고 조언한다.

자연은 모든 생명체를 자신의 노예로 만들었고 인간에게는 현실의 고통을 견디게 할 만한 인지적 착각을 선물했다. 인생이 대단한 의미가 있고 그 의미를 추구하는 것이 가치 있는 삶이라는 착각이다. 그 때문에 우리는 가치 있는 삶을 위해 기꺼이 고통 속으로 뛰어든다. 불행할 자유와 행복의 추구는 동일한 지점을 향한다. 고통이 없으면 행복도 없다. 동전의 양면처럼 불행과 행복은 같은 배를 타고 있다.

3. 공포는 인간을 쫓기는 동물로 만든다

바이러스에 감염됐는지 100% 진단할 수 있는 검사법이 있다. 그런데 이 검사법에 약간의 오류가 있어 감염되지 않았는데도 양성으로 나올 가능성이 5%다. 지금 당신이 머물고 있는 크루즈 선박에 500명의 승객이 있고 그중 한 명이 실제 바이러스에 감염됐다고 가정하자. 전수 검사를 진행한 결과 당신은 양성 판정받았다. 그렇다면 당신이 바이러스에 감염됐을 확률은 얼마인가?

인간은 전염병에 두려움을 갖도록 진화했다

이 질문을 받았다면 덜컥 겁부터 날 것이다. 아마 당신은 직감적으로 바이러스에 감염됐을 확률이 95%라고 생각할 것이다. 하지만 감염되지 않았는데도 양성 판정을 받은 사람이 5%라는 점을 명심하자. 즉 검사받은 500명 중에서 실제 감염된 1명과 감염되지 않았으나 양성 판정을 받은 사람 25명으로 총 26명이 양성 판정을 받았을 것이다. 감염자는 26명 중 1명이므로 당신이 양성으로 판정됐더라도 실제 감염됐을 확률은 4% 정도다. 1978년 한 연구팀이 하버드대학교 의대 인턴 20명, 4학년 학생 20명, 의사 20명에게 이 질문을 던졌다.[1] 그랬더니 절반 이상이 자신이 감염됐을 확률을 95%라고 대답했다. 전문가들조차 확률을 잘못 계산한 것이다.

우리는 확률을 무시하고 위험을 과대평가하는 경향이 있다. 가까이에서 위험을 목격하면 감염의 공포는 더욱 커진다. 최근 유행한 코로나19로 인한 국내 사망자 수가 2023년 7월 기준 3만 5,000여 명을 넘어섰다. 많은 숫자이지만 매년 감기로 사망하는 사람이 국내에서만 수천 명에 이르는 점을 고려하면 공포에 사로잡힐 만큼 치명적인 위협은 아니다.

물론 확률이 낮다는 것과 위험하지 않다는 것은 다른 문제다. 확률이 낮아도 복권에 당첨되는 사람은 매주 나온다. 또 벼락에 맞을 가능성이 거의 없어도 비 오는 날에 많은 사람이 골프장에 서 있으면 사망자가 대폭 증가한다. 1918년에 유행한 스페인독감의 치명률은 2.5%에 불과했지만 수천만 명의 목숨을 앗아갔다. 확률이 낮아도 방치하면 위험하다. 사실 사망자 대부분은 바이러스 때문이 아니라 대규모 감염이 발생했을 때 의료시스템이 무너져 필요한 조치를 받지 못해 발생한다.

자동차 사고로 인한 사망자 수는 전염병과 비교할 수 없을 만큼 많다. 하지만 우리는 자동차를 보면서 공포심을 느끼지 않는다. 왜 우리는 살인 병기와 다름없는 자동차보다 전염병에 더 공포를 느끼는 것일까? 인간은 전염병에 두려움을 갖도록 진화했다. 2008년 국민을 공포로 몰아넣었던 인간광우병(vCJD, 변종 크로이츠펠트야코프병)을 예로 들어보자. 역사적으로 인간광우병으로 사망한 사람은 전 세계에 수백 명에 불과하고 그나마 영국에서 사망한 사람을 제외하면 수십 명에 지나지 않는다. 특히 소고기 수입에 대한 거부감을 불러일으켰던 미국에서 인간광우병으로 사망한 사람은 한쪽 손가락으로 꼽을 정도다. 지구상에 존재하는 어떤 희귀 질환보다도 위험하지 않은 것이다.

'광우병'이라는 명칭 자체가 주는 공포심도 대단하다. 프랑스에서도 1996년부터 2002년 사이에 광우병이 발생한 적이 있었다. 그런데 '광우병'이라는 명칭을 사용했을 때 프랑스 국민의 소고기 소비량이 대폭 줄었지만 보다 전문적이고 분석적인 명칭인 BSE나 vCJD라고 했을 때는 소고기 소비량에 별다른 영향을 주지 않았다.[2]

인간이 멸종하지 않은 것은 공포심 때문이다

역설적으로 인류는 전염병에 대한 과도한 공포 때문에 멸종하지 않았다. 전염은 집단의 문제다. 방심하면 공동체 전체가 완전히 소멸될 수도 있다. 멸종의 위험을 막은 것은 공포심이다. 감염에 둔감했던 조상보다 공포심에 사로잡혔던 조상의 생존 가능성이 훨씬 크다. 감염에 대한 공포가 생존에 유리하게 작용했다. 인류는 선천적으로 감염 대비한 위험 경보장치를 가지고 있고 그럼으로써 쉽게 이웃들에게 공포를 전염시킨다.

인간만이 아니다. 식물은 화학적 신호를 통해 위험을 알린다. 동물은 냄새를 통해 위험 신호를 보내지만 인간은 유인원을 거치면서 후각 능력이 점차 퇴화했다. 그럼에도 인간이 냄새를 통해 공포를 전염시킨다는 연구들이 있다. 네덜란드 연구팀은 12명의 백인 남성에게 행복감, 공포심, 중립적인 감정을 느낄 수 있는 영상들을 보여준 후 겨드랑이에서 땀을 채취했다.[3] 그런 다음 36명의 백인 여성에게 이들의 땀 냄새를 맡도록 한 후 얼굴 근육의 움직임을 분석했다. 그 결과 여성들은 공포 영화를 보면서 흘린 남성의 땀 냄새를 맡았을 때 두려운 표정을 지었고 행복한 영화를 보면서 흘린 땀 냄새를 맡았을 때 행복한 표정을 지었다. 연구팀은 사람의 감정이 땀 냄새를 통해 무의식적으로 타인을 전염시킨다는 결론을 얻었다.

심리학자들은 이 현상을 '정서 전염emotional contagion'이라 부른다. 우리는 무의식적으로 타인의 감정을 모방하고 행동까지 흉내 낸다. 공포는 공포를 낳는다. 미국 대공황 시기에도 수만 명의 사람이 공포에 질려 은행에서 현금을 인출하는 바람에 멀쩡한 은행이 파산하는 사례가 빈번했다. 오늘날에도 겁에 질린 유인원의 후손들이 세계 곳곳에서 생필품 사재기로 그 모습을 재현하고 있다. 공포의 감정은 쉽게 멀리 빠르게 전파된다. 우리는 공포가 밀려올 때 인간의 모습을 잃고 포식자에게 쫓기는 초식동물의 무리가 된다.

정서 전염은 구성원들을 하나의 감정으로 묶는다. 인류는 정서 전염을 통해 집단의 내부를 사회적으로 정렬해왔다. 집단의 위계질서, 충성심, 공동체 의식은 이로부터 비롯됐다. 2018년 캐나다 연구팀은 정서 전염이 발신자와 수신자의 뇌를 동조화한다는 사실을 밝혔다.[4] 연구팀은 쥐에게 상당 기간 스트레스를 준 뒤 짝에게 돌려보냈다. 얼마 후 쥐의 뇌를 해부했더니 스트레스를 받지 않았던 짝도 연구원의 손아귀에서 스트레스를 경험했던 쥐처럼 해마 부위의 신경회로가 바뀌어 있었다. 이런 변화는 다른 파트너까지 연속적으로 이어졌다. 스트레스가 전염돼 함께 살아가는 다른 쥐들의 신경회로까지 바꿔버린 것이다.

공포는 대중의 무지를 먹고 자란다

2008년 국내에서 미국 소고기 수입 반대 시위가 들불처럼 번진 것은 정부가 대중의 공포심을 제대로 이해하지 못했기 때문이다. 당시 정부의 대응은 미숙하고 서툴렀다. 사실 시위의 근본 원인은 광우병 자체보다 부자를 위한 경제 정책, 영어교육 열풍, 극우세력의 준동, 민주주의의 후퇴, 인사의 편중, 일방적인 의사결정에 대한 국민의 분노였다. 광우병은 시위의 동기를 제공했을 뿐 본질적인 이유는 아니었다. 그런데도 정부는 대규모 시위의 원인을 광우병에 대한 국민의 무지 탓으로 돌렸다. 불만이 임계 상태에 이르면 사소한 자극에도 예측할 수 없는 변동성이 나타난다.

한번 공황에 빠진 사람들은 위협이 줄더라도 여전히 위험에 민감하다. 우리의 뇌는 위험의 빈도가 줄어들더라도 이전의 위험을 여전히 인식하는 경향이 있다.[5] 문제가 어느 정도 해결됐을지라도 사람들은 상황이 점점 나빠지고 있다고 여긴다. 경제 상황이 나아진 뒤에도 자영업자들이 예전보다 손님이 없다고 투덜대는 것과 비슷하다.

감염자에 대한 차별과 비난은 어느 사회에나 있었다. 차별이나 도덕적 비난은 혐오의 감정에서 비롯된다. 사람들은 자동차를 운전하다가 실수로 사람을 다치게 했을 때 도덕적으로 비난하지 않는다. 하지만 자신이 감염된 줄 모르고 있다가 우연히 다른 사람을 감염시키면 엄청난 비난과 함께 혐오의 대상이 된다. 코로나19가 유행하던 초기에 감염 증세를 알고도 다른 지역으로 여행을 가서 다른 사람들을 전염시킨 이들이 어떤 비난과 고초를 겪었는지 떠올려보라.

쥐나 모기처럼 전염성을 가진 것에 대한 공포는 역겨움이나 혐오의 감정과 밀접한 관련이 있다. 사람들이 광우병을 두려워하는 것은 우리 조상들이 상한 고기에 역겨운 감정을 느끼도록 진화했기 때문이다. 감염자에 대한 차별 역시 상한 음식을 피하려는 심리와 유사하다. 이는 심리적으로 자연스러운 현상이지만 오늘날의 도덕 기준에는 어울리지 않는다. 근거 없는 차별을 최소화하려면 과학의 눈으로 현상을 바라보아야 한다. 오래전 흑사병이 유럽을 휩쓸었을 때 교회는 신의 징벌이거나 흉악한 마귀가 벌이는 짓이라고 선전했다.

공포는 대중의 무지를 먹고 자란다. 오늘날에는 교회 대신 언론이 무지의 빈틈을 파고든다. 사람들은 공포에서 벗어나기 위해 뉴스를 보지만 뉴스를 봄으로써 오히려 공포에 사로잡히는 역설이 발생한다. 더구나 몇몇 언론은 공포를 전염시켜 정치적 목적을 달성하고 혐오와 차별을 조장하며 수익을 낸다. 편견과 오해로 인한 혐오와 갈등은 전염이 극에 달했을 때 절정을 이룬다. 어떤 바이러스든 시간이 지나면 전염의 파고가 점점 낮아지게 돼 있다. 전염으로 인한 사회적 갈등을 최소화하려면 과학적 시각, 합리적 마인드, 그리고 서로에게 힘이 돼주려는 마음가짐이 필요하다.

4. 인간은 행복에 중독된 행복한 노예다

왕이 전쟁에서 승리한 장수를 불러 소원을 물었다. 장수는 잠시 망설이더니 조그만 땅을 주시면 작은 집을 짓고 싶다고 대답했다. 왕이 그 말을 듣고 말했다.

"해가 지기 전까지 네가 뛰어간 만큼 땅을 주겠다."

장수는 궁궐을 나오자마자 뛰기 시작했다. 그는 한시도 쉬지 않고 내달렸다. 해가 뉘엿뉘엿 기울 즈음 그의 몸은 만신창이가 됐고 입에서는 거품이 흘러나왔다. 그는 안간힘을 다해 지팡이를 앞으로 내던지며 외쳤다.

"저기까지 내 땅이다!"

그러고 나서 장수는 숨을 거두었다. 그 소식을 들은 왕은 쓴 입맛을 다시며 말했다.

"쯧쯧, 결국은 한 평 땅에 묻힐 거면서……."

인간은 죽을 때까지 만족을 모른다

욕망에는 한계가 없다. 당신이 신이 되고자 하는 욕망을 이루었다 해도 다른 신이 존재한다는 사실을 아는 순간 다시 욕망의 불길이 타오를 것이다. 신조차도 다른 신들보다 월등히 나은 능력과 더 많은 추종자를 거느리고 싶은 욕망은 멈출 수 없다.

일찍이 순자는 인간이 가진 욕망의 본질을 정확히 갈파했다. 그가 말하길 사람이 먹고 싶어 하는 것은 소고기와 돼지고기요, 입고 싶어 하는 것은 아름다운 비단이고, 길을 갈 때는 말이나 수레를 타고 싶어 하고, 끝내 부자가 되고 싶어 한다. 그런데도 죽을 때까지 만족을 모르는 것이 인간이다. 또 눈으로는 아름다움과 추함을 가리고, 귀로는 음성의 맑음과 탁함을 구별하고, 입으로는 짜고 시고 달고 쓴 것을 구별하고, 코로는 향기로운 것과 비린 것을 구별하고, 살갗으로는 차고 덥고 아프고 가려운 것을 구별하는 것 역시 인간의 타고난 성정이다.

탐욕의 바퀴를 굴리며 끊임없이 앞으로 나아가는 인간의 본성은 소유욕이 생존에 필수적이었던 시절부터 진화해온 것이다. 식량과 사람을 모을 수 있는 재물이 생존의 무기가 되면서 조상들은 유전자 안에 욕망의 씨앗을 뿌려두었다. 우리는 이 탐욕스러운 생존자들의 유전자를 물려받았다. 살아 있는 한 욕망은 자연스러운 것이다. 계몽주의 철학자 토머스 홉스는 저서 『리바이어던』에서 도덕 철학자들이 주장하는 지고지순한 선은 존재하지 않는다고 단언했다. 그의 말대로 욕망이 사라진 사람은 감각과 상상력이 정지한 사람과 마찬가지로 더 이상 살아갈 수 없다. 행복은 정신적 만족에 있지 않다. 행복의 추구는 끊임없는 욕망의 진행이다. 죽어야만 그치는 영속적이고 부단한 욕망을, 그는 인간의 첫 번째 성향으로 파악했다.

존 스튜어트 밀 역시 저서 『자유론』에서 '자유라고 불릴 만한 가치가 있는 유일한 자유는 다른 사람의 행복을 빼앗으려 하지 않는한, 또 행복을 추구하는 다른 사람의 노력을 방해하지 않는 한, 자신이 원하는 방식으로 행복을 추구할 자유'라고 언명했다. 추구할 자유는 곧 욕망의 자유다. 욕망이 끊긴 자는 죽은 자다. 문제는 우리가 기본적인 욕구 이상을 욕망한다는 점이다.

쾌락은 멈추지 않는 쳇바퀴와 같다

1970년대 미국의 사회심리학자 필립 브릭먼Philip Brickman 연구팀은 복권 당첨자들의 행복도가 크게 높아졌다가 시간이 지나면 당첨 전과 비슷해진다는 사실을 발견했다.[1] 연구팀은 이러한 현상을 '쾌락의 쳇바퀴hedonic treadmill'라고 명명했다. 아무리 열심히 쳇바퀴를 굴려도 결국 한 걸음도 나가지 못한 것을 빗댄 것이다. 복권 당첨자만이 아니라 교통사고로 전신마비가 된 사람들도 사고 당시에는 몹시 불행했지만 시간이 지나면서 일반인과 다름없는 상태로 돌아갔다.

우리가 쾌락의 쳇바퀴를 굴리는 이유는 변화된 상황에 너무 빨리 적응하기 때문이다. 우리는 더 나아진 삶과 어렵게 획득한 행복에 쉽게 적응하고 만다. 이런 경우를 상상해보자. 당신은 연봉 5,000만 원을 받고 있는데 경쟁사에서 8,000만 원에 스카우트하겠다고 제의해왔다. 고민 끝에 직장을 옮겼는데 6개월 만에 옮긴 회사가 도산하고 말았다. 마침 옛 직장에서 알맞은 자리가 있으니 연봉 5,500만 원에 재입사하면 어떻겠냐고 제의해왔다. 당신은 옛 회사로 돌아가겠는가?

생계를 꾸리는 것이 급한 상황이 아니라면 다시 돌아가기는 쉽지 않을 것이다. 당신은 이미 연봉 8,000만 원에 적응했기 때문이다. 그 이하의 연봉을 주겠다는 것은 당신을 무시하는 처사다. 과거 그 직장에 있을 때보다 500만 원이 인상됐지만 최근 6개월보다는 무려 2,500만 원이나 삭감된 것이다.

우리를 쾌락에 적응시키는 것은 뇌의 보상회로다. 도파민이 작동하는 보상회로는 중독회로이기도 하다. 도박꾼이 손가락을 자르고도 도박장을 떠나지 못하는 것은 웬만한 승리에 이미 적응돼 있기 때문이다. 1,000달러를 딴 도박꾼은 1,000달러를 따는 데 만족하지 못한다. 똑같은 승리는 도박꾼에게 희열을 주지 못한다. 그는 더 고조된 희열, 더 짜릿한 승리를 원한다. 도박에 중독되면 기계에서 쏟아지는 동전 소리만 들어도 뇌에서 도파민이 분비된다. 이때 뇌의 상태는 약물 중독자의 것과 같다. 약물은 게임기의 레버 같은 역할을 한다.

2015년 미국경제조사회의 보고서 「행복 반감기The half-life of happiness」에 따르면 행복의 유효기간은 8개월쯤 된다.[2] 라틴아메리카의 극빈층에게 저렴하게 주택을 제공하자 새집으로 이사한 직후 행복감은 크게 높아졌다. 그러나 8개월이 지나자 행복감의 60%가 사라졌다고 한다. 우리는 행복뿐 아니라 고통에도 적응한다. 2003년 15년 이상 미망인으로 살아온 1만 7,000명의 여성을 추적 조사해보니 대부분 8년 안에 남편이 사망하기 전의 행복 수준을 회복했다.[3]

적응 효과는 끔찍하리만큼 분명하다. 어린 시절엔 냉장고 없이도 잘 살았지만 지금은 냉장고 없는 삶을 상상하기 힘들다. 무엇을 성취했든 적응은 모든 것을 초기화한다. 그러나 그 때문에 우리는 살아갈 동기를 얻는다. 사람들은 잃어버린 쾌감을 되찾기 위해 또 그보다 더 큰 쾌감을 얻기 위해 더 나은 성취를 꿈꾼다. 그래서 탐욕의 바퀴를 굴리며 끊임없이 나아간다. 뇌는 늘 더 나은 상태를 원한다. 욕망에서 벗어나면 고통에서는 해방된다. 하지만 안타깝게도 더 나은 상태를 원하는 욕망은 사라지지 않는다. 설령 지상에 유토피아가 이루어진다 해도 사람들은 결코 만족하지 못할 것이다.

아무리 행복에 이른다 해도 더 행복해지지 않는다

우리는 욕망의 지배 아래 놓여 있는 한 영원히 행복할 수 없다. 욕망이 완전하게 충족된 상태는 불가능하기 때문이다. 그런데도 인류는 욕망이 사라진 상태가 가능하다는 헛된 믿음을 키워왔다. 깨달음을 얻은 성자는 욕망을 지운 것이 아니라 다른 차원의 욕망을 가진 것이다. 그의 욕망은 모든 인류에게 행복을 안겨주는 것이다. 하지만 여러 성인이 세상을 다녀갔음에도 그들의 약속만 남아 있을 뿐 바라던 꿈은 아직 이루어지지 않고 있다. 그럼에도 우리는 욕망을 지울 수 있다는 가냘픈 희망 속에서 행복을 찾을 수밖에 없다.

물질적 욕망을 버리기는 오히려 쉽다. 우리가 끝내 지울 수 없는 욕망은 타인의 사랑을 욕망하는 것이다. 깨달음에 이른 성자도, 심지어 신조차도 타인이 우러르는 존재로 인정받고 싶어 한다. 타인의 숭배를 욕망하는 것이야말로 가장 끔찍한 죄악의 숙주다. 역사적으로 보면 부당한 권력과 사이비 교단이 이 숙주에서 발아했다.

행복을 얻기 위해 욕망을 극대화하는 것은 불행한 삶을 만드는 최악의 조리법이다. 모든 욕망은 또 다른 욕망으로 이어진다. 새로운 욕망은 새로운 결핍과 새로운 파멸의 시초가 된다. 욕망이 남아있는 한 아무리 행복에 이른다 해도 더 행복해지지 않는다. 불행해지지 않는 최선의 길은 대단히 행복해지기를 갈망하지 않는 것이다. 즉 욕망을 미미한 수준까지 낮추는 것이다. 달리 말하면 자기 능력을 넘어서는 것을 원하지 않는 것이다.

우리는 욕망을 충족할 수도 없고 욕망을 버릴 수도 없다. 지속적인 행복은 욕망의 충족과 버림 사이에서 균형을 유지할 때 가능하다. 그나마 위안이 되는 것은 우리가 쉽게 행복에 적응하듯이 고통에도 적응한다는 것이다. 적응은 고통을 잊게 하고 살아갈 힘을 준다. 그 덕분에 우리는 좌절과 시련을 겪고도 다시 일어설 수 있다.

5. 웃음은 인류의 경이로운 발명품이다

'진화는 실수로 생존하는 내내 창조의 계획을 즐겁게 위반하는 생명체를 탄생시켰다. 지구는 고독하고 무의미하게 우주 속을 질주하고 있다. 하지만 우리는 그 속에서 공룡과 양서류는 몰랐던 것을 건져냈다. 웃음, 키스, 환호, 그리고 긍정이다.'

볼프 슈나이더Wolf Schneider의 저서 『진정한 행복』에 나오는 말이다.

인간은 웃을 뿐 아니라 웃길 줄 안다

동물도 사람처럼 웃을 수 있을까? 집에서 강아지를 길러본 사람이라면 강아지가 즐거울 때 어떤 행동을 하는지 쉽게 떠올릴 수 있을 것이다. 눈빛을 보면 강아지의 감정을 어느 정도 짐작할 수 있다. 개는 주인과 눈을 마주칠 때 옥시토신과 도파민 수치가 증가한다.[1] 옥시토신은 신뢰와 사랑의 감정을 주고 도파민은 즐거움을 준다. 어떨 때는 개의 얼굴이 마치 사람이 웃는 것과 같아 보이기도 한다. 그러나 강아지가 정말 즐거워하는지를 알려면 꼬리의 흔들림과 혀를 내민 채 가쁜 숨을 몰아쉬는 헐떡임을 확인해야 한다.

인간은 표정을 통해 타인의 감정 상태를 유추할 수 있다. 신경생물학자 마크 챈기지Mark Changizi에 따르면 인간이 색을 잘 구별할 수 있게 진화한 것은 얼굴색의 변화를 감지함으로써 '타인의 감정 상태를 잘 읽기 위해서'다.[2] 웃음은 인류의 경이로운 발명품이다. 가령 얼굴이 붉어지거나 새파랗게 질리는 것은 그 사람이 어떤 상태인지를 알 수 있는 단서가 된다. 인간의 얼굴이 털로 덮여 있지 않은 것은 타인의 감정 상태를 아는 것이 진화적으로 매우 중요했음을 의미한다.

개나 고양이처럼 얼굴이 털로 덮여 있는 동물은 얼굴색이나 표정을 확인하기가 어렵다. 그렇다고 해서 동물에게 감정이 없으리라 추측하는 것은 오산이다. 인간을 포함한 포유동물은 기본적으로 뇌의 구조가 거의 같고 뇌에 작용하는 신경전달물질도 거의 비슷하다. 적어도 감정에 관한 한 인간과 다른 포유동물은 크게 차이가 없다고 할 수 있다. 변연계가 발달한 포유동물은 모두 감정의 존재들이다. 감정표현이 서툰 것은 오히려 인간이다. 개들은 자신의 감정을 숨기지 않는다. 하지만 가끔 이런 의문이 들 수도 있을 것이다. 다른 포유동물도 사람처럼 웃을 수 있을까?

개는 반가울 때 숨을 헐떡이고 유인원들은 장난을 치며 킥킥거린다. 쥐도 간지럽을 태우면 우리가 들을 수 없는 초음파로 재잘거리고[3] 간질이는 시늉만 해도 촉각을 담당하는 뇌 영역이 활성화된다.[4] 심지어 더 간질여달라는 듯 사람에게 가까이 다가오기까지 한다. 그러나 쥐를 높은 곳에 올려놓고 빛을 비추면 그런 반응이 나타나지 않는다고 한다. 공포를 느끼는 상황에서는 즐거움이 사라지기 때문이다. 간지럼을 타는 것은 생존에 도움이 되지 않는 듯이 보인다. 그런데도 포유동물이 간지럼을 타는 것은 구성원끼리 스킨십하면서 유대감을 높이는 것이 무리 생활에 도움이 됐기 때문일 것이다.

일찍이 찰스 다윈은 자신의 어린 자녀들을 관찰한 후 생후 55일에서 65일 사이에 아이가 웃기 시작한다는 사실을 발견했다. 시각장애나 청각장애를 가지고 태어난 아이들도 웃는다. 이는 웃음이 유전적으로 프로그래밍돼 있음을 의미한다. 최근 연구에 따르면 생후 3~18개월 된 아이들의 웃음은 다른 영장류의 웃음과 유사하다고 한다.[5] 어린아이의 웃음은 숨이 넘어갈 듯 자지러지고 멈추기도 어렵다. 침팬지처럼 들숨에도 웃고 날숨에도 웃기 때문이다. 어른들은 그럴 수 없다.

웃음을 유발하는 뇌 영역은 1989년 간질을 앓고 있는 16세 소녀를 치료하는 과정에서 밝혀졌다. 뇌 깊숙이 자리한 시상하부는 자지러지는 웃음을 유발하고 복내측 전전두피질은 얼마나 웃기는 상황인지를 판단한다. 또 'A10영역'으로 불리는 왼쪽 보조운동영역은 웃는 행위를 담당한다.[6] 최근에는 대상다발로 이어지는 신경섬유가 웃음을 터트리게 한다는 사실이 밝혀졌다.[7] 뇌 전체를 동원해야 웃음이 만들어지는 셈이다.

다른 포유동물과 달리 인간의 웃음은 신비롭다. 인간은 웃을 뿐만 아니라 '웃길 줄 아는' 동물이다. 더 나아가 인간은 헛웃음, 비웃음, 냉소, 억지웃음을 지을 줄 안다. 이런 웃음은 타인의 행위에 공감하지 않거나 억지로 동의할 수밖에 없을 때 나타난다. 그래서 인간의 웃음은 다른 동물에 비해 독특하다. 유인원들도 웃지만 동료가 나무에서 떨어져 엉덩방아를 찧을 때도 웃음을 터뜨릴는지는 의문이다.

웃음은 안전, 평화, 그리고 신뢰의 신호다

철학자 앙리 베르그송Henri Bergson은 웃음이 일종의 '사회적 몸짓'이라고 확신했다. 그가 제시한 사례를 보자.[8] 거리를 걷던 사내가 갑자기 넘어지면 사람들이 웃음을 터뜨린다. 만일 사내가 애초부터 땅바닥에 주저앉을 생각이었다면 사람들은 웃지 않았을 것이다. 사람들이 웃음을 터뜨린 것은 사내가 발을 잘못 디디는 실수를 저질렀기 때문이다. 사람들은 기대를 저버린, 즉 본래의 의도에서 벗어난 상황을 접했을 때 웃음을 터뜨리는 것이다.

코미디의 구조를 살펴보면 쉽게 이해할 수 있다. 코미디는 관객의 기대를 부풀리며 긴장감을 높여 가다가 마지막에 반전이 일어난다. 이때 관객은 사건의 맥락을 재해석하는데 대개 반전은 공허하고 허무한 결말로 끝난다. 반전의 맥락은 엉뚱한 답을 가진 난센스 퀴즈와 비슷하다고 할 수 있다. 이때 사건의 맥락이 단순하면 저질 코미디가 되고 맥락이 복잡하면 고급 유머가 된다. 관객이 기대하거나 예측한 대로 사건이 흘러가면 웃음은 나오지 않는다. 무대 위를 천천히 걸어가면 아무런 사건도 아니지만 느닷없이 물벼락을 맞으면 코미디가 된다. 웃음은 기대와 예측이 갑자기 무너진 상황에서 발생하는 것이다.

심리학자들은 이를 '거짓 경보이론false alarm theory'으로 설명한다.[9]

이 이론에 의하면 웃음은 잘못된 경보를 발견했을 때 타인에게 그 사실을 알리는 신호로부터 진화했다. 길에서 넘어진 사내를 다시 떠올려보자. 만일 그가 밀림에서 사냥하다가 갑자기 수풀 속으로 사라졌다면 어떤 상황이 벌어진 것일까? 그는 늪에 빠지거나 악어에게 다리를 물렸을 수도 있다. 동료들이 잔뜩 긴장한 모습으로 주위를 살피는데 그가 갑자기 수풀 속에서 몸을 일으키며 "설사 때문에!"라고 말한다면 금세 웃음이 터질 것이다. 뒤따르던 일행 역시 이 웃음을 안전의 신호로 받아들인다. 하지만 악어의 이빨에 잘려나간 동료의 시신이 주변에서 발견된다면 누구도 웃지 않을 것이다. 그러므로 웃음은 긴장된 상황에서 아무 일도 일어나지 않았다는 것을 알리는 신호다. 그래서 우리는 긴장을 유발하는 신호가 거짓임이 드러났을 때 웃음을 터뜨리며 금세 무장 해제된다.

웃음은 안전, 평화, 그리고 신뢰의 신호다. 개도 다른 개가 웃는 소리를 들으면 긴장을 풀고 장난을 치기 시작하며 으르렁대던 개들은 싸움을 멈춘다.[10] 삶과 죽음의 갈림길에 선 상황에서 조상들에게 잠시 긴장과 스트레스를 내려놓을 수 있게 한 신호가 바로 웃음이다. 웃음이야말로 가장 창조적이며 경이로운 발명품이라 할 수 있다.

사람은 누군가와 함께 있을 때 혼자 있을 때보다 30배나 더 많이 웃는다.[11] 또 웃음은 쉽게 주변을 전염시킨다. 우리는 우스운 상황이 아니더라도 다른 사람이 웃으면 따라 웃는다. 이런 무의미한 웃음이 80~90%에 달한다고 한다.[12] 대부분의 웃음은 사회적 관계를 고려한 전략적 행위다. 웃음은 즐거운 상황에서 나타나는 신체적 반응이기보다 타인과 감정적 배경을 공유하기 위한 사회적 몸짓이다. 사실 자지러지는 웃음은 호흡을 멈추게 할 만큼 치명적이다. 그럼에도 인류가 웃음을 진화시킬 수 있었던 것은 그것이 사회적 윤활유 역할을 해왔기 때문이다. 반면 비웃음과 냉소는 타인의 잘못과 실수에 대한 사회적 징벌이라 할 수 있다.

진짜 웃을 때는 엔도르핀이 나와 즐거움을 준다

잘 웃는 사람과 그렇지 않은 사람의 차이는 '5-HTTLPR'라 불리는 유전자의 길이와 관련이 있다.[13] 이 유전자의 길이가 짧은 사람이 더 많이 웃는다. 웃음은 신뢰감을 주지만 친절한 웃음이 그 사람의 인격을 말해주는 것은 아니다. 백화점에서 밝은 미소로 손님을 맞는 점원이나 항공사의 스튜어디스는 단지 자신이 맡은 사회적 역할을 수행하고 있을 뿐이다.

우리는 가짜 웃음을 짓는 데 능숙하다. 미인대회에 나온 여성들의 미소를 보면 가짜 미소임을 쉽게 알 수 있다. 꼭 대중 앞이 아니더라도 이력서에 첨부할 증명사진을 찍는다고 상상하면 쉽게 수긍할 것이다. 사진사의 요구에 따라 미소를 지으면 몹시 어색한 표정이 나온다. 이 웃음은 친구들과 이야기를 나누면서 호탕하게 웃어젖히는 것과는 전혀 다르다. 진짜 웃음은 배에서부터 터져 나와 쉽게 참을 수 없는 반면에 목에서 나오는 가짜 웃음은 쉽게 참을 수 있다. 진짜 미소를 지을 때는 입꼬리가 위로 올라가고 눈꼬리에 주름이 생긴다. 그러나 가짜 미소를 지을 때는 입 주위의 근육밖에 움직이지 않는다. 미인대회에 나온 여성들의 미소를 보면 억지웃음을 장시간 유지하는 것이 얼마나 힘든 일인지 알 수 있다.

웃음은 두 가지 경로를 통해 나타난다. 자연스럽게 터져 나오는 웃음은 뇌 깊숙이 자리잡은 기저핵에서 시작되지만 증명사진을 찍을 때의 웃음은 뇌의 사고 영역인 대뇌피질에서 시작된다. 가짜 웃음과 진짜 웃음은 작동하는 신경회로뿐 아니라 사용하는 근육도 다르다. 진짜로 웃을 때는 감정을 담당하는 변연계와 소리를 관장하는 대뇌의 청각피질이 활성화되지만 억지로 웃을 때는 언어를 담당하는 뇌 영역이 활성화된다. 또 진짜로 웃을 때는 엔도르핀이 분비되면서 즐거움을 느끼지만 가짜 웃음은 즐거움을 동반하지 않는다.

약자는 가짜 웃음으로 어색한 상황을 모면하려 한다

왜 사람들은 가짜 웃음을 짓는 것일까? 그 이유는 격투기 선수들의 표정을 분석한 연구에서 실마리를 찾을 수 있다. 경기가 시작되기 전에 웃음을 보인 선수는 패배할 확률이 훨씬 높다.[14] 전투를 앞둔 전사가 흘리는 어색한 웃음은 자신이 약자임을 감추기 위한 신호다. 권력자 앞에서 보이는 실없는 미소와 어색한 웃음도 마찬가지다. 이때 웃음은 복종의 신호다.

약자의 웃음은 때로 권력자의 일탈 행위를 승인하는 결과를 낳을 수도 있다. 권력자가 자신의 힘을 과시할 때 짓는 약자의 어색한 웃음은 권력자의 일탈을 용인하거나 정당화한다. 신분이 낮은 여성이 권력자의 성적 농담에 웃음으로 답하게 되면 권력자는 상대가 자신의 행위를 승인한 것으로 여긴다. 그렇게 되면 권력자는 자신의 행위를 정당화하게 된다.

이런 상황을 피하려면 웃지 않는 것이 상책이다. 웃지 않는 것만으로도 상대방에게 동의하지 않는다는 메시지를 보낼 수 있다. 원치 않는 웃음 대신 침묵을 지키거나 헛기침 같은 반응을 보임으로써 상대방의 언행에 동의하지 않는다는 것을 표시할 필요가 있다. 그러나 가짜 웃음은 거의 무의식적으로 나타나기 때문에 연습을 통해서 어느 정도 조절할 수 있어야 한다.

불편한 감정을 숨기거나 고통을 드러내고 싶지 않을 때도 가짜 웃음이 필요하다. 권력자가 어이없는 요구를 했을 때 약자들은 웃음을 보임으로써 곤란한 상황을 벗어나려 한다. 이때 흘리는 가짜 웃음은 어색한 상황을 모면하려는 반응이다. 권력을 가진 사람에게 무안을 주지 않으려는 심리도 숨어 있다. 그러나 때로는 웃음과 유머가 약자들의 무기가 되기도 한다. 약자는 풍자와 해학을 통해 강자를 희화화함으로써 권력에 대항할 용기를 얻는다.

인간은 유일하게 자신을 속일 줄 아는 동물이다. 그래서 우리는 불편한 감정을 웃음으로 위장하는 능력을 타고났다. 안타깝게도 사람들은 진짜 웃음과 가짜 웃음을 제대로 구분하지 못하는 경향이 있는데 30%를 넘는다.[15] 남자들이 여자들보다, 또 지위가 높을수록 가짜 웃음을 구별하지 못한다.[16] 지위가 높은 남성이 가짜 웃음을 잘 구분하지 못하는 것은 자신의 비위를 맞추는 사람들에게 익숙해져 있기 때문일 것이다. 권력을 가진 남성일수록 타인의 감정을 읽지 못한다.

인간은 어린 시절부터 가짜 웃음을 지을 수 있는 동시에 타인의 웃음이 진짜인지 가짜인지를 구분하는 법을 학습한다고 한다. 하지만 웃음은 거짓과 속임수의 출발점이기도 하다. 상당수의 사람들은 진짜 미소를 거짓으로 흉내 낼 수 있다.[17] 이는 인위적으로 진짜 미소를 지을 수 없다는 기존의 통념과는 다른 것이다. 우리가 가짜 웃음을 완벽하게 구분하지 못하는 것은 웃음을 위장하는 능력을 타고났기 때문이다. 그래서 우리는 사기꾼의 유창한 언변과 친절한 미소에 쉽게 속는다. 사기꾼은 늘 배려 깊고 친절하게 행동하지만 그 속내는 검다.

웃는 사람은 매력적이고 신뢰감을 준다

인간은 사회적 유대를 확인하고 강화하기 위한 신호로 웃음을 발명했다. 그러나 다른 한편으로는 위험과 손실을 모면하기 위해 거짓 웃음을 지을 수 있고 남을 속이기 위해서도 거짓 가면을 쓸 수 있는 존재다. 갓난아이들의 천진난만한 웃음조차도 실은 엄마를 가까이 붙들어 놓으려는 데 목적이 있다.

그럼에도 진짜 미소는 행복의 척도다. 진짜 미소는 현재만이 아니라 미래의 행복에도 지대한 영향을 미친다. 잘 알려진 연구에 따르면 졸업사진을 찍을 때 활짝 웃은 여학생이 억지웃음을 지은 여학생보다 수십 년 후에도 더 만족스러운 삶을 살았다.[18] 항상 웃는 사람은 매력적으로 보이고 타인에게 신뢰감을 준다.

웃음의 효능에 대해서는 일일이 열거할 수 없을 만큼 이미 많은 것이 알려져 있다. 특히 정신적으로나 육체적으로나 건강에 도움이 된다는 과학적 증거는 수없이 많다. 웃음은 우울증, 외상 후 스트레스 장애PTSD, 불안 증세, 통증을 완화한다. 또 심장질환을 예방하고 폐 기능을 향상하며 면역체계를 강화하여 수명을 늘린다. 웃음은 단순히 휴식을 취하는 것 이상으로 우리 몸의 기능을 향상한다고 할 수 있다.

물론 웃음이 주는 행복감은 영원하지 않다. 우리의 상식과 달리

다른 사람을 잘 웃기는 사람이 행복한 것도 아니다. 연구자들에 따르면 재미있다는 평판을 얻은 사람일수록 건강이 좋지 않을 확률이 높고, 특히 남을 웃기는 직업을 가진 사람들은 수명이 짧고 정신질환에 걸릴 가능성도 크다.[19] 우리가 진정 행복해지려면 웃음을 추구하는 것만으로는 부족하다. 지속적인 행복을 위해서는 우리가 접하는 모든 대상을 매 순간 즐거운 감정으로 대해야 하고 경이로운 시선과 감사하는 마음으로 사람, 세상, 그리고 자기 자신을 바라볼 수 있어야 한다.

6. 웃음과 유머는 행복에 기여한다

유머는 가장 성숙한 방어기제다

유머를 능숙하게 구사하는 사람들은 대중에게 사랑받는다. 유머를 가장 통렬하고 재미있게 구사한 사람을 꼽으라면 마크 트웨인을 빼놓을 수 없을 것이다. 미국 케네디센터는 위대한 작가이기도 했던 그의 유머 정신을 기리기 위해 1998년부터 '마크 트웨인 상'을 제정하여 운영하고 있다. 그의 유머 하나를 보자.

"어떤 국회의원들은 개자식이다!"

언젠가 마크 트웨인이 신문기자의 질문에 답하면서 이렇게 말했다. 그의 말이 신문에 보도되자 미국 의회는 강력하게 항의하며 사과를 요구했다. 그러자 마크 트웨인은 자신의 말을 번복하며 이렇게 말했다.

"내가 했던 말은 타당하지도 않고 사실에도 맞지 않는다. 그래서 내 말을 수정하고 싶다. 어떤 국회의원들은 개자식이 아니다!"

유머는 인간이 사용할 수 있는 가장 우아한 방어기제 가운데 하나다. 대개 유머는 사회적으로 금기시되는 주제를 다룬다. 성과 권력을 풍자하는 유머가 널리 통용되는 것도 그 때문이다. 사회적 금기를 직설적으로 표현하는 것은 매우 위험하고 자신의 평판을 깎아내린다. 그러나 유머는 타인에게 불쾌감을 주지 않으면서 자기 생각이나 느낌을 분명하게 표현할 수 있다. 또 유머는 아무런 위협을 받지 않으면서도 숨겨진 진실을 파헤치고 권력자에 대한 비판을 즐길 수 있게 한다. 우스개로 던지는 농담을 진지하게 받아들이는 사람은 오히려 바보로 취급받는다. 그래서 유머와 풍자는 불합리한 권력과 질서에 대한 소극적 저항 방식으로 오랫동안 살아남을 수 있었다.

유머는 죽음 앞에서도 여유를 갖게 해준다

유머는 받아들이기에 끔찍한 상황을 견디게 한다. 제2차 세계대전 당시 아우슈비츠 수용소에서 살아남은 정신의학자 빅터 프랭클은 수용소에서의 삶을 묘사하면서 유머를 '생존 투쟁에 필요한 또 다른 무기'라고 표현한 바 있다.[1] 그는 유머가 어떤 상황에서도 그것을 딛고 일어설 수 있는 능력과 초연함을 가져다준다고 평가했다. 도처에 고통이 도사리고 있는 수용소에서도 유머가 가능하다는 것이다.

죽음 앞에서 유머를 즐길 줄 아는 사람의 마지막 모습을 상상하기는 어렵다. 하지만 역사적 인물 중에는 죽음 앞에서 유머를 잃지 않았던 사람들이 있다. 그중 한 사람이 『유토피아』의 저자 토머스 모어다. 그는 영국의 대법관으로서 헨리 8세의 이혼을 반대하다가 반역죄로 처형됐다. 그가 처형대로 향하는 계단을 오를 때는 사형 집행인의 부축을 받아야 했다. 처형대에 오른 후 그는 사형 집행인에게 이렇게 말했다.

"내려올 때는 자네의 도움이 필요 없을 걸세."

그의 목이 시퍼런 칼날 아래 놓였을 때 모어는 다시 한번 사형 집행인을 불러 말했다.

"젊은이, 내 목은 짧으니까 삐딱하게 자르지 않도록 조심하게. 그리고 내 수염은 반역한 적이 없으니 수염이 잘리지 않도록 치워 주게."

유머는 그 사람의 '수준'을 나타낸다. 유머는 삶에서 가장 중요한 문제를 사소한 문제로 치환하며 가장 고통스러운 상황조차도 무력화한다. 또 유머는 절박한 생존의 문제를 객관적으로 바라보게 하면서 자존심을 지키게 하는 가장 오래된 지적 자원이다.

유머가 풍부한 남자는 인기가 많다

유머 자체는 생존에 직접적인 도움이 되지 않는다. 위험이 상존하는 상황에서 끼리끼리 모여 시시덕거리는 것이 생존에 무슨 도움이 되겠는가? 하지만 유머는 단순한 즐거움을 주는 해학이나 위트와는 다르다. 유머에는 다른 사람의 평판을 교묘하게 깎아내리는 능력이 숨어 있다. 즉 유머는 자신의 자존심을 지키면서 타인의 성공을 웃음거리로 만든다. 따라서 어떤 사람은 유머를 모욕적으로 받아들일 여지가 있다. 가령 얼굴의 여드름 때문에 고통을 겪는 사람은 외모에 빗댄 유머에 분노할 수 있다. 따라서 유머가 받아들여지려면 먼저 금기를 깨뜨릴 수 있어야 하고 동시에 그 정도가 지나치지 않아야 한다. 약간의 도덕적 위반은 유머의 중요한 요건 중 하나다.[2]

유머가 가진 위험성에도 불구하고 사람들이 유머 있는 사람을 좋아하는 것은 동질감 때문이다. 고차원적인 유머는 그것을 이해하는 사람만이 웃을 수 있다. 또 집단 내에서 통용되는 유머는 그 집단의 구성원이 아니면 이해할 수 없다. 우리가 다른 나라 출신의 개그맨이 들려주는 유머를 듣고도 웃지 못하는 것은 그 때문이다. 사람들이 유머를 들으며 미소를 짓는 것은 서로 같은 생각을 하고 있다는 사실을 확인했기 때문이다.[3] 즉 유머를 듣고 함께 웃음을 터뜨린다는 것은 "너도 나랑 똑같이 생각하는구나! 우린 같은 편이야!"라는 의사 표현인 셈이다. 유머는 사회적 유대감을 표현하는 한 가지 방식이다.

남성이든 여성이든 유머를 잘 구사하는 사람에게 호감을 느낀다. 남성이 여성을 유혹하는 전략은 뻔하다. 남성은 여성 앞에서 경제적 자원이 충분한 것처럼 행동하고 유머를 구사하고 외모를 추켜세우고 따뜻하게 대하고 선물과 아량을 베푼다. 여성들은 이런 남성에게 쉽게 넘어간다.

우리가 타인의 언행에 관심을 가지는 것은 그가 가진 유전자의 품질을 눈으로 확인할 수 없기 때문이다. 우리는 겉으로 드러난 형질을 관찰함으로써 상대방 유전자의 품질을 가늠할 수밖에 없다. 그래서 남성들은 여성을 평가할 때 눈에 보이는 젊음과 아름다운 외모를 기준으로 삼고 여성들은 남성을 평가할 때 자녀를 부양하는 데 필요한 신뢰, 성실성, 그리고 경제적 자원을 기준으로 삼는다. 하지만 남성과 여성 모두에게 적용되는 평가기준이 있다. 이는 친절함, 지적 능력, 편안함, 개방성, 미소, 유머감각 등이다.[4]

유머를 능숙하게 구사하는 능력은 남녀 모두에게 환영받는다. 유머가 풍부한 사람은 친절해 보이고 심리적 편안함을 준다. 유머는 지적 능력이나 개방성과도 관련이 있다. 유머가 풍부한 사람은 문제해결 능력이 뛰어나다.[5] 따라서 유머를 자유자재로 구사하는 사람은 자신의 유전적 특질을 은연중에 광고하는 셈이다.

여성은 재치 있는 남성에게 매력을 느낀다. 남성은 자신의 농담에 잘 웃어주는 여성을 좋아하고 여성은 유머를 구사하는 남성에게 끌린다. 수완 좋은 바람둥이들이 여성의 귀를 즐겁게 할 수 있는 능력을 지닌 것은 우연이 아니다.

7. 왜 우리는 눈물을 흘리는가

　세 종류의 눈물이 있다. 눈을 보호하기 위한 눈물, 자극받았을 때 자동적으로 흐르는 눈물, 격한 감정 때문에 흘리는 눈물이다. 악어도 눈물을 흘린다. 먹이를 먹을 때 침샘 옆에 있는 눈물샘이 함께 자극받기 때문이다. 그러나 슬프거나 기쁜 감정 때문에 눈물을 흘리는 동물은 인간밖에 없다.

　눈물은 세 겹의 층으로 이루어져 있다. 가장 바깥쪽에 기름 성분의 지질층이 있고, 가운데에 수분으로 된 층이 있고, 안쪽에 점액층이 있다. 눈물의 98%는 물이다. 나머지 지질층과 점액층에 들어 있는 단백질은 눈이 건조해지는 것을 막고 세균으로부터 눈을 보호한다. 가령 양파를 만질 때 눈물을 흘리는 것은 양파에서 나오는 화학물질로부터 눈을 보호하기 위해서다. 또 눈물이 짠 것은 눈물 속에 포함된 나트륨 성분 때문이다. 분에 못 이겨 흘리는 눈물이 더 짠 것은 교감신경이 흥분하면 나트륨 농도가 짙어지기 때문이다. 눈물은 눈을 보호하기 위해 진화했을 것으로 짐작된다. 하지만 인간은 눈물의 용도를 다양한 영역으로 확장해왔다.

눈물을 흘리는 것은 사회적 행위다

눈물은 진화가 이루어낸 놀라운 기적 중 하나다. 눈물은 통증, 스트레스, 울분, 슬픔의 신호이자 감격과 환호를 드러내는 기쁨의 신호다. 또 눈물은 동정이나 연민을 나타내는 공감의 신호이기도 하다. 하지만 우리는 왜 그런 상황에서 울어야 하는가? 개나 고양이는 아프거나 외로워도 울지 않는다. 과학자들은 오래전부터 이 의문에 매달렸다. 1970년대 생화학자 윌리엄 프레이William Frey는 감정에 북받쳐 눈물을 흘리면 스트레스를 유발하는 독성물질도 함께 씻겨 내려간다는 사실을 발견했다.[1] 그래서 실컷 울고 나면 기분이 나아진다.

진화생물학자들은 눈물을 항복의 신호로 해석한다. 이스라엘의 진화생물학자 오렌 하손Oren Hasson은 1990년대부터 줄곧 눈물을 연구해왔다. 그에 따르면 눈물은 상대방과 원만한 관계를 맺기 위해 진화했다.[2] 약자는 강자와 갈등이 생겼을 때 눈물을 보임으로써 공격할 능력이나 의사가 없다는 것을 알린다. 실제로 눈물을 흘리는 사람은 앞을 제대로 보지 못하기 때문에 적과의 싸움에서 불리할 수밖에 없다. 경쟁자나 적 앞에서 눈물을 보인다는 것은 무장해제 선언인 동시에 항복 선언이나 다를 바 없다. 이때 눈물은 적으로부터 동정심과 연민을 끌어내 생존에 도움이 된다.

반면 가족이나 동료 앞에서 흘리는 눈물은 결속과 유대를 강화한다.[3] 가족이나 동료의 죽음 앞에서 눈물을 훔치며 복수를 다짐하는 전사들을 상상해보라. 그들은 슬픔과 분노를 공유한 한 무리의 전사로 재탄생한다. 남에게 보이는 눈물은 모두 도움을 요청한다는 점에서 목적이 같다. 적 앞에서는 이미 무릎을 꿇었으니 자비를 베풀라는 요청이고 가족이나 동료 앞에서 흘리는 눈물은 전략적 지원을 요청하는 것이다.

적이나 경쟁자 혹은 권력자 앞에서는 쉽게 눈물을 흘리지 않는다. 이런 눈물을 흘릴 경우 비굴한 자 혹은 배신자라는 오명을 뒤집어쓸 수도 있기 때문이다. 하지만 가까운 사람에게는 쉽게 눈물을 보인다. 이때 흘리는 눈물은 상대방과의 관계를 더욱 강화한다. 특히 여럿이 함께 눈물을 흘리는 행위는 구성원들 사이의 비장한 상호결속을 의미한다.

눈물의 쓰임새는 다양하다. 사람들은 자신의 결백을 주장할 때만 아니라 애원할 때도 눈물을 보인다. 특히 어린아이의 울음은 의사소통의 중요한 수단이자 욕구 충족의 도구다. 세상의 모든 엄마는 아이의 울음 앞에 무릎을 꿇을 수밖에 없다. 타인에게 의존적이거나 애착이 강한 사람일수록 자주 울음을 터뜨린다.[4] 타인과 관계가 안정적으로 연결된 사람 역시 더 쉽게 운다. 하지만 울음의 성격은 다르다. 불안정한 애착을 가진 사람은 적절하지 못한 상황에서도 울부짖는 반면에 안정적인 애착 관계에 있는 사람은 건강한 방식으로 감정을 표현한다.

눈물이 없으면 자신의 감정을 제대로 전달하기 어렵다. 눈물을 동반하지 않는 슬픈 표정은 타인의 마음을 움직이지 못한다. 눈물은 슬픔, 아픔, 분노, 기쁨, 연민의 감정을 타인과 공유함으로써 사회적 지지를 끌어낸다. 눈물은 자신이 원하는 것을 얻어낼 수 있는 강력한 수단이면서 공동체의 결속과 유대감을 끌어내는 윤활유다. 사람들은 눈물이 없는 사람보다 눈물을 흘리는 사람에게 더 많은 지지를 보낸다.[5] 눈물은 공감을 유발하는 촉매인 것이다. 그러나 눈물이 모든 상황에서 통하는 만병통치약은 아니다. 가령 직장 상사 앞에서 눈물을 흘리는 것은 무력감의 표시일 뿐이다.

남자는 여자의 눈물에 약하다

여성이 남성보다 눈물이 많은 데는 문화적 요인의 영향도 있다. 2011년 35개국의 국민을 대상으로 한 연구에 의하면 표현의 자유가 보장되는 나라의 여성들은 더 자주 눈물을 흘렸지만 가난한 나라의 여성들은 그렇지 않았다. 특히 가부장적 문화가 강한 나라에서는 여성들이 눈물을 보일 기회가 적었다.[6]

여자의 눈물은 남자를 무력화하는 경우가 많다. 왜 남자는 여자의 눈물에 약할까? 2011년 이스라엘의 노암 소벨Noam Sobel 연구팀은 여성들의 눈물과 식염수를 각각 거즈에 적신 후 젊은 남성 50명의 코 밑에 부착했다.[7] 그런 다음 여러 여성의 사진을 보여주며 어떤 여성에게 성적 매력을 느끼는지 물었다. 남성들은 여성의 눈물이 묻은 거즈를 코 밑에 붙였을 때 남성 호르몬 수치가 낮아졌고 사진 속 여성에 대한 성적 매력도 덜 느꼈다. 여자의 눈물이 남자의 성적 충동을 억제했다. 남성들의 뇌를 촬영했을 때도 충동적이고 공격적인 성향과 관련 있는 영역의 움직임이 눈에 띄게 줄어들었다. 여자의 눈물이 남자를 무장 해제시키는 효과가 입증된 것이다.

1960년대 후반 가수 나훈아가 부른 「사랑은 눈물의 씨앗」이라는 노래가 전국을 휩쓴 적이 있다. 그러나 눈물이 사랑의 비극만 담고 있는 것은 아니며 여자만의 무기도 아니다. 일본 연구팀은 수컷 쥐가 암컷 쥐를 유혹할 때도 눈물을 이용한다는 사실을 알아냈다.[8] 수컷 쥐의 눈물에는 'ESP1'이라는 페로몬이 들어 있다. 이 페로몬은 암컷을 유혹하는 효과가 있다. 수컷의 눈물을 접한 암컷이 짝짓기를 허락하는 비율은 5배나 높았다. 이처럼 눈물은 공격성을 진정시키기도 하고 유혹의 도구로 이용되기도 한다.

때로 눈물은 자신에게 불리한 질문을 차단한다. 가령 실수를 저지르고 우는 사람에게 호되게 다그치는 사람은 드물다. 그러다 보니 우리는 잘못을 저질렀을 때 곧잘 눈물을 흘린다. 그럴 때의 눈물은 잘못을 뉘우치는 것을 의미하지 않는다. 자신의 처지를 더욱 악화함으로써 상대방의 동정심을 유도하고 더 이상의 추궁은 나쁜 사람이나 하는 짓이라는 메시지를 보내는 것이다.

눈물은 슬픔을 치유한다

미국 사우스플로리다대학교 연구팀이 사람들이 눈물을 흘린 사례 3,000여 건을 모아 분석한 결과 눈물을 흘린 후에 기분과 심리 상태가 개선된 것으로 나타났다.[9] 실험참가자들은 눈물을 흘리는 동안 점점 호흡이 안정되고 스트레스도 줄었다. 또 시간이 지난 후에도 눈물을 흘렸던 당시의 상황을 긍정적으로 기억했다.

눈물의 긍정적 효과는 35개국 2,181명의 여학생을 대상으로 한 연구에서도 확인됐다.[10] 여학생들이 쓴 일기에서 1,004개의 사례를 추려내어 눈물의 효과를 분석한 결과 30% 정도는 울고 난 후 기분이 나아진 것으로 나타났다. 여학생들은 가까운 친구와 함께 있는 상황에서 눈물을 흘렸을 때 기분이 나아졌다. 하지만 두 명 이상의 사람들과 함께 있을 때는 별다른 변화가 없었다. 여러 사람 앞에서 흘리는 눈물은 효과가 없지만 정서적으로 공감할 수 있는 사람 앞에서 울고 나면 슬픔에서 벗어날 수 있는 것이다.

눈물은 카타르시스다. 하지만 감정적 동조와 사회적 지지가 없는 상태에서는 효과가 없다. 여러 사람 앞에서 우는 것은 심리적 치유 효과가 거의 없다. 감정표현은 대개 타인을 향한 것이기 때문에 주변 사람들이 공감하지 않으면 역효과가 날 수도 있다. 그래서 눈물을 흘릴 수 없는 증세를 앓는 사람은 스트레스를 견디는 능력이 매우 낮고 감정표현이 서툰 사람들 역시 눈물의 치유 효과를 거의 경험하지 못한다.

울분에 찬 눈물 역시 효과가 없다. 눈물을 흘리면 스트레스를 일으키는 부신피질자극 호르몬이 씻겨내려 간다. 하지만 눈물을 억지로 참으면 스트레스가 오히려 증가한다.[11] 그렇다면 기쁠 때는 왜 눈물을 흘리는 것일까? 심리학자들은 그 이유를 '감정의 균형'에서 찾는다. 눈물은 감정이 한쪽으로 치우쳤을 때 균형을 유지하는 역할을 한다.[12] 기쁨에 들떠 있을 때 눈물은 마음의 평정을 되찾을 수 있게 한다. 극도의 슬픔이나 분노를 느낄 때 헛웃음이 나오는 것도 같은 원리다.

울음은 슬픔으로 가득 찬 자기 내면을 직시하고 인정하는 방법의 하나다. 슬픔을 온전히 받아들이면 아픔이 정화된다. 지독한 슬픔으로 고통받는 사람에게 형식적이고 의례적인 위로는 도움이 되지 않는다. 섣부른 위로보다는 우는 사람 곁에서 함께 아파하는 것이 훨씬 도움이 된다.

일상에서 행복의 작은 조각을 찾는다

1. 후회를 남기지 않는 인생을 살아야 한다

"지금까지 살아오면서 가장 후회하는 일은 무엇입니까?"

이런 질문을 받으면 수많은 사건이 머릿속을 스쳐 갈 것이다. 이 질문과 관련하여 미국인들을 대상으로 한 연구가 있다. 연구팀은 1989년에서 2003년까지 발표된 아홉 개의 논문을 분석하여 미국인들이 가장 많이 후회하는 것이 무엇인지 순위를 매겼다.[1] 1위는 학업(교육)이었다. 젊었을 때 열심히 공부하지 않은 것을 가장 많이 후회했다. 2위는 경력, 3위는 사랑, 4위는 자녀 양육에 관한 것이었다. 학업을 꼽은 사람은 32.2%로 2위인 경력의 22.3%보다 10%나 높았다. 핀란드 국민 176명을 대상으로 한 연구에서도 참여자들이 가장 많이 후회하는 것으로 꼽은 항목은 1위 교육(30%), 2위 일(16%), 3위 가족(10%), 4위 인간관계(9%)였다.[2]

왜 학업이 압도적인 1위를 차지했을까?

과거로 돌아갈 수만 있다면 공부를 더 열심히 하겠다

후회는 과거의 선택을 바꾸거나 되돌릴 수 없는 상황에서 느끼는 부정적 감정이다. 모든 선택에는 기회비용이 따른다. 하나를 선택하는 순간 다른 하나를 잃는다. 사람들은 한 가지 선택을 통해 얻은 보상이 다른 선택을 통해 얻을 수 있는 보상보다 작을 때 후회한다. 그래서 후회는 실망과 다르다. 실망은 예상보다 결과가 나쁠 때 생기는 감정이다. 가령 가격이 오를 것으로 예상하고 아파트를 구입했는데 먼저 점찍어 두었던 다른 아파트의 가격이 더 오르면 아파트 구입을 후회한다. 그러나 어느 아파트를 구입했든 1억 원의 가격 상승을 예상했는데 2,000만 원만 오르면 실망한다.

후회의 1순위가 학업인 이유는 공부할 기회가 수없이 많았음에도 그 길을 선택하지 않았기 때문이다. 나이와 관계없이 배울 기회는 얼마든지 있다. 그런데도 선뜻 배움의 길로 들어서지 못하기 때문에 시간이 흘러도 후회는 계속될 수밖에 없다. 일반 성인과 달리 대학생들이 가장 많이 후회한 것은 사랑이었으며 친구, 학업, 여가 생활이 그 뒤를 이었다. 젊은이에게 가장 중요한 것은 연애다. 그들에게는 연애할 기회가 널려 있지만 시도하기가 쉽지 않고 성공하기는 더욱 어렵다. 결국 사람들은 기회가 주어졌음에도 즉각 행동하지 못한 것을 후회한다는 말이다. 당신도 그 시절로 돌아갈 수만 있다면 연애를 즐기면서 공부도 열심히 하고 싶을 것이다.

무엇을 '가장 많이 후회하는가?'와 무엇을 '가장 깊이 후회하는가?'는 다른 문제다. 사람들이 가장 깊이 후회하는 것은 인간관계다.[3] 학업도 인간관계에 좋지 않은 영향을 주었을 때 더 강하게 후회하는 경향을 보였다. 정작 우리를 고통스럽게 하는 것은 학업이나 승진의 실패가 아니라 왜 부모에게 못되게 굴었는지, 왜 연인에게 잘해주지 못했는지, 왜 친구와 싸웠는지, 왜 동료를 짓밟았는지 하는 것들이다.

후회는 미래에 더 나은 선택을 할 수 있게 돕는다

한밤중 잠을 이루지 못하고 뒤척일 때 어떤 생각이 떠오르는가?

아마 잘못 내뱉은 말들과 생각 없이 저지른 행동들이 뇌리를 떠나지 않을 것이다. 왜 우리는 작은 실수 때문에 그토록 마음 아파하는가? 위안이 될지 모르겠지만 후회는 인간만 하는 것이 아니다. 원숭이도 후회한다.[4] 원숭이는 후회할 때 뇌 앞부분에 있는 전방대상피질이 활성화되고[5] 인간은 후회할 때 안와전두피질이 활성화된다. 안와전두피질이 손상된 환자들은 도박 게임에서 후회스러운 결과가 나왔을 때 전혀 기분 나빠하지 않았다.[6] 뇌의 전방대상피질과 안와전두피질은 눈두덩 근처에 있다. 두 영역이 비슷한 위치에 있다는 것은 후회의 감정이 인류가 등장하기 전부터 진화해왔다는 것을 의미한다.

인간은 지독하게 그리고 끊임없이 후회하는 동물이다. 후회의 감정이 없다면 우리는 지난 과거에 발목 잡히지 않고 잠 못 이루는 법도 없이 마음의 평안을 유지할 수 있을 것이다. 그런데 왜 우리는 후회하도록 진화한 것일까? 후회하지 못하면 같은 기회가 주어졌을 때 더 나은 선택을 할 수 없다. 후회는 과거의 잘못된 판단을 수정하게 하고 새로운 학습 기회를 제공함으로써 실수를 줄인다. 늦잠을 자는 바람에 입사시험을 망친 사람이 자신의 행동을 후회하지 않는다고 생각해보라. 그는 같은 실수를 반복할 것이다.

후회는 앞으로 해야 할 일들의 전략을 바꾸고 행동을 교정하게 한다. 후회는 더 나은 선택을 하라는 신호이자 새로운 행동을 자극하는 스타팅 건starting gun인 셈이다. 하지만 지나친 후회는 우울증으로 이어진다. 후회하려면 마음속에 담아놓고 질질 끌기보다 짧고 강하게 하는 것이 낫다.

우리는 해도 후회하고 안 해도 후회한다

교통체증 때문에 자동차의 차로를 변경할지 그대로 주행할지 고민한 적이 있을 것이다. 네 가지 경우의 수가 있다. 차로를 변경했는데 더 막히는 경우 막히지 않는 경우. 그리고 그대로 주행했는데 더 막히는 경우와 막히지 않는 경우다. 후회는 고민 끝에 내린 결정이 나쁜 결과를 가져왔을 때 찾아든다. 네 가지 경우의 수에서 나쁜 결과를 가져오는 것은 차로를 변경했는데 더 막히는 경우와 가만히 있었는데 더 막히는 경우다. 두 가지 중 어느 쪽이 더 후회스러울까? 대부분의 사람들은 차로를 변경했는데도 더 막힐 때 "가만히 있을 걸!" 하고 가슴을 친다.

시험을 치르면서 2번과 3번 중 정답을 골라야 하는 상황을 가정해보자. 정답을 골랐더라도 고심 끝에 다른 답으로 고치거나 다시 원위치할 수 있다. 이때도 네 가지 경우의 수가 있다. 정답을 고쳤는데 오답인 경우와 정답인 경우, 고치지 않았는데 오답인 경우와 정답인 경우다. 후회는 "바꿀걸!" 혹은 "바꾸지 말걸!" 하고 생각할 때 찾아든다. 차로를 변경하는 것과 마찬가지로 답을 고쳤는데 오답일 때 후회가 가장 크다.

행동으로 옮긴 다음에 하는 후회를 '행동 후회regret of actions'라 부르고 행동으로 옮기지 않아서 하는 후회를 '비행동 후회regret of inac-tions'라 부른다. 1995년 심리학자 토머스 길로비치Thomas Gilovich와 빅토리아 매드벡Victoria Medvec의 연구에 따르면, 최근에 벌어진 사건일수록 행동 후회가 많다.[7] 어젯밤 술자리에서 저지른 실수가 학생 시절에 공부하지 않은 것보다 더 가슴 아픈 것이다. 반면 먼 과거에 일어난 사건일수록 행동하지 않은 것에 대한 후회가 많다. 나이가 들면 어젯밤 술자리에서의 실수보다 첫사랑에게 고백하지 못한 것이 더 후회스럽다.

왜 이런 차이가 나는 것일까?

지금 행동하지 않으면 되돌이킬 수 없다

세월이 흐를수록 비행동 후회가 많은 것은 바로잡을 기회가 점점 줄어들기 때문이다. 노인들은 자신의 얘기를 소설로 쓰면 수십 권도 모자란다고 허풍을 떨지만, 막상 글로 써보라고 하면 백지 한 장 채우는 것도 힘들어한다. 그들이 하고 싶은 대부분의 얘기는 시도하지 못했던 것에 대한 후회다. 우연히 만난 기회를 놓치지 않았다면 파란만장한 스토리가 전개됐을 거라고 상상하는 것이다. 그러나 한번 흘러간 강물은 되돌릴 수 없다. 설령 그런 기회가 다시 온다 해도 용기를 내기가 쉽지 않을 것이다.

장기적으로 오래 지속되는 후회는 실제 자아와 이상적 자아의 차이에서 발생한다.[8] 우리는 일생 '돼보고 싶었던' 이상적 자아를 간직한 채 살아간다. 하지만 현실을 살아가는 자아는 이상적 자아와 큰 차이가 있다. 현실의 나는 아이들에게 좋은 장난감을 선물하는 것이라면 이상적인 나는 훌륭한 부모가 되는 것이다. 마음만 먹으면 아이들에게 비싼 장난감을 선물할 수 있다. 하지만 훌륭한 부모가 되는 것은 영원히 해결되지 않는 과제다. 두 자아 사이의 거리가 멀수록 후회가 더 오래 지속된다. 우리는 부모로서 의무를 다하지 못한 것보다 훌륭한 부모가 되지 못한 것 때문에 힘들어한다.

이상적 자아는 당신의 진짜 모습이 아니라 다른 사람들에게 보여주고 싶은 모습이다. 그러나 사람들은 당신이 얼마나 훌륭한 삶을 사는지는 별 관심이 없다. 남들이 보기에 당신은 어제의 당신이고, 1년 전의 당신이고, 10년 전의 당신일 뿐이다. 따라서 나이가 꽤 들었다면 이상적 자아가 되고자 애쓸 필요는 없다. 나이가 들어서 후회를 줄이려면 현재의 삶에 충실하면서 더 늦기 전에 하고 싶은 것들을 행동으로 옮기면 된다.

세월이 흐를수록 행동하지 않은 것에 대한 후회가 깊어진다. 그러므로 늦기 전에 저질러야 한다. 설령 실패하더라도 세월이 흐르면 잊히게 마련이며 빨리 시작할수록 후회도 빨리 완화된다. 지금 행동하지 않으면 다시는 돌이킬 수 없다.

2. 지금의 네 운명을 사랑하라

『장자』에 이런 이야기가 있다.

어떤 사람이 관상쟁이를 불러 여덟 아들 중에서 누가 제일 행복하게 살 것인지 물었다. 관상쟁이는 여덟 아들의 얼굴을 차례로 살펴본 후 이렇게 대답했다.

"곤梱은 평생 고기를 먹으며 편하게 지낼 것입니다."

얼마 후 곤은 여행하다가 도적들에게 붙잡혀 두 다리를 잘렸다. 그런 다음 부잣집에 팔려 가 문지기로 일하면서 평생 고기를 얻어먹었다.

우리는 미래의 불확실성을 피하고 싶어 한다

누구나 미래를 알고 싶어 한다. 하지만 아무리 용한 점쟁이도 미래를 알 수는 없다. 점쟁이가 알아맞히는 것은 누구나 한 번쯤 겪는 과거의 사건들이다. 가족 중 누군가가 사망했거나 실연당했거나 사업에 실패한 경험 같은 것 말이다. 점쟁이가 이 중 하나만 맞히면 그가 말하는 모든 것을 신뢰하게 된다. 점쟁이가 과거를 알아맞혔다 해도 당신의 운명이 정해져 있는 것은 아니다.

우리가 운명처럼 여기는 것들은 우연에 지나지 않는다. 예컨대 세인트루이스St. Louis에는 루이스Louis라는 이름을 가진 사람이 다른 곳보다 많이 살고 데니스Dennis라는 이름을 가진 사람은 치과의사 dentist가 될 확률이 높고 로렌스Lawrence라는 사람은 변호사lawyer가 될 확률이 다른 이름을 가진 사람보다 높다.[1] 이런 패턴은 정해진 운명이 아니라 순전히 우연이다.

실제로 사람들은 무의식적으로 자신의 전화번호나 태어난 해와 유사한 노선버스를 더 좋아하고 생일의 숫자로 로또 복권을 산다. 아이디나 별명, 이메일 주소, 비밀번호도 마찬가지다. 우리는 출신지, 학교, 경험, 심지어 외모에 이르기까지 자신과 관련된 것들에 끌린다. 우연은 이런 패턴들이 모여 다가온다. 그러므로 점쟁이의 예언이 그럴듯하게 여겨지더라도 혹할 필요가 없다. 앞으로 다가올 우연은 당신이 은연중에 만들어낸 것이며 지금도 만들고 있다.

신년 운세는 대부분 긍정적인 표현들로 채워져 있고 부정적인 내용은 살짝 언급된다. 신년 운세에 담긴 메시지는 살아가면서 한두 가지 정도는 조심하라는 것이다. 점쟁이는 여기에 결혼, 자녀, 사업에 대한 메시지를 덧붙여 겁을 준다. 뻔한 이야기만으로는 영업이 어렵기 때문이다. 사람들은 점쟁이가 우연히 알아맞힌 과거의 몇몇 사건 때문에 미래에 대한 모호한 표현까지 믿고 싶어 한다.

미래를 알고 싶어 하는 데는 두 가지 이유가 있다. 하나는 미래의 불확실성에서 벗어나는 것이고 다른 하나는 불행을 미리 피할 수 있으리라는 기대다. 우리는 미래를 예측할 수 있을 때 불안에서 벗어날 수 있다. 당신이 살고 있는 집이 내일도 그 자리에 있을지 예측할 수 없다면 삶은 무너진다.

1992년에 진행된 심리 실험을 보자. 연구팀은 두 그룹의 사람들에게 20번의 전기충격을 가하면서 3초 전에 경고음을 들려주었다. 한 그룹에는 강한 충격을 연이어 20번 가했고 다른 그룹에는 강한 충격 3번과 약한 충격 17번을 무작위로 가했다. 어느 그룹이 더 고통스러웠을까? 놀랍게도 약한 충격을 받은 그룹이 더 큰 고통을 느꼈다. 예측하지 못한 3번의 강한 충격이 예측 가능한 20번의 강한 충격보다 더 고통스러웠던 것이다.[2]

우리는 미래를 통제할 수 있을 거라 믿는다

상황을 예측할 수 없으면 불안하다. 할 수 있는 것이 아무것도 없기 때문이다. 아우슈비츠 수용소에 갇힌 유대인들은 자신의 미래를 전혀 예측할 수 없었다. 가스실로 향하는 순서가 미리 정해져 있지 않았기 때문이다. 삶과 죽음이 무작위로 결정되는 상황은 누구도 견딜 수 없다. 스탈린은 전혀 예측할 수 없는 방식으로 측근들을 숙청했다고 한다. 함께 모닝커피를 마신 사람이 문을 나서자마자 처형되는 상황은 사람들에게 극단적인 스트레스와 공포심을 심어주었다. 진정으로 충성심을 가진 사람과 권력자에게 그렇게 보인 사람만이 공포에서 벗어날 수 있다.

공포와 스트레스는 사람을 죽일 수도 있다. 제2차 세계대전 당시 나치는 영국 런던에 매일 폭격을 가했지만 런던 교외 지역은 일주일에 한 번꼴로 공습했다. 이 폭격으로 많은 사람이 위궤양에 시달렸는데 불규칙하게 폭격당한 런던 교외의 주민들이 더 심했다는 보고가 있다. 패턴을 예측할 수 없으면 스트레스가 더욱 심해진다. 그래서 우리는 기를 쓰고 미래를 예측하려 한다.

뇌는 패턴을 예측할 수 있을 때 환호한다. 하지만 그 예측은 정확하지 않다. 예일대학교 학생들과 쥐를 대상으로 한 실험에 의하면 쥐의 예측이 학생들보다 더 정확했다. 미로에 무작위로 놓아둔 먹이를 찾는 실험에서 쥐의 성공률은 60%에 달한 반면에 학생들의 성공률은 52%에 그쳤다.[3]

왜 이런 결과가 나왔을까? 먹이가 무작위로 놓여 있음에도 학생들은 자신만의 방식으로 패턴을 예측하려 시도했기 때문이다. 아이러니하게도 인간은 쥐보다 고차원적 지능을 가지고 있기 때문에 실패한 것이다. 쥐는 무작위로 시행착오를 거치면서 길을 찾지만 인간은 지적 허영심 때문에 쓸모없는 예측을 하느라 시간을 허비한다. 쥐는 길을 찾는 데 실패해도 당황하지 않고 다시 시도한다. 그러나 인간은 구겨진 체면과 평판이 다음 행동에 영향을 미친다.

우리는 끊임없이 패턴을 예측하려 시도하지만 결국 그 때문에 오류를 범한다. 전문가들의 예측도 크게 다르지 않다. 1984년에서 2003년까지 20여 년간 공무원, 교수, 언론인 등 284명의 전문가를 대상으로 2만 8,000여 개에 달하는 예측을 분석한 결과에 따르면 전문가들의 예측 능력은 보통 사람들과 크게 다르지 않았다.[4]

그런데도 우리는 미래의 상황을 예측하고 제어할 수 있다는 '통제력 착각Illusion of control'에 빠진다. 총을 가지고 있으면 자신을 보호할 수 있기 때문에 더 안전하다고 믿는다. 그러나 미국에서 총기에 살해되는 경찰관보다 자신의 총으로 자살하는 경찰관이 더 많다고 한다. 또 항공기에 탑승하는 것이 위험하다고 생각하지만 항공기 사고보다 자동차를 운전하다가 사망할 확률이 훨씬 높다. 사람들이 자동차가 항공기보다 더 안전하다고 믿는 것은 자기가 운전대를 통제할 수 있다는 착각 때문이다. 이러한 착각 때문에 복권 번호를 고를 때 남의 손을 빌리지 않는다. 자신이 직접 나서면 더 나은 결과가 나오리라고 믿기 때문이다.

미국의 심리학자 엘런 랭거Ellen Langer와 제인 로스Jane Roth는 실험에 참가한 대학생들에게 동전을 30회 던지게 한 후 앞면과 뒷면이 몇 번씩 나올지 예측해보라고 했다. 그런 다음 연구팀은 결과를 조작하여 A그룹은 초기에 많이 맞힌 것으로, B그룹은 초기에 많이 틀린 것으로, C그룹은 무작위로 맞힌 것이라고 말해주었다. 또 세 그룹이 맞힌 횟수는 똑같이 15회가 되도록 했다. 진짜 실험은 그다음부터였다. 연구팀은 학생들에게 다시 동전을 100회 던지고 얼마나 맞힐 수 있는지 예측해보라고 요구했다. 그랬더니 초기에 많이 맞힌 것으로 알고 있는 A그룹은 다른 그룹보다 더 많이 맞힐 것으로 예측했다.[5] 그들은 자신들이 더 정확하게 예측할 수 있을 것이라는 '통제력 착각'에 빠졌던 것이다.

왜 우리는 점쟁이의 예언을 믿고 싶어 하는가

사람들은 일간지나 잡지 한편에 실린 신년 운수나 오늘의 운세를 그럴듯하다고 여기고 자신에 대한 설명을 믿고 싶어 하는 경향이 있다. 대개 신년 운수나 오늘의 운세에 나오는 내용들은 비슷비슷하고 나에게만 해당하는 것이 아니다. 성격에 대한 설명 역시 마찬가지다. 그런데도 사람들은 그 정보들이 나에게만 맞는 것이라고 착각한다.

일반적이고 포괄적인 설명이 자신의 성격과 일치한다고 생각하는 심리적 경향을 바넘 효과Barnum effect 또는 포러 효과Forer effect라 부른다. 미국인 피니어스 바넘Phineas Barnum은 19세기에 서커스단을 이끌며 마케팅에서 놀라운 재능을 보였던 인물이다. 그는 무대에서 관객들의 성격을 알아맞히는 마술로 유명했다. 그런데 사실 그가 제시한 개인의 성격은 누구에게나 해당하는 것이었다. 가령 '당신은 활발한 성격이지만 때로는 혼자 있고 싶어 한다'는 식이다. 그런데도 사람들은 그의 성격 진단이 자신에게 거의 들어맞는다고 생각했다.

1940년대 말 미국의 심리학자 버트럼 포러Bertram Forer가 이러한 심리적 경향을 실험을 통해 증명했다. 그는 학생들을 대상으로 성격검사를 실시한 다음 미리 준비한 결과를 보여주었다. 그것은 가판대에서 판매하는 점성술 책에 실린 운세를 대충 베낀 것이었다. 그는 학생들에게 성격검사가 얼마나 맞는지 평가하도록 했다. 그러자 학생들은 5점 만점에 4.3점을 주었다.[6]

점술에 대한 막연한 믿음은 사주팔자, 별자리, 타로, 혈액형에 이르기까지 광범위하다. 과학적인 증거는 필요 없다. 사람들은 심리적 위안을 주는 모든 정보를 선호하고 믿고 싶어 한다. 또 정확한 정보보다는 애매하고 모호할수록 더 신뢰한다. 결국 미래에 대한 예측은 내가 믿고 싶어 하는 것, 바로 그것이다. 찾아온 고객을 공포와 불안감에 젖게 한 다음 고객이 원하는 정보를 눈치껏 제공하는 점쟁이는 마케팅의 귀재라 할 만하다.

지금 여기가 바로 내 인생의 황금 시대다

미래가 지금보다 더 나을 것이라는 믿음은 환상에 지나지 않는다. 우리가 통제할 수 있는 것은 현재의 자신뿐이며 그조차도 완전하게 통제할 수 없다. 우리는 내일의 날씨를 바꿀 수 없고 응원하는 야구팀의 승패도 바꿀 수 없다.

우리가 기대와 실망 사이를 오가며 고통스러워하는 것은 자신의 통제력을 과대평가하기 때문이다. 돼지꿈을 꾸었다고 복권에 당첨될 확률이 높아지지는 않는다. 만약 당첨 확률이 높아졌다면 그것은 당신이 돼지꿈을 믿고 더 많은 복권을 샀기 때문이다. 인생에서 행운의 부적이나 마법의 주문 따위는 없다. 그럼에도 우리는 미래가 현재보다 나을 것이라는 '낙관적 편향optimistic bias'을 가지고 있다. 전혀 근거 없는 믿음이다. 하지만 이러한 편향이 없었다면 문명의 진보는 없었을 것이다.

우리는 미래는 물론 과거에도 집착한다. 사람들은 과거를 떠올리며 옛날이 더 좋았다고 생각한다. 과거의 따뜻한 기억은 대개 어린 시절에 집중돼 있다. 부모의 품 안에서 보호받던 과거는 홀로 문제를 해결해야 하는 지금보다 따뜻하다. 이러한 심리를 '황금시대의 오류'라고 부른다. 정말 과거는 지금보다 더 행복했을까? 조선시대에 살았던 조상이 타임머신을 타고 현재에 도착했다고 상상해보라. 아마 그 조상은 당신이 불만을 품은 현재야말로 천국이라고 말할 것이다.

지금이 어떤 상태에 있든 사람들은 늘 불만을 늘어놓는다. 무엇을 가졌든 현재는 항상 부족하고 그것조차 언젠가 사라질지 모른다는 불안감에 시달린다. 그래서 우리는 과거는 찬란했으며 미래는 더욱 아름다울 것이라고 스스로를 위안하며 살아가는 것이다. 과거에 대한 아름다운 향수와 행복은 미래에 존재한다는 착각이 삶에 동기를 부여하고 현재에 더욱 충실하게 만든다. 그래서 힘들게 일하고 있는 현재가 과거나 미래보다 불행하게 느껴진다.

황금시대가 있다면 그것은 지금 여기다. 심리학자들은 행복감과 만족감을 구분한다. 만족감은 지속적이지만 행복감은 이 순간의 체험이며 현재에만 느낄 수 있다. 행복은 오래 머물지 않는다. 지금 이 순간에 누리지 않으면 영원히 행복을 경험할 수 없다. 과거는 다시 오지 않으며 미래 역시 영원히 오지 않는다. 우리가 경험할 수 있는 것은 현재뿐이다.

운이 좋은 사람들은 우연히 행운을 만난 사람들이 아니다. 그들은 우연을 기회로 만들기 위해 무언가를 행동한 사람들이다. 복권에 당첨된 사람은 복권을 구입한 사람이다. 운명을 탓하지 말라. 그동안 운이 나빴다면 당신은 아무것도 하지 않은 것이다. 행복은 과거나 미래에 있지 않다. 행복은 미래에 경험할 수 있는 것이 아니라 오직 현재에만 경험할 수 있다. 그러니 당신에게 주어진 지금의 운명을 사랑하라.

3. 인생의 시간을 길게 늘려라

뇌는 우리가 경험하는 공간과 시간을 왜곡한다. 뇌는 제 마음대로 예측하고 다듬고 변형시킨 공간을 우리에게 보여준다. 착시 현상이 일어나는 이유다. 시간도 착시 현상과 유사한 착각을 불러일으킨다. 시계가 우리에게 보여주는 시간은 일정하다. 그런데도 일하는 시간은 길고 노는 시간은 짧게 느껴진다. 우리는 공간을 잘 구분하는 편이지만 시간에 대해서는 까막눈에 가깝다.

이런 질문을 던져보자. 그 카페에 간 적이 있는가? 갔다면 그때가 언제인가? 아마 카페에 갔던 경험은 쉽게 떠올릴 수 있을 것이다. 그러나 그곳에 언제 갔는지는 기억이 가물가물할 것이다. 이처럼 우리는 손에 쥔 모래알처럼 시간이 어떻게 슬금슬금 새어 나가는지 알지 못한다.

뇌는 미래의 행복을 제대로 예측하지 못한다

사람들은 늘 시간에 쫓기며 살아간다. 부족한 시간에 대한 스트레스는 미래의 행복을 상상하는 데서 비롯된다. 행복한 미래를 상상하는 것은 즐거운 일이지만 그것이 실현되는 경우는 거의 없다. 글을 잘 쓴다고 작가가 되는 것이 아니며 노래를 잘한다고 가수가 되는 것도 아니다. 그런데도 우리는 미래의 가능성을 과대평가하기 때문에 열심히 '현재'를 소모하면서 살아간다.

사람들은 늘 미래를 예측하려 시도한다. 예측의 장점은 사건을 미리 예견함으로써 불행을 최소화하는 것이다. 우리는 미래를 예측할 수 있기 때문에 불행을 피할 수 있다. 하지만 바로 그것 때문에 불행해지기도 한다. 내일부터 굶게 되리라는 것을 예측할 수 없다면 불안할 이유가 없다. 내일을 상상할 수 없는데 무엇을 불안해한단 말인가. 하지만 수중에 돈이 한 푼도 없는데 냉장고마저 텅비어 있다면 내일은 굶는 상황을 예측할 수 있다. 이렇듯 우리는 미래를 상상하며 예측한다. 예측이 맞아떨어질 때 쾌감을 느끼고 예측이 빗나갈 때 불안해한다.

안타깝게도 먼 미래에 대한 예측은 맞지 않는 경우가 많다. 하버드대학교의 심리학자 대니얼 길버트는 '미래에 대한 상상은 그 자체가 속임수'라고 말한 바 있다.[1] 그에 따르면 '현재의 우리'는 '미래의 우리'를 위해 희생하고 있다. 우리는 늘 행복을 꿈꾸고 미래의 행복을 쟁취하기 위해 열심히 노력하지만 미래에 행복한 경우는 드물다.

뇌는 미래의 행복을 제대로 예측하지 못한다. 뇌는 기억을 압축하고 복원하는 과정에서 정보를 왜곡하며 보이지 않거나 너무 멀리 있는 정보를 무시한다. 또 맥락이 어색할 경우 구멍이 난 부분을 억지로 채워 넣는다. 이때 동원되는 정보들은 모두 현재의 정보들이다. 뇌는 미래의 정보를 가지고 있지 않다. 그렇기 때문에 과거와 현재만을 비교해서 미래의 가치를 평가하고 모호한 정보는 자기중심적으로 해석한다. 또 가능하면 미래를 긍정적으로 해석하려 하고 부정적인 것들은 제거해 버린다. 이 때문에 우리가 예측하는 미래의 행복은 틀리기 십상이다.

냉장고에 싱싱한 사과와 시들어가는 사과가 들어 있을 때 사람들은 시들어가는 사과를 먼저 먹어 치운다. 시든 사과는 곧 썩어버릴 것이고 싱싱한 사과는 냉장고에 남아 있을 것이라 믿기 때문이다. 그러나 내일 싱싱한 사과를 먹기 위해 오늘 썩은 사과를 먹어 치우는 것은 어리석은 짓이다. 내일 먹을 수 있다고 상상하는 싱싱한 사과는 내일쯤 내 손에 없을 수도 있다.

행복은 그냥 오지 않는다. 행복해지려면 많은 시간과 비용을 투자해야 한다. 그러다 보니 사람들은 늘 시간이 부족하다고 느낀다. 행복이 목표가 되는 순간 사람들은 시간이 부족하고 또 불행하다고 느낀다.[2] 시간이 부족해서 행복이라는 목표를 달성하기 어렵다는 것을 깨닫는 순간 더욱 불행해지는 것이다. 자신의 노력으로 행복한 상태에 도달하는 데는 오랜 시간이 걸린다. 그래서 시간이 부족하다고 느끼는 이들은 무언가를 소유하는 것으로 불행을 해소하려는 경향이 있다. 물건을 소비하는 것은 대단한 노력을 기울이지 않고도 언제든 누릴 수 있기 때문이다. 반면 행복하다고 느끼는 사람은 시간의 여유를 가지고 타인을 돕는 일에 더 많은 시간을 쓴다.

행복해지려면 '행복해지려는 노력'을 중단해야 하는 것일까? 행복을 추구할수록 행복에서 멀어진다는 사실은 슬픈 역설이 아닐 수 없다. 그런데도 사람들은 늘 현재를 누리는 것보다 더 행복해지기를 원한다. 그래서 불행이 시작된다. 시간은 모든 이에게 공평하게 주어진다. 하지만 같은 시간이라도 사람에 따라 시간 지각time perception이 다르다. 가령 특정 성격을 가진 사람은 시간 부족에 대한 압박감이 더 심하다. 이들은 시간의 압박을 느낄 때 심장 박동, 혈압, 혈액 중 호르몬 농도, 호흡 횟수가 쉽게 증가할 가능성이 있다. 이러한 증후군은 심신에 변화를 일으켜 수명을 단축한다. 이는 100년 인생을 50년으로 축약해서 사는 것과 같다.

시간을 확장하여 '지금 여기'에 머물러라

동물의 시간 지각은 모두 다르다. 가령 파리는 깜박이는 빛을 초당 240회까지 구분할 수 있고 바다거북은 초당 15회를 구분할 수 있다고 한다.[3] 그래서 초당 60회 정도의 프레임을 가진 인간이 도구를 사용하지 않고 파리를 잡기는 어렵다. 바다에서 살아가는 생물은 육지 동물보다 훨씬 느리다. 그들에게 세상은 슬로모션으로 움직이는 것처럼 보일 것이기에 먼 미래를 예측하는 것이 무의미하다. 대개 작은 동물일수록, 포식자의 위협에 시달리는 동물일수록, 뇌가 발달한 동물일수록 신진대사가 빠르고 세상을 인지하는 프레임의 속도도 빠르다. 이들은 멀리 있는 포식자나 사냥감을 보았을 때 어떻게 행동해야 할지 머릿속에 그릴 수 있다. 미래를 상상하는 이 능력 때문에 고등동물은 공포와 불안감을 안고 살게 됐다.

인간 역시 개인마다 카메라 셔터 속도가 조금씩 다르다. 시간에 쫓기며 긴장감과 초조함을 느끼며 살아가는 사람이 있는 반면에 확장된 시간 속에서 여유롭게 살아가는 사람도 있다. 예컨대 숙달된 명상가는 현재의 시간을 확장하여 '지금 여기here and now'에 머문다. 그들은 영원한 현재 속에서 충만한 삶을 누린다. 또 사고나 죽음 같은 시간상의 사건들을 위협으로 느끼지 않고 비극적인 사건에도 무덤덤하게 반응한다. 말 그대로 평상심을 유지하는 것이다.

평범한 사람들은 급박한 위기에 닥쳤을 때 비로소 시간의 확장을 경험한다. 2007년 미국 베일러의과대학교 연구팀은 16층 높이의 무중력 놀이기구에 실험 참가자들을 태운 후 2.5초 동안 낙하하는 실험을 진행했다.[4] 이들이 느낀 낙하 시간은 바깥에서 관찰한 이들보다 3배나 더 길었다. 몸이 위험에 처한 순간 뇌는 모든 것을 기록하기 시작한다. 그러나 뇌는 많은 양의 정보를 한꺼번에 수용하기 어렵기 때문에 사건이 천천히 일어났다고 해석한다.

1892년 스위스의 지질학자 알버트 하임Albert Heim은 위급한 상황에서 시간 지각이 변화하는 것에 관한 첫 연구를 실행했다. 그는 알프스산맥을 등반하다가 추락했을 때 시간이 확장되는 신비한 경험을 했다. 이후 같은 경험을 한 30명의 산악인을 대상으로 조사에 착수했다. 그 결과 높은 곳에서 추락하는 순간 산악인들의 정신활동이 무려 100배나 빨랐다는 사실을 알아냈다. 이는 개인이 느끼는 시간 지각이 100배 느려졌다는 것을 의미한다. 그들은 절벽에서 추락하는 짧은 순간에 자신의 과거사 전체를 파노라마처럼 바라볼 수 있었다. 이후 진행된 여러 연구에서도 죽음이 임박한 사람들이 생각의 속도는 증가하고 시간 흐름은 느려지는 현상을 경험하는 것으로 밝혀졌다.

미국의 심리학자 윌리엄 제임스William James는 마약을 흡입할 때 시간에 대한 지각이 변화한다는 사실을 알아냈다.[5] 마약에 중독되면 시간에 대한 느낌이 달라진다. 세상이 느려지거나 멈추어 있는 것 같다. 그러나 정신세계는 엄청나게 빠른 속도로 움직인다. 그래서 마약에 취한 사람은 소파에 앉은 채 세계 여행을 할 수 있다. 조현병 환자도 보통 사람보다 20% 느린 속도로 세상을 바라본다.[6] 조현병 환자의 대표적인 증상 중 하나는 환청을 듣는 것이다. 이들이 듣는 환청은 다름 아니라 자신의 목소리라는 주장이 있다. 조현병 환자는 자기에게 말하는 자신의 목소리를 20% 차이의 시간 지연 때문에 타인의 목소리로 인식한다는 것이다.

서로 다른 시간 지각으로 사람의 성격을 설명할 수 있다는 주장도 있다. 성격, 의사결정, 일 처리, 운동 능력이 개인마다 다른 이유가 서로 다른 카메라 셔터 속도 때문이라는 것이다. 빠르게 전환하는 프레임을 가진 사람에게 세상은 느림보처럼 보이고 반대 프레임을 가진 사람에게 세상은 너무나 번잡하고 어수선한 곳이다.

시간의 확장을 경험하기 위해 약물 중독자나 조현병 환자가 될 수는 없다. 또 목숨이 경각에 달린 상황을 일부러 경험할 수도 없다. 그렇다면 보통 사람들이 시간을 느리게 경험할 방법이 없는 것일까? 놀랍게도 우리는 훈련을 통해 시간을 다르게 경험할 수 있다. 가령 엘리트 스포츠 선수들은 오랜 훈련을 통해 자신만의 시간 지각을 신경계에 새겨 넣을 수 있다. 일정한 경지에 이르면 의식적인 노력 없이도 시간을 탄력적으로 이용할 수 있다.

프로야구 선수들을 떠올려보자. 이들을 인터뷰한 기사들을 보면 컨디션이 좋을 때는 투수가 던진 공이 수박처럼 커 보인다고 한다. 또 투수의 공도 회전하는 야구공의 실밥이 보일 정도라고도 한다.

이런 날은 수박만 한 야구공이 포수 앞에 정지돼 있는 것처럼 느껴지기 때문에 배트만 휘두르면 안타가 된다. 이들이 경험한 슬로모션 현상은 강력한 집중력에서 나온다. 명상에 몰두하는 수행자가 오직 이 순간에 멈춰 있는 것과 같다.

시간 지각을 바꾸면 인생이 길어진다

시간 지각을 바꿀 수 있다면 인생을 몇 배로 늘여 살아갈 수 있을 것이다. 그러나 대부분의 사람들은 주어진 시간 안에서 아등바등 촌각을 다투며 살아간다. 우리는 영원히 손에 쥘 수 없는 행복을 좇으며 물적 소유를 탐닉하며 살아야 하는 것일까? 그렇지 않다. 우리는 물건이 아니라 시간을 살 수 있다.

우리 주변에는 시간을 사거나 파는 상점들이 널려 있다. 사람들은 알게 모르게 자신의 시간을 팔고 있다. 음식점에 들어가면 키오스크로 음식을 주문하고 스스로 음식을 나르며 빈 식기까지 반납한다. 눈에 보이지 않는 '그림자 노동shadow work'으로 자신의 시간을 지불하는 대신 약간의 금전적 비용을 할인받는 것이다. 우리가 음식점, 주유소, 은행에 시간을 팔아 벌어들이는 이익은 쥐꼬리만큼도 되지 않는다.

숲속으로 들어가 자연인으로 살 게 아니라면 시간을 파는 대신 시간을 사야 한다. 미국 하버드비즈니스스쿨 연구팀이 6,000여 명을 대상으로 조사해보니 청소, 세탁, 요리 등을 직접 하지 않고 사람을 고용하여 해결하는 사람들은 행복도가 매우 높았다.[7] 캐나다 브리티시컬럼비아대학교 연구팀도 사람들이 돈보다는 시간에 가치를 두는 경향이 있다는 연구 결과를 발표한 바 있다.[8] 즉 사람들은 돈보다는 출퇴근 시간이나 근무 시간을 더 중시했고 시간을 우선시했을 때 더 행복감을 느꼈다. 하지만 누가 그걸 모르겠는가? 다른 사람에게 일을 맡기려면 비용을 지불해야 하고 근무 시간을 줄이려면 경제적 여유가 뒤따라야 한다. 시간을 사려면 더 열심히 일하면서 시간에 쫓기는 악순환의 늪에 빠지는 것이다. 그러나 돈을 적게 들이고 시간을 사는 방법도 있다.

첫째, 시간에 값을 매기는 습관을 들이는 것이다. 가령 시간당 2만 원을 버는 사람이라면 2만 원보다 싼 한 시간은 무조건 사는 것이 낫다. 둘째, 좋은 사람들과 의미 있는 활동을 하는 것이다. 타인을 위해 시간을 사용하는 사람의 시간은 더 느리게 흘러간다. 실험참가자들을 단순 과제를 수행하는 그룹과 타인을 위해 시간을 사용하는 그룹으로 나누어 조사한 결과 시간의 길이와 관계없이 타인을 위해 시간을 보낸 사람들은 시간이 더 풍성하게 남아 있다고 생각했다.[9] 셋째, 미래의 성취를 탐하기보다 '지금 여기'에 머무는 것이다. 현재에 집중하고 있을 때 시간이 확장된다. 넷째, 시간이 흐르면 지금보다 더 행복할 것이라는 확신을 하는 것이다. 많은 연구가 이를 뒷받침하고 있다. 걱정과 달리 50대 이후의 삶은 이전의 삶보다 전반적으로 행복하다.[10]

진정한 의미에서 우리의 소유물이라고 부를 수 있는 것은 시간뿐이다. 현재의 시간만이 누구도 빼앗아 갈 수 없는 나의 소유물이다. 그런데도 사람들은 무의미하게 시간을 흘려보내면서 하루가 가는 것을 아쉬워한다. 지금 이 순간의 평안이 언제까지 지속될까 불안해한다. 하루가 24시간이라는 것은 모든 사람에게 동일하다. 그러나 시간에 대한 주관적 느낌은 사람마다 다르다. 어떤 사람은 충분한 시간 속에서 살고 있는 반면에 어떤 사람은 그 절반도 안 되는 시간을 살아간다. 짧은 인생을 사는 사람은 그 절반의 시간마저 근심에 젖어 있다.

4. 선물은 타인의 마음을 여는 열쇠다

고마운 분에게 전할 선물을 고르느라 고민에 빠진 적이 있을 것이다. 특히 상대가 원하는 선물이 무엇인지 모를 때, 격식을 차려야 할 때, 상대의 마음을 얻어야 할 때 선물을 고르기가 더욱 힘들어진다. 흔히 선물은 가격보다 보내는 이의 마음을 담는 것이 중요하다고 말한다. 하지만 마음이 담긴 선물은 무엇이며 적당한 가격의 기준은 무엇인가?

오 헨리의 단편소설 「크리스마스 선물」에 등장하는 젊은 부부는 사랑하는 사람을 위해 가장 소중한 것을 내놓는다. 그들이 서로에게 건넨 선물은 콧등이 시큰할 만큼 감동적이다. 하지만 세상사는 소설처럼 드라마틱하지 않다.

좋은 선물은 쓸모만으로 판단할 수 없다

선물을 주는 행위는 헐벗은 사람에게 옷이나 신발을 건네는 것과는 다르다. 선물은 필요한 효용을 제공하는 것이 아니라 그의 마음속에 나를 자리 잡게 하고 그 너비와 깊이를 최대한 키우는 것이다. 따라서 효용이 크다고 해서 선물에 대한 만족도가 높아지는 것이 아니다. 심리학자들은 선물할 때 고려해야 할 몇 가지 팁을 제시한다.

첫째, 당장 필요한 것보다 갖고 싶어 하는 것을 선물한다. 다이아몬드 목걸이는 남에게 과시하는 용도 외에는 아무 쓸모가 없지만 누구나 갖고 싶어 한다. 그래서 비싸고 귀하다. 사람들이 받고 싶어 하는 선물은 당장 쓸모가 없는 것들이다. 쓸모가 없기 때문에 오랫동안 간직해야 하거나 간직하고 싶은 것들이다. 그러므로 당장 먹어치울 수 있거나 개봉 후 바로 처리해야 하는 선물은 좋은 선택이 아니다. 쉬이 사라지지 않고 함부로 양도할 수 없는 것, 그것이 사람들이 가장 원하는 선물이다.

둘째, 각별한 경험과 시간을 선물한다. 시카고대학교의 크리스토퍼 시Christopher Hsee 교수는 미국 내셔널 풋볼리그NFL 선수들을 예로 들었다.[1] 미국에서 슈퍼볼이 끝나면 일주일 후에 올스타전이 열린다. 올스타전에 선발된 선수들은 엄청난 액수의 출전비를 지불해도 행사에 불참하는 경우가 많았다. 돈보다 가족과 함께 보내는 휴가가 더 중요하기 때문이다. 협회는 이 문제를 해결하기 위해 1979년부터 올스타전 개최지를 하와이로 옮기고 선수들에게 여자 친구와 함께 올 수 있는 항공권과 호텔 숙박권을 제공했다. 그러자 스타 선수들의 참여율이 대폭 증가했다고 한다. 돈은 누구나 원하는 것이지만 때로는 현금이 든 봉투를 건네는 것보다 여행지로 향하는 항공기 티켓이나 호텔 숙박권을 선물하는 것이 낫다.

차라리 안 주느니만 못한 선물도 있다

셋째, 모든 선물을 돈으로 환산하지 않는다. 수술받는 친구를 위해 병원을 찾아가 헌혈했다고 가정해보자. 얼마 후 수술을 마친 친구가 고맙다며 현금 10만 원을 보냈다. 통장에 찍힌 10만 원을 확인했을 때의 기분은 어떨까? 선의가 돈으로 환산될 때 애초의 선한 동기는 사라진다. 동료를 도우려 했던 순수한 동기가 훼손되기 때문이다.

2008년 스웨덴 연구팀이 헌혈할 의사가 있는 여성 153명과 남성 119명을 세 그룹으로 나누어 실험을 진행했다.[2] 첫 번째 그룹에는 헌혈해도 대가를 지급하지 않는다고 했다. 두 번째 그룹에는 약간의 돈을 주겠다고 했다. 또 세 번째 그룹에는 헌혈의 대가로 받는 돈을 소아암 자선단체에 기부할 수 있다고 말해주었다.

남성 참가자의 경우 세 그룹의 차이가 거의 없었다. 남성은 돈을 주든 안 주든 애초의 참여 의사가 중요했다. 하지만 여성 참가자들은 달랐다. 돈을 주지 않는 그룹의 52%가 헌혈에 참여할 의사를 보인 반면에 돈을 약속한 그룹은 30%만이 헌혈에 참여할 의사를 보였다. 헌혈을 하고 돈을 받은 후 자선단체에 기부할 의사를 보인 여성들은 53%에 이르렀다. 이 실험은 선의를 물질적 가치로 보상할 때 오히려 역효과가 날 수 있음을 보여준다. 선의에 대한 가장 값진 보답은 순수한 선의 그 자체다.

넷째, 양보다 질로 승부한다. 꼭 명품이나 사치품일 필요는 없다.

비싸지 않은 동종의 선물 중에서 가장 좋은 것이면 된다. 가령 값싼 와인 세 병을 세트로 선물하는 것보다 최고급 와인 한 병을 선물하는 것이 낫다. 선물을 받은 사람은 오랫동안 와인을 보관하면서 꼭 필요한 날 꼭 필요한 사람과 와인을 마시며 그것을 선물한 당신에 대해 이야기할 것이다.

이와 마찬가지로 10만 원짜리 코트를 선물하는 것보다 10만 원짜리 스카프를 선물하는 것이 낫다. 10년이 지난 소형 중고차를 선물하는 것보다는 그 금액에 해당하는 자전거를 선물하는 것이 낫다는 얘기다. 또 당신이 구입한 선물이 미흡하다는 느낌이 들더라도 덤을 보태는 것은 금물이다. 덤을 추가하면 오히려 선물의 가치가 떨어진다.[3]

24피스로 구성된 식기 한 세트를 구입하려고 하는데 옆에 31피스 세트가 비슷한 가격에 진열돼 있다고 하자. 31피스 식기 세트는 온전한 24피스 세트에 약간 흠집이 있는 7피스가 추가된 상품이다. 두 세트의 가격이 비슷하다면 알뜰한 살림꾼에게는 31피스 세트를 고르는 게 이익이다. 하지만 누군가에게 줄 선물이라면 온전한 24피스 세트를 고르는 것이 현명하다.[4] 덤으로 추가된 값싼 물건이 고가의 선물이 가진 매력을 감소하기 때문이다. 그러니 운 좋게 덤을 얻었다면 당신이 챙기는 것이 낫다.

상대방이 선물을 기다리면서 기대하게 하라

다섯째, 선물을 받는 사람의 성향과 그가 처한 상황을 고려한다. 상대가 원하는 것이 무엇인지 모를 때는 어떻게 해야 할까? 미국 노스이스턴대학교의 메리 스테펠Mary Steffel은 원하는 것이 무엇인지 직접 물어보라고 권한다.[5] 어떤 선물을 받고 싶은지 묻는 것은 우리가 생각하는 만큼 큰 결례가 아니라는 것이다. 어머니에게 명품 구두를 선물하기로 마음먹었는데 식기세척기를 원할 수도 있다. 물론 가까운 사이가 아니라면 어떤 선물을 원하는지 묻기 어려운 경우도 많다. 또 상대에게 선물을 고르라고 하면 오히려 고민거리를 안겨주는 것일 수도 있다. 그럴 때는 애초부터 상대에게 선택권을 주지 않는 것이 낫다.

선물을 미리 말해주는 것이 나을 때도 있고 비밀에 부치고 있다가 깜짝 놀라게 하는 것이 나을 때도 있다. 상대가 선물을 받을 것이라는 사실을 이미 알고 있고 간절히 원하는 선물이 무엇인지 아는 상황이라면 미리 그것을 선물하겠다고 말하는 것이 낫다. 우리를 즐겁게 하는 것은 기대다. 상대가 간절히 원하는 것을 선물할 때는 미리 그 사실을 알려줌으로써 오랫동안 기대감을 만끽하게 하는 것이 낫고 전혀 기대하지 않는 상황이라면 깜짝 이벤트로 감동을 주는 것이 낫다.

또 회사나 단체에서 나누어주는 의례적인 선물은 가능한 여러 번 나누어주는 것이 좋다. 작은 선물이라도 크리스마스에 한 번, 설에 한 번 주면 받는 사람의 즐거움을 배가할 수 있다. 회사나 단체는 여러 사람에게 같은 선물을 보낼 수밖에 없다. 그럴수록 선물을 고르는 담당자의 고민은 깊어진다. 모든 사람이 원하는 선물을 고르는 것은 불가능하기 때문에 결국 주나 마나 한 선물을 선택하는 경우가 많다. 그럴 때 선물을 고르는 데 힘을 쏟기보다는 평범한 선물이라도 개인별로 독특한 의미를 담는 방법을 고민하는 것이 낫다. 선물에 그 사람의 이니셜을 새기거나 특별한 방식으로 포장할 수도 있을 것이다.

상대는 당신이 선물을 고르는 데 들인 노력에 별 관심이 없다. 선물을 받은 사람은 당신이 심사숙고했든 무작위로 골랐든 관심이 없다.[6] 물론 선물이 보잘것없다고 느낄 때는 당신이 선물을 구하느라 들인 시간과 노력에 대해 말할 필요가 있다. 선물을 고르는 데 시간과 에너지를 낭비하고 싶지 않다면 기프트 카드를 보내는 것도 나쁘지 않다. 다만 기프트 카드의 용도가 정해져 있으면 별 효과가 없다.[7] 그 사람이 커피나 영화를 좋아한다고 해서 오직 그것만 소비할 수 있는 기프트 카드를 선물하면 잘 사용하지 않는 경향이 있다. 기프트 카드를 선물할 때는 그것을 사용할 수 있는 재량권도 함께 선물해야 한다.

고마운 사람들을 떠올리며 감사를 전해야 할 때가 있다. 따뜻한 인사 한마디와 감사의 마음만으로도 충분하지만 꼭 선물을 해야 할 때가 있다. 그럴 때는 서로 부담이 되지 않는 선에서 주고받는 것이 좋다.

5. 절망 속에서도 희망을 잃지 않는다

절망이 지배하는 공간에서도 희망을 잃지 않는다

오스트리아의 정신과 의사였던 빅터 프랭클이 아우슈비츠 수용소에서 겪은 경험을 기록한 『빅터 프랭클의 죽음의 수용소에서』는 아직도 전 세계 독자들에게 큰 감동과 울림을 준다. 아우슈비츠로 향하는 기차에 오를 때만 해도 유대인들은 희망의 끈을 놓지 않았다. 그들은 호송 열차의 작은 창살 안으로 쏟아져 들어오는 석양빛을 바라보면서 자연의 아름다움에 도취됐다. 하지만 모든 것을 빼앗기고 알몸이 됐을 때 환상은 하나씩 깨지기 시작했다. 희망이 사라지고 나면 오직 생존의 위협으로부터 자신을 방어하기 위한 도구만 남는다. 정신세계가 동물의 수준으로 추락하고 오로지 먹을 것에만 집착하는 것이다.

막연한 희망에 의지하여 살아가던 유대인 포로들은 시간이 지나면서 하나둘 세상을 떠나기 시작했다. 특히 성탄절부터 새해까지 일주일 동안 죽어가는 사람들이 크게 늘었다. 이들을 죽음으로 내몬 것은 열악한 환경과 질병이 아니라 '희망의 상실'이었다. 성탄절에는 집에 갈 수 있으리라는 막연한 기대가 무너지면서 삶에 대한 모든 희망이 한꺼번에 무너져 내렸던 것이다.

살아남은 사람과 죽어가는 사람들의 차이는 분명했다. 아무리 비참한 상황일지라도 절망만 존재하는 것은 아니다. 살아남은 사람들은 희망의 근거, 즉 살아야 할 이유가 있었다. 그 이유가 무엇이든 희망을 잃지 않고 아침마다 얼굴을 씻고 면도를 했던 사람들은 살아남았다. 아무리 절망적인 상황도 그들을 죽이지는 못했던 것이다. 프랭클은 자신이 얻은 깨달음을 이렇게 표현했다.

"나를 죽이지 못한 것은 나를 더욱 강하게 만든다."

원래는 니체가 한 말이다. 니체와 프랭크가 한 말처럼 '왜 살아야 하는지' 아는 사람은 어떤 상황에서도 살아남는다. 절망을 이겨내는 사람은 강한 육체를 가진 사람이 아니라 내적인 힘, 즉 어떤 상황에서도 주체적이고 능동적인 존재임을 자각하는 힘을 가진 사람이다. 그 힘은 누구도 빼앗을 수 없는 오직 자신만의 것이며 자신만이 누릴 수 있는 존재 방식이다. 우리가 고통을 느끼는 순간은 그 고통이 이미 지나간 뒤다. 사람은 가장 비참한 상황에서도 두려움을 극복하고 자신을 변화시킬 수 있는 존재다.

희망은 유혹을 뿌리치고 장기 목표를 지향하게 한다

어린 시절에는 모두가 꿈과 희망을 품고 있었다. 하지만 나이가 들면서 꿈은 점점 작아지고 그 작은 꿈에 대한 희망조차 조금씩 사라져버린다. 설령 작은 꿈이 이루어지더라도 이룬 것을 빼앗길지 모른다는 불안감 때문에 더 큰 꿈을 꾸지 못한 채 현실에 안주하고 만다. 하지만 진정으로 삶을 전환할 수 있는 내적인 힘은 희망이 끝나는 듯 보이는 지점에서 나온다.

사막을 여행하는 아버지와 아들이 있었다. 두 사람이 갈증과 허기로 지쳐갈 무렵 눈앞에 무덤들이 나타났다. 아들이 무덤 앞으로 쓰러지며 울부짖었다.

"우리도 이들처럼 죽는군요. 이젠 희망이 없어요."

그때 아버지가 말했다.

"얘야, 이 무덤들은 마을이 가깝다는 증거야."

우리 뇌는 기대와 희망의 값을 저울질하는 계량기를 가지고 있다. 이 계량기는 사춘기에 들어서면서 민감하게 작동한다. 그러다 보니 어린아이들은 희망이 사라졌다는 이유로 자살하지 않는다. 자연은 인간에게 다음 세대를 안전하게 생산할 때까지 성장할 수 있도록 심리적 보호장치를 마련해주었기 때문이다. 우리가 희망을 잃기 시작하는 시기는 인생이 무엇인지 알 때쯤이다.

희망은 단기적인 유혹을 뿌리치고 장기적인 목표를 지향하도록 돕는다.[1] 자부심이 과거의 성취에 대한 행복 정서라면 희망은 미래의 목표에 대한 행복 정서다. 미래에 대한 희망이 있는 사람들은 과거 정서인 자부심을 경험한 사람보다 자기를 통제하는 힘이 더 강했다. 자기를 통제하는 힘을 바탕으로 더 큰 목표를 향해 나아갈 수 있는 것이다.

희망이 없으면 열정도 없다. 희망을 가진 사람과 두려움을 가진 사람은 같은 출발선에 서 있는 것이 아니다. 삶에 기회가 주어졌을 때 앞으로 박차고 나가는 힘은 완전히 다르다. 희망은 가능성의 산물이다. 희망은 절망보다 격렬하며 더 오래 지속된다. 우리가 축복받은 생명체로서 지구에 성공적으로 적응할 수 있었던 이유다.

희망이 삶과 죽음의 길을 갈라놓는다

고대 그리스 신화에 나오는 '판도라'는 인류 최초의 여성이다. 그녀는 신들로부터 한 가지씩 고귀한 선물을 받아 완벽한 여성으로 태어났다. 지상으로 내려온 판도라는 대장장이 신 에피메테우스의 아내가 됐다. 에피메테우스에게는 인간을 창조할 때 쓰고 남은 쓰레기를 담아놓은 항아리가 있었다. 호기심이 많았던 판도라는 궁금증을 참지 못하고 항아리 뚜껑을 열었다. 그러자 항아리 안에 들어 있는 무수한 재액災厄이 쏟아져 나와 온 세상에 흩어지고 말았다. 화들짝 놀란 판도라는 급히 뚜껑을 덮었다. 다행히 미처 빠져나가지 못한 한 가지가 항아리 안에 남게 됐는데 바로 '희망'이다. 아무리 참혹한 상황에서도 사람들이 희망을 버리지 않는 것은 이 때문이다.

앞으로 살아갈 날들에 대한 기대가 없다면 사람들은 살아야 할 이유를 찾지 못할 것이다. 어제 같은 오늘, 오늘 같은 내일은 권태의 반복일 뿐이다. 1957년 생물학자 커트 리히터Curt Richter는 물이 들어 있는 긴 유리관에 쥐를 넣은 후 얼마나 오랫동안 헤엄을 치는지를 관찰했다.[2] 빠져나갈 구멍이 없는 쥐에게는 절망뿐인 상황이었다. 어떤 쥐는 오래 버텼지만 어떤 쥐는 금세 헤엄치기를 포기하고 죽음을 맞았다. 다음 실험에서 연구팀은 쥐들이 탈진할 지경에 이르렀을 때 유리관에서 꺼내 주었다. 이 과정을 몇 차례 반복하자 쥐들이 물속에서 버티는 시간이 점차 늘어났다. 어떤 쥐들은 무려 60~80시간 정도를 견뎌냈다. 버티면 언젠가 살아남을 수 있다는 희망을 품게 된 것이다.

1980년대 초반 긍정심리학자들은 이 실험을 조금 변형했다. 연구자들은 쥐들을 두 그룹으로 나눈 후 한 그룹에는 전기자극을 멈출 수 있는 장치를 제공하고 다른 한 그룹은 무방비 상태로 방치했다.[3] 그런 다음 모든 쥐에게 암세포를 주입했다. 그 결과 전기자극을 멈출 수 있었던 쥐들은 27%가 사망했고 무방비 상태에 있던 쥐들은 63%가 사망했다. 전기자극을 멈출 수 있는 장치가 제공된 쥐들은 살기 위해 무엇을 해야 하는지 찾아내 실행에 옮겼지만 무방비 상태의 쥐들은 희망을 잃고 죽음에 몸을 맡겼다. 살아날 수 있다는 희망, 무언가 할 수 있다는 희망이 삶과 죽음의 길을 갈라놓았던 것이다.

마음의 습관을 긍정으로 바꾸어라

우리가 최선을 다해 오늘을 사는 이유 중 하나는 언젠가 역경에서 벗어날 수 있으리라는 희망 때문이다. 자신의 가능성을 믿는 사람은 가능성이 제한돼 있다고 믿는 사람보다 문제해결 능력이 뛰어나다.[4] 자신의 삶을 바꾸는 것은 외적 조건들이 아니라 자신에 대한 믿음이다. 따라서 삶에 대한 관점과 태도를 바꾸면 삶의 행로를 바꿀 수 있다. 한 가지 예를 들어보자.[5]

어떤 수행자가 깨달음을 얻은 성자에게 물었다.

"깨달음을 얻으려면 앞으로 이 세상에 몇 번이나 다시 태어나야 합니까?"

"저 나뭇잎 숫자만큼."

"다행이군요. 한 그루의 나뭇잎 숫자만큼만 다시 환생하면 되는군요."

이번에는 다른 수행자가 성자에게 물었다.

"깨달음을 얻으려면 앞으로 이 세상에 몇 번이나 다시 태어나야 합니까?"

"당신은 세 번이면 충분하군."

그 대답을 들은 수행자는 땅바닥에 주저앉으며 소리쳤다.

"깨달음의 길은 영영 끝이 없다는 말인가!"

두 수행자의 앞날을 예측하기는 그리 어렵지 않다. 긍정주의자는 조만간 나쁜 일이 끝나고 좋은 일이 시작되리라고 생각한다. 또 좋지 않은 일과 좋은 일이 모두 자신의 노력에 달려 있다고 생각한다. 반면 비관주의자는 모든 일을 타인과 운 탓으로 돌리고 좋은 일조차 금세 끝나고 말 것으로 생각한다.

긍정은 마음의 습관이다. 우리는 90분 정도의 의도적인 노력으로 무기력을 딛고 목표 지향적인 태도로 전환할 수 있다.[6] 원하는 목표를 성취해 나가는 모습을 상상해보는 것만으로 목표에 한 걸음 더 다가설 수 있다. 비록 상상일지라도 목표가 실현되는 것을 맛본 사람은 실제 생활에서도 목표를 추구하려는 행동을 보였다.

마음의 습관을 긍정적으로 바꾸는 데는 돈 한 푼 들지 않는다. 단지 목표를 세우고 목표를 이룬 자기 모습을 상상하는 것만으로도 조금씩 달라질 수 있다. 새로운 경험을 하지 않으면 뇌는 현실에 쉽게 안주한다. 매일 똑같은 일상에 적응하는 매너리즘이야말로 가장 치명적인 독이다.

6. 행복의 기초는 감사하는 마음이다

이득과 손실을 바라보는 관점을 바꿔라

간밤에 상점을 몽땅 털린 보석상 주인이 경찰에게 말했다.

"어젯밤 도둑이 들어 정말 다행이에요. 그저께 도둑이 들었으면 큰일 날 뻔했어요."

그 말을 들은 경찰이 대꾸했다.

"그저께는 상점에 보석이 훨씬 많았나 보군요."

"아니요. 어제 아침에 세일을 시작하려고 보석값을 모두 40%씩 깎아놨거든요."

이 유머에 웃음이 나왔다면 상점 주인을 바보처럼 느꼈기 때문일 것이다. 어젯밤에 도둑이 들었든 그저께 밤에 도둑이 들었든 사라진 보석의 양에는 변함이 없고 주인이 입은 손실도 같다. 하지만 상점 주인은 값을 깎은 보석 가격 때문에 손해를 40% 줄였다고 착각한다. 상식적으로 보면 그는 바보다.

사람들은 스스로 합리적인 인간이라 믿으며 살아간다. 경제학에서 말하는 합리성이란 손실과 이득을 따질 줄 알아서 이득이 되는 쪽으로 반응한다는 것이다. 이득과 손실을 정확히 따질 줄 아는 사람은 합리적 인간일지 모르지만 행복한 인간은 아니다. 행복은 이득과 손실의 양보다 이득과 손실을 바라보는 관점에 달려 있다.

감사하는 마음이 행복의 기초가 된다는 것은 여러 연구에서 확인됐다. 감사할 줄 아는 사람들은 삶을 긍정적으로 바라보며 매사에 적극적이다.[1] 또 스트레스를 덜 받기 때문에 우울증에 걸릴 확률도 낮고 더 건강하며 통증도 감소하는 경향을 보였다. 이는 감사함의 느낌이 스트레스를 담당하는 시상하부와 즐거운 감정을 담당하는 복측 피개영역에 영향을 끼치기 때문이다. 매사에 감사하는 마음을 갖기는 쉽지 않다. 하지만 우리는 마음의 습관을 바꿈으로써 일상에서 더 많은 감사함을 느낄 수 있다.

매순간 의미를 발견하면 감사할 수 있다

감사하는 삶으로 가는 첫 단계는 일상을 음미하면서 매 순간 의미를 발견하는 것이다. 대개 사람들은 소소한 삶의 기쁨을 무심코 지나친다. 음미한다는 것은 어떤 순간을 더 느리게 경험하는 것이다. 오늘 아침 출근길에 보았던 장면들을 하나씩 떠올려보자. 붐비는 전철 안에서 짜증이 났던 기억도 있을 것이다. 하지만 강을 가로지르는 교각 너머로 떠오르던 태양, 분주히 움직이는 사람들의 발걸음, 이어폰을 꽂은 채 몸을 들썩이는 젊은이, 지난 신문을 뒤적이는 은발의 노인을 상상해보라. 그리고 매 순간의 장면들에서

한 가지 이상의 의미를 떠올려보라.

이 의미들을 찬찬히 더듬어가다 보면 자신이 이 세상에 존재한다는 것, 이 자리에 서 있다는 것, 그리고 그 순간을 온몸의 감각으로 느낄 수 있다는 사실에 무한한 감사를 느끼게 될 것이다. 의미의 발견은 부정적인 경험조차도 긍정적인 경험으로 전환한다. 가령 자신에게 주어진 고통에서 의미를 찾아보자. 고통은 그냥 주어진 것이 아니다. 자신에게 주어진 고통에 어떤 의미가 숨어 있는가를 돌아보면 왜 자신이 힘든 시간을 보내는지를 깨닫게 된다. 이유를 알게 되면 삶의 방향이 바뀐다.

그다음 단계는 감사하는 마음을 누군가에게 표현하는 단계다. 우리는 수많은 행운 때문에 지금까지 살아올 수 있었다. 오늘 아침만 하더라도 당신은 교통사고를 당하지 않았고, 누군가 휘두른 흉기에 몸을 다치지도 않았고, 계단에서 굴러떨어지지도 않았다. 당신이 지금 숨쉬고 있는 것은 수많은 행운 때문에 가능한 것이다. 더구나 당신에게는 당신을 지지하는 가족, 친구, 이웃들이 있다. 또 당신을 직장까지 데려다주는 버스 기사가 있고, 도로를 닦은 사람들이 있고, 함께 일하는 동료들이 있다. 나를 위해, 혹은 나와 더불어 이들이 존재한다는 것은 얼마나 감사한 일인가!

감사를 표현하면 할수록 행복해지는 사람들이 늘어난다

모든 감정이 그렇듯이 감사하는 마음도 전염성을 가지고 있다. 밖으로 표현하면 할수록 행복해지는 사람들이 증가한다. 먼저 감사하고 싶은 목록을 작성해보자. 오늘 누구로부터 도움을 받았는지 떠올리는 것만으로도 행복해질 수 있다. 도움을 준 이에게 감사를 전하면 한 사람의 기쁨이 추가된다.

감사할 목록이 많아질수록 감사하는 습관도 강해진다. 가장 쉬운 방법은 "고맙다"는 말을 입에 달고 사는 것이다. 글로 감사의 마음을 전달하면 말로 전할 때의 쑥스러움을 피할 수 있다. 글은 말로 전하는 것보다 훨씬 진정성이 느껴진다. 정기적으로 감사 일기를 쓰거나 고마운 대상에게 감사 편지를 쓰면 삶의 변화를 금세 느낄 수 있다. 실제로 실험에서 감사한 일을 매주 기록하도록 한 그룹이 힘들었던 일을 매주 기록한 그룹에 비해 삶의 만족도가 훨씬 높았다.[2]

지금 가지고 있는 것과 지금 누리고 있는 것에 감사할 때 더 행복한 삶에 다가갈 수 있다. 이는 지금 이 순간부터 감사하는 삶을 선택하겠다는 결심만으로도 가능하다. 어떤 사람은 다른 사람에 비해 쉽게 감사함을 느낀다. 매사에 쉽게 감사함을 느끼는 사람들은 'CD38'이라는 유전자를 가지고 있다고 한다.[3] 그들은 인간관계에 대한 만족도가 높고, 상대방의 반응을 빨리 인지하고, 긍정적 감정을 자주 느낀다. 그들이야말로 행복 바이러스를 전염시키는 사람들이다.

감사를 표현하는 것은 주변 사람들에게도 긍정적인 영향을 미친다. 한 연구에 따르면 정서가 불안한 권력자는 자신의 능력을 의심받을 때 공격적이고 자신을 학대하는 반응을 보였으나 주변 사람들이 감사함을 표현하면 그런 행동이 대폭 감소했다.[4] 아무리 포악한 사람일지라도 감사를 표현하는 사람 앞에서는 무장 해제되는 것이다.

감사는 나의 행복보다 타인의 행복을 먼저 배려하게 한다. 행복의 지향점을 자기 중심에서 타인 중심으로 바꾸면 더 행복해지는 역설을 경험할 수 있다. 행복한 삶을 위해 갖추어야 할 것은 그리 많지 않다. 살아 있다는 사실에 감사하는 마음만으로도 충분하다.

7. 신이 모든 것을 용서하진 못한다

　2007년 개봉한 이창동 감독의 영화 「밀양」은 우리에게 용서의 의미를 묻는다. 살인범에게 어린 아들을 잃은 엄마는 신앙의 힘을 빌려 이웃집에 살았던 살인자를 용서하기로 마음먹는다. 그러나 용기를 내 교도소로 찾아간 주인공에게 살인범은 신에게 용서를 구하고 이미 구원받았다고 말한다. 그는 누구에게 용서받은 것인가? 신은 피해자의 의사와 관계없이 가해자를 용서할 권리를 가지고 있는 것인가?

　신의 이름으로 모든 것을 용서받을 수는 없다. 신이 용서할 수 있는 것은 종교 영역에 한정된다. 신 혹은 신의 대리인은 속죄한 자에게 구원을 약속할 수 있지만 살인 행위 자체를 없던 일로 만들 수는 없다. 살인은 어느 시대에나 가장 무거운 범죄였고 모든 종교의 제1계율은 살인을 금지하는 것이다. 계율이 무너지면 종교도

존립할 수 없다. 그래서 신은 구원과 심판의 권능을 동시에 행사한다. 계율을 어긴 자에게 벌을 주고 범죄자를 구원한다.

그러나 인면수심의 범죄까지 종교의 이름으로 용서하라고 요구하는 것은 또 다른 가해다. 신은 가해자를 용서할 권리를 피해자에게 위임받은 적이 없다. 다만 신은 자신을 전지전능하다고 믿는 추종자의 모든 권리를 위임받았다고 주장할 수 있을 것이다. 따라서 신은 피해자와 가해자가 동시에 자신의 추종자인 경우에만 용서의 권한을 행사할 수 있다. 무조건적 용서는 잠재적으로 범죄자가 될 가능성이 있는 자들에게 잘못된 신호를 보낼 수 있다. 용서는 신과 그 대리인의 요구에 의해서가 아니라 개인의 자율적인 선택에 따라 이루어져야만 의미가 있다.

용서는 삶의 주도권을 되찾아 오는 행위다

복수는 달콤하지만 또 다른 복수를 낳는다. 상호보복의 고리를 끊게 하는 것이 바로 용서다. 영국의 철학자 조애나 노스Joanna North 는 용서를 '가해자에 대한 보복을 포기하는 것'이라 말한 바 있다.[1] 복수가 카타르시스를 안겨주는 것처럼 용서도 우리의 마음을 정화한다.

복수를 포기하는 것은 피해자가 일방적으로 손해를 입는 것처럼 보인다. 하지만 인류 진화의 역사를 보면 용서는 보복보다 생존에 유리하게 작용한다. 우선 용서는 보복하는 것보다 비용이 덜 든다. 용서는 상호보복으로 집단이 자멸의 길에 들어서는 것을 방지한다. 또 용서는 내면에서 꿈틀대는 복수심을 잠재움으로써 피해자를 무모한 위험에 뛰어들지 않게 한다. 이 때문에 무리 생활하는 동물은 서로 화해하고 용서하는 성향을 지니게 됐다. 용서는 공격성만큼이나 자연선택된 인간의 본성인 것이다.

상대의 공격성을 누그러뜨리는 가장 좋은 방법은 내가 먼저 무기를 내려놓는 것이다. 먼저 무기를 내려놓지 않으면 상대도 무기를 내려놓지 못한다. 용서는 지금부터 복수를 포기할 것이라는 사실을 가해자에게 알리는 행위다. 그것은 상대방의 심장을 겨누고 있던 무기를 내려놓겠다는 의사표시이며 더 이상 무기를 들지 않겠다는 선언이다. 용서하지 않으면 평화도 없다. 용서는 곧 적에게 평화가 시작됐음을 알리는 신호다.

사람들은 용서를 상대방의 잘못이나 자신이 입은 상처를 잊어버리는 것으로 생각하는 경향이 있다. 또 용서를 가해자와 관계를 개선하거나 화해하는 것으로 오해하기도 한다. 그러나 용서는 가해자를 이해하거나 가해자와 화해하는 것이 아니다. 또 가해자가 저지른 죄를 묻어두거나 없던 일로 하는 것도 아니다. 용서는 가해자에 대한 증오뿐 아니라 가해자를 향한 요구와 기대를 내려놓는 행위다. 이는 가해자에게 굴복하는 것이 아니며 불의와 타협하는 것도 아니다.

용서는 가해자를 배려하기 위한 것이 아니라 삶의 주도권을 가해자에게서 되찾아 오는 행위다. 여러 연구에 의하면 용서하지 못하는 사람들은 분노와 두려움이 많고 심장질환에 걸릴 확률이 높고 스트레스가 많고 면역기능도 약하다. 그러므로 가해자를 용서하지 못하는 것은 자신을 학대하는 것과 다를 바 없다. 용서하지 못하면 자신의 내면을 분노와 증오로 가득 채운 채 살아가게 된다. 따라서 용서의 목적은 가해자를 해방시키는 것이 아니라 자신의 삶을 되찾는 데 있다. 용서하지 않고 행복해질 수는 없다. 용서는 복수심과 증오와 스트레스를 해소하는 가장 좋은 치료제다.

용서는 사건의 전말과 진심이 밝혀져야 가능하다

영화나 소설의 주인공들은 숱한 고난을 거친 뒤에 비로소 악인에게 복수할 수 있는 조건을 갖춘다. 주인공은 거의 회복이 불가능한 피해를 본 후 홀로 버려지거나 신체에 치명적인 상처를 입는다. 그는 외로이 방랑하다가 조력자를 만나 상처를 치유하고 복수할 힘을 얻는다. 주인공이 성인이 되거나 가해자의 정체를 알게 되는 순간 마침내 오랜 세월 기다려왔던 복수를 실행하기 위해 길을 떠난다. 그러나 기회는 쉽게 오지 않는다. 여러 차례의 시행착오와 실패와 위기를 겪은 후 마침내 악인과 마주한다.

악인은 막다른 골목에 이르러서야 주인공에게 용서를 구한다. 그러나 악인의 뉘우침은 진심이 아닌 경우가 많다. 드라마에 등장하는 악인은 주인공이 방심한 틈을 노려 반격을 시도하다가 더 처참한 최후를 맞는다. 진심으로 뉘우치지 않는 가해자를 용서할 수 있을까? 또 반성하지 않는 가해자를 용서하는 것이 정당한가?

철학자 강남순은 저서 『용서에 대하여』에서 사람들이 가진 세 가지 오해를 적시한 바 있다. 세 가지 오해는 용서가 종교적이고 영적인 주제라는 오해, 가해자의 반성과 사과가 있어야 용서가 가능하다는 오해, 그리고 피해를 본 사건을 잊지 않으면 용서할 수 없다는 오해다.[2]

용서를 종교적 행위로 보는 것은 말 그대로 종교인의 시각에서나 가능한 것이다. 신도 죄를 짓거나 자신을 배반한 자들을 무자비한 방식으로 심판한다. 신조차 용서하지 못하는 것을 인간에게 요구하는 것은 무리다. 용서가 가해자의 반성과 사과가 전제돼야 가능하다는 것 역시 사실이 아니다. 용서의 주체는 피해자다. 가해자의 반성과 사과가 있으면 더할 나위 없지만 피해자는 오직 자신을 위하여 용서를 선택할 수 있다. 또 당시의 사건을 깨끗이 잊는 것이 진정한 용서라는 인식도 진실과 거리가 멀다. 사건을 무작정 잊기보다는 분명히 기억함으로써 상처의 재발을 막는 경우도 있다. 또 분란을 일으키지 말고 모든 것을 잊으라는 주변의 요구 역시 가해자를 편드는 2차 가해일 수 있다.

우리가 용서를 통해 얻을 수 있는 것은 가해자에 대한 원한을 극복하고 복수를 포기하는 것이다. 원한은 마음의 독이다. 만질수록 더 악화되는 종기처럼 원한은 되뇔수록 더 깊어진다. 가해자에게 원한을 품는 것은 매우 자연스러운 일이다. 그렇기 때문에 원한과 분노를 버리는 것이 용서의 전제조건은 아니다. 우리가 버려야 할 것은 증오와 복수로 이어지는 분노이지 도덕적 분노가 아니다. 피해자가 원한을 품고 있는 대상은 '부도덕한 행동'이지 가해자 자체가 아니다. 하지만 용서해야 할 대상은 부도덕한 행위가 아니라 그 행위를 한 '사람'이다. 그러므로 가해자를 용서하는 것과 가해자가 부당한 행위로 법적 처벌을 받는 것은 별개의 문제다. 가해자를 용서하더라도 도덕적 판단과 범죄에 대한 증오를 멈춰서는 안 된다.

용서가 성립되려면 가해자가 잘못을 인식하고 책임을 인정해야 한다. 용서는 피해자에게 자신의 잘못을 사과하고 반복하지 않겠다고 표현하는 것으로 완성된다. 이 과정에서 중요한 것은 사건의 전말과 진실이 밝혀지는 것이다. 진실이 묻힌 상태에서는 피해자가 입은 상처를 누구도 알 수 없다. 진실이 알려져야만 피해자는 상처 깊숙이 박힌 기억의 파편들을 제거하고 새로운 삶을 개척할 수 있다.

용서는 새로운 나를 탄생시키는 과정이다

평생 씻을 수 없는 상처를 입힌 사람을 용서하기는 매우 어렵다. 아들을 잃은 어머니가 살인범을 어떤 눈으로 바라볼지 상상해 보라. 사람들의 눈에는 어머니가 살인범을 용서하겠다고 마음먹는 것 자체가 의아스러울 것이다. 어린 시절 자신을 학대한 아버지를 용서하는 것도 마찬가지다. 가족이라고 해서 용서하기 쉬운 것은 아니다. 용서하는 사람은 자신의 모든 감정과 기대를 내려놓을 용기가 있어야 한다. 용서는 더 이상 과거의 기억에 갇혀 있지 않겠다는 단호하고도 결연한 의지의 표현이자 선택이기 때문이다.

과거에 겪은 사건에 평생 집착하는 것은 자신에 대한 처벌이자 끔찍한 자기 비하다. 용서는 과거의 상처와 함께 복수의 감정을 내려놓는 것이다. 그렇다고 원수를 사랑할 필요도, 상처를 준 사람과 관계를 회복할 필요도 없다. 용서는 내 안에 있는 증오와 분노를 떠나보내는 것이지 가해자를 받아들이는 것이 아니기 때문이다. 따라서 상대방과 만나거나 대화를 나눌 필요도 없다. 용서는 가해자와 관계없이 새로운 나를 탄생시키는 과정이다. 무력한 희생자의 처지에서 벗어나 내 삶에 대한 통제력을 되찾아오는 것이다.

용서는 과거의 기억을 바꾸는 것이기 때문에 오랜 시간이 필요하다. 만일 누군가를 용서하고 싶다면 서두르지 않아도 된다. 먼저 그 사람에게 편지를 써보자. 편지를 당사자에게 전달하지 않고 책상 서랍에 차곡차곡 쌓아두어도 된다. 우리는 늘 잘못을 저지를 가능성을 안고 살아간다. 이는 인생을 살아가면서 누구나 용서를 구해야 할 상황에 놓인다는 뜻이다. 우리는 자신이 용서한 만큼만 누군가에게 용서받을 수 있다. 따라서 용서할 때는 자신을 용서하는 마음으로 타인을 용서해야 한다. 용서는 용서받는 사람보다도 용서하는 사람에게 커다란 혜택을 준다. 용서는 그 자체가 치유인 동시에 자유에 이르는 길이다.

8. 용서에도 기술이 필요하다

하룻밤 들른 나그네를 떠나 보내듯 용서하라

나에게 되돌릴 수 없는 상처를 준 가해자를 용서한다는 것은 결코 쉬운 일이 아니다. 하물며 가까운 가족이거나 친구일 때는 더욱 힘들어진다. 특히 용서해야 할 대상이 자기 자신이라면 용서하려는 시도 자체가 고통일 수도 있다.

사람들은 생각이나 종교 혹은 출신이나 성장 배경이 다르다는 이유로 적대감을 느낀다. 나와 다른 사람에 대한 적의敵意는 자연스러운 것이다. 그러나 이 적의가 행동으로 드러날 때는 심각한 결과를 가져온다. 문화, 이념, 종교에 의해 폭력이 생겼을 때 피해자는 아무런 잘못도 없이 이유도 모른 채 무방비 상태에서 피해를 본다. 이런 경우 가해자에 대한 보복은 집단적이고 무조건적이며 더 끔찍하다.

용서는 사랑의 시작이다. 그러나 적을 사랑할 필요는 없다. 평범한 사람들에게 원수를 사랑하라는 것은 무리한 요구이기 때문이다. 마음에서 우러나오는 용서일 필요도 없다. 그런 용서는 오히려 가식적으로 보인다. 하룻밤 들른 나그네를 떠나보내듯 무심이 용서하는 것만으로도 충분하다. 적에 대한 사랑은 용서의 과정을 겪고 난 후 고통스러운 기억에서 완전히 자유로워졌을 때나 가능하다.

용서를 결심한 피해자는 반성을 결심한 가해자보다 더 큰 용기가 필요하다. 용서를 결심한 사람은 자신의 모든 감정과 기대를 내려놓는 용기가 있어야 한다. 불행한 사건을 겪은 사람들은 대개 두 가지 반응을 보인다. 당시의 기억으로부터 회피하거나 고통을 준 상대에게 복수를 시도하는 것이다. 회피는 시간이 지날수록 효과가 있지만, 오히려 아픈 기억을 되새김질하는 역할을 하기도 한다. 회피하려 할수록 더 선명한 기억이 떠오르기 때문이다. 또 복수는 일시적인 만족감을 주지만 자신을 몰락시키고 사회에도 해악을 끼치는 경우가 많다.

용서는 상처 입기 이전 상태로 되돌려 준다

용서는 회피와 복수의 동기를 약화함으로써 마음의 평안을 가져온다. 그러나 용서가 한순간에 이루어지는 경우는 드물다. 용서는 과거에 구축한 기억을 바꾸는 것이기 때문에 일련의 과정과 시간을 필요로 한다. 용서도 연속적인 배움의 과정이다. 많은 전문가가 용서에 이르는 길을 제시했는데 크게 네 단계로 정리할 수 있다.

1단계는 인정이다. 용서하려면 먼저 자신의 상처를 인정하고 이를 밖으로 드러내는 과정이 필요하다. 과거에 겪은 부정적 사건에 평생 집착하는 것은 자신에 대한 혹독한 처벌일 뿐이다. 증오에서 벗어나려면 삶을 객관적으로 바라볼 수 있어야 한다. 세상은 공정한 것도 아니고 정의로운 것도 아니다. 누구나 불행한 사건을 겪는다. 인생의 전체 경로에서 바라보면 지금의 아픈 기억은 손등에 난 작은 티눈에 불과하다. 인정의 단계에서 중요한 것은 용서할 수 있는 마음의 준비다. 먼저 증오와 분노로 인해 자신이 얼마나 고통받고 있는지 목록을 작성하고 상대방을 용서했을 때 얻게 될 이익의 목록과 비교할 필요가 있다. 이 과정을 거치게 되면 용서와 증오 중 무엇을 선택할 것인지 결정하기가 수월해진다.

2단계는 내려놓기다. 가장 어려운 단계이다. 증오를 내려놓으려면 먼저 어떤 방법으로든 지나간 일을 되돌릴 수 없다는 사실을 받아들여야 한다. 이미 벌어진 일은 아무리 노력해도 바꿀 수 없다. 또 가해자를 변화시키는 일은 자신을 변화시키는 것보다 훨씬 어렵다. 우리가 가장 손쉽게 할 수 있는 일이란 자신의 태도와 생각을 바꾸는 것이다. 그것이 곧 용서다. 증오를 내려놓을 수 있는 또한 가지 방법은 상대방의 관점으로 세상을 바라보는 것이다. 어쩌면 우리는 그 사건에 대해 잘못 기억하는지도 모른다. 또 상대방이 악의를 가지고 행한 것이 아닐 수도 있다. 정말 자신이 믿고 있는 것이 한 치의 의심도 없는 진실인지 상대방의 입장에서 살펴볼 필요가 있다.

상대방을 용서했다고 상상해 보라. 당신도 언젠가 누군가에게 용서받았던 경험이 있을 것이다. 당신이 누군가의 용서를 간절히 원했을 때, 또 피해자가 당신을 너그러이 용서해주었을 때 어떤 기분이 들었는가? 그때의 느낌을 떠올리면 당신이 용서할 사람이 어떤 느낌이 들게 될지 상상할 수 있다. 한 걸음 더 나아가 그가 왜 그런 행동을 했는지를 상상해 보면 오히려 가해자에게 연민을 느낄 수도 있다. 가해자는 나보다 더 가여운 사람일 수도 있는 것이다.

정작 문제가 되는 것은 자기증오 혹은 자기혐오다. 잘못의 원인이 실제로 자기에게 있거나 모든 원인을 자기 탓으로 돌리면 자기혐오의 감정이 생겨날 수 있다. 자기혐오는 스스로에게 입히는 자해다. 따라서 가해자를 용서하려면 스스로를 용서하는 일이 선행돼야 한다. 자기용서는 자신이 이 세상에서 얼마나 소중한 존재인가를 깨닫는 것으로부터 시작된다. 즉 우리 모두 그따위 일로 인생을 망칠 만큼 한심한 존재가 아니다. 더구나 그런 상황에 닥치면 누구나 똑같은 행동을 취할 수밖에 없다. 결과가 어떻듯 자신의 잘못만은 아니라는 인식이 필요하다.

3단계는 실행이다. 사람들은 가해자와 만나 사과받고 화해하는 것을 용서라고 생각하는 경향이 있다. 하지만 용서는 현재의 가해자와 큰 관계가 없다. 용서는 내 안에 있던 증오와 분노를 떠나보내는 것이지 가해자를 받아들이는 것이 아니기 때문이다. 따라서 상대방과 만날 필요도 대화를 나눌 필요도 없다. 하지만 내 안의 부정적인 감정과 이별하기 위해 도움이 되는 행동을 취할 수는 있다. 그런 행동 중 하나는 용서해야 할 사람에게 편지를 쓰는 것이다. 이 편지를 꼭 당사자에게 전달하지 않아도 된다. 누군가를 용서하겠다는 의지와 이미 용서해 버렸다는 마음이 중요하기 때문이다.

그러고 나면 상대방을 용서했다는 사실을 인정하고 그것이 자신의 삶에 얼마나 유익한지를 끊임없이 상기해야 한다. 그래야만 용서의 마음이 유지될 수 있다. 경우에 따라서는 기울어진 균형의 추를 회복하려고 노력해야 할 때도 있다. 씻을 수 없는 육체적 상처를 입었을 경우, 상대방을 사법적으로 처리하는 것도 고려할 수 있다. 상대가 잘못의 대가를 치를 것이라는 기대는 마음을 한결 가볍게 해준다. 그러나 처벌이 목적이 돼서는 안 된다. 오히려 자신의 의지로 상대방을 자유롭게 해주었을 때 삶의 주도권을 확고히 할 수 있다. 이때부터는 과거의 기억에서 벗어나 자신만의 이야기를 주도적으로 재구성해 나갈 수 있다.

4단계는 회복이다. 이는 상처를 준 사람과의 관계가 회복되는 것을 의미하지 않는다. 회복은 상대방과 관계없이 새로운 나로 태어나는 것을 의미한다. 즉 회복이란 무력한 희생자에서 벗어나 자기 삶에 대한 통제력을 되찾는 것이다. 회복이 이루어지려면 삶을 긍정적으로 바라보려는 의도적 노력이 수반돼야 한다. 가령 세상은 완벽하지 않지만 그런대로 살 만한 곳이며 자신 역시 완벽하지 않지만 괜찮은 사람이라는 인식을 해야 한다. 자신은 타인들의 관심을 받고 있으며 자신 또한 타인들을 사랑할 준비가 돼 있다는 태도를 보이는 것도 중요하다. 또한 자신의 결점을 인정하고 점점 나아지고 있다는 느낌이 들어야 한다.

중요한 것은 삶의 통제권이 자신에게 있다고 믿는 것이다. 우리는 지나간 시간을 되돌릴 수 없지만 과거에 대한 태도와 생각을 바꿀 수 있고 미래도 바꿀 수 있다. 용서는 증오를 이겨내는 과정이다. 용서는 우리가 상처를 입기 이전 상태로 되돌리며 과거를 치유하고 미래로 나아가게 한다.

미주

1장   1. 인간에게 가장 필요한 것은 타인이다

1   Oishi S, Schimmack U. (2010) Residential mobility, well-being, and mortality. J Pers Soc Psychol. 98(6):980-94.

2   Steptoe A. et al., (2013) Social isolation, loneliness, and all-cause mortality in older men and women. PNAS, 110 (15) 5797-5801.

3   Diener E. & Seligman M. E. P. (2002) Very happy people. Psychological Science, 13(1), 81–84.

4   Wissing M. P. et al., (2011) The eudaimonic and hedonic components of happiness: Qualitative and quantitative findings. Social indicators Research, 100, 185-207.

5   Dunbar R. I. M. (1992) Neocortex size as a constraint on group size in primates. Journal of Human Evolution, Volume 22, Issue 6, pp. 469-493.

6   Eisenberger N. I., Lieberman M. D., Williams K. D. (2003) Does rejection hurt? An FMRI study of social exclusion. Science, 10;302(5643):290-2.

7   Dewall C. N. et al., (2010) Acetaminophen reduces social pain: behavioral and neural evidence. Psychol Sci. Jul;21(7):931-7.

8   Cohen S. et al., (1997) Social ties and susceptibility to the common cold. JAMA. 277(24):1940-4.

9   Boothby E. J., Clark M. S., Bargh J. A. (2014) Shared Experiences Are Amplified. Psychological Science.

10   Festinger L., Schachter S. and Back K. (1950) Social Pressures in Informal Groups; a Study of Human Factors in Housing. Redwood City, CA: Stanford University Press.

1장   2. 인간은 반려견에게도 위안을 받는다

1   Shipman P. (2012) Do the Eyes Have It?: Dog domestication may have helped humans thrive while Neandertals declined. American Scientist, Volume 100, Number 3: 198.

2   Montague M. J. et al., (2014) Comparative analysis of the domestic cat genome reveals genetic signatures underlying feline biology and domestication. PNAS, vol. 111 no. 48. 17230–17235.

3   Axelsson E. et al., (2013) The genomic signature of dog domestication reveals adaptation to a starch-rich diet. Nature 495, 360–364. 21 March.

4   VonHoldt B. M. et al., (2010) Genome-wide SNP and haplotype analyses reveal a rich history underlying dog domestication. Nature 464, 898-902, 8

April. / VonHoldt B. M. et al., (2017) Structural variants in genes associated with human Williams-Beuren syndrome underlie stereotypical hypersociability in domestic dogs. Science Advances, 19 Jul, Vol. 3, no. 7, e1700398.

5   Kaminski J. et al., (2019) Evolution of facial muscle anatomy in dogs. PNAS, Jul 16;116(29):14677-14681.

6   Andics A. et al., (2014) Voice-sensitive regions in the dog and human brain are revealed by comparative fMRI. Curr Biol. Mar 3;24(5):574-8.

7   Albuquerque N. et al., (2016) Dogs recognize dog and human emotions. Biol. Lett., vol.12, no. 1

8   Berns G. S., Brooks A. M., Spivak M. (2015) Scent of the familiar: An fMRI study of canine brain responses to familiar and unfamiliar human and dog odors. Behavioural Processes, Volume 110, January, pp. 37–46.

9   Stoeckel L. E. et al., (2014) Patterns of Brain Activation when Mothers View Their Own Child and Dog: An fMRI Study. PLoS ONE 9(10): e107205. October 3.

10 Somppi S. et al., (2017) Nasal Oxytocin Treatment Biases Dogs' Visual Attention and Emotional Response toward Positive Human Facial Expressions. Front Psychol., Oct 17;8:1854.

11 Coren S. (1999) Do People Look Like their Dogs? Anthrozoos A Multidisciplinary Journal of The Interactions of People & Animals, June.

12 Nakajima S., Yamarnoto M., & Yoshimoto N. (2009) Dogs look like their owners: Replications with racially homogenous owner portraits. Anthrozoös, 22(2), 173–181.

13 Hackner K. et al., (2016) Canine scent detection for the diagnosis of lung cancer in a screening-like situation, Journal of Breath Research.

14 Fall T. et al., (2017) Dog ownership and the risk of cardiovascular disease and death – a nationwide cohort study. Scientific Reports, volume 7, Article number: 15821.

15 Allen K., Shykoff B. E., Izzo J. L. Jr. (2001) Pet ownership, but not ace inhibitor therapy, blunts home blood pressure responses to mental stress. Hypertension. Oct;38(4):815-20.

1장   3. SNS에 빠져들수록 외로움이 깊어진다

1   Our Epidemic of Loneliness and Isolation: The U.S. Surgeon General's Advisory on the Healing Effects of Social Connection and Community 2023.

2   Tomova L. et al., (2020) The need to connect: Acute social isolation causes

neural craving responses similar to hunger. bioRxiv, doi: https://doi. org/10.1101/2020.03.25.006643

3   LeRoy A. S. et al., (2017) Loneliness Predicts Self-Reported Cold Symptoms After A Viral Challenge. Health Psychology, March 29.

4   Primack B. A. et al., (2017) Social Media Use and Perceived Social Isolation Among Young Adults in the U.S. American Journal of Preventive Medicine, March 06.

5   Young C. & Chaeyoon L. (2014) Time as a Network Good: Evidence from Unemployment and the Standard Workweek. Sociological Science, February 18.

6   Luhmann M. & Hawkley L. C. (2016) Age differences in loneliness from late adolescence to oldest old age. Developmental Psychology, 52, 943-959.

7   Carstensen L. L. & Mikels J. A. (2005) At the intersection of emotion and cognition aging and the positivity effect. Current Directions in Psychological Science, 14, 117-121.

8   Hatfield E., Cacioppo J. T., Rapson R. L. (1993) Emotional Contagion. Current Directions in Psychological Science, 2(3), 96–99.

9   Rossine F. W, et al., (2020) Eco-evolutionary significance of "loners". PLoS Biol 18(3): e3000642.

1장   4. 타인과 비교하면 할수록 불행해진다

1   Clark A. & Senik C. (2010) Who Compares to Whom? The Anatomy of Income Comparisons in Europe. The Economic Journal, Vol. 120, Issue 544, pp. 573-594.

2   Solnick S. J. & Hemenway D. (1998) Is more always better? :A survey on positional concerns. Journal of Economic Behavior & Organization Vol. 37, pp. 373-383.

3   Biswas-Diener R. & Diener E. (2006) The Subjective Well-Being of the Homeless, and Lessons for Happiness. Social Indicators Research, April, Volume 76, Issue 2, pp. 185–205.

4   Falk A. et al., (2007) Social Comparison Affects Reward-Related Brain Activity in the Human Ventral Striatum. Science 318(5854):1305-8, December.

5   Kahneman D. & Schkade D. A. (1998) Does Living in California Make People Happy? A Focusing Illusion in Judgments of Life Satisfaction. Psychological Science, September.

6   Blanton H. & Stapel D. A. (2008) Unconscious and Spontaneous and Com-

plex: The Three Selves Model of Social Comparison Assimilation and Contrast. Journal of Personality and Social Psychology, Vol. 94, No. 6, 1018 –1032.

7   van Dijk W. W., Ouwerkerk J. W., Smith R. H. (2015) The role of self-evaluation and envy in schadenfreude. European Review of Social Psychology, Volume 26.

1장   5. 타인에게 인정받고 싶어 한다

1   Deri S., Davidai S. & Gilovich T. (2017) Home alone: Why people believe others' social lives are richer than their own. Journal of Personality and Social Psychology, 113, 858-877.

2   Jihyung S. (2018) Joint Association of Screen Time and Physical Activity with Obesity: Findings from the Korea Media Panel Study. Osong Public Health Res Perspect. Aug; 9(4): 207–212.

3   Gilovich T., Medvec V. H., Savitsky K. (2000) The spotlight effect in social judgment: an egocentric bias in estimates of the salience of one's own actions and appearance. J Pers Soc Psychol., Feb;78(2):211-22.

4   Twenge J. M., Martin G. N., Campbell W. K. (2018) Decreases in Psychological Well-Being Among American Adolescents After 2012 and Links to Screen Time During the Rise of Smartphone Technology. Emotion, Jan 22.

5   Morten T. (2016) The Facebook Experiment: Quitting Facebook Leads to Higher Levels of Well-Being. Cyberpsychology, Behavior, and Social Networking, November, 19(11): 661-666.

6   Arad A., Barzilay O., Perchick M. (2017) The Impact of Facebook on Social Comparison and Happiness: Evidence from a Natural Experiment, February 13.

1장   6. 이웃집 변호사는 행복하지 않다

1   Pierson P. B., Hamilton A., Pepper M. & Root M., (2017) Stress Hardiness and Lawyers , 42 J. Legal Prof. 1

2   Seligman M., Verkuil P., Terry K. (2001) Why Lawyers are Unhappy. Cardozo Law Review, Volume 23, November.

3   Kohn M. L., Schooler C. (1964) Survey of Men Employed in Civilian Occupations in the United States. (ICPSR 9242)

4   Bateson M., Nettle D., Roberts G. (2006) Cues of being watched enhance cooperation in a real-world setting. Biol Lett. Sep 22; 2(3): 412–414.

5   Beaman A. L. et al., (1979) Self-awareness and transgression in children: Two field studies. Journal of Personality and Social Psychology, Vol 37(10), Oct, 1835-1846.

6   Dworkin S. I., Mirkis S., Smith J. E. (1995) Response-dependent versus response-independent presentation of cocaine: differences in the lethal effects of the drug. Psychopharmacology (Berl). Feb;117(3):262-6.

1장   7. 사랑에 빠지면 눈이 멀게 설계됐다

1   Murray S. L. et al., (2011) Tempting fate or inviting happiness? Unrealistic idealization prevents the decline of marital satisfaction. Psychological Science, vol. 22, 619-626.

2   Mare R. D. (2016) Educational Homogamy in Two Gilded Ages: Evidence from Intergenerational Social Mobility data. The Annals of the American Academy of Political and Social Science 663(1):117-139.

3   Carroll J. S. et al., (2011) Materialism and Marriage: Couple Profiles of Congruent and Incongruent Spouses. Journal of Couple & Relationship Therapy, pp. 287-308.

4   Sung-Jin K. & Rudolf R. (2015) Lags and Leads in Life Satisfaction in Korea: When Gender Matters. Feminist Economics, Volume 21, pp. 136-163.

5   Diener E. et al., (2012) The prospective effect of life satisfaction on life events. Social Psychological and Personality Science. Advance online publication.

6   Schleifer S. J. et al., (1983) Suppression of lymphocyte stimulation following bereavement. JAMA, Jul 15;250(3):374-7.

7   Kraus & Lilienfeld. (1959) Some epidemiologic aspects of the high mortality rate in the young widowed group. Journal of Chronic Diseases, Volume 10, Issue 3, September, pp. 207-217.

8   Young M., Benjamin B., Wall C. (1963) The Mortality of Widowers. Lancet, V.2, August 31, pp. 454-456.

9   Wong C. W. et al., (2018) Marital status and risk of cardiovascular diseases: a systematic review and meta-analysis. Heart.

10   Blanchflower D. G. & Oswald A. J. (2004) Money, Sex, and Happiness: An Empirical Study. The Scandinavian Journal of Economics 106(3), 393–415.

1장   8. 외모가 아름다우면 더 행복해진다

1   Finzi E. & Wasserman E. (2006) Treatment of depression with botulinum toxin A: a case series. Dermatologic Surgery, 32(5): 645-9; discussion 9-50.

2   Davis J. I. et al., (2010) The Effects of BOTOX Injections on Emotional Experience. Emotion, Jun; 10(3): 433–440.

3   Baumeister J. C., Papa G., Foroni F. (2016) Deeper than skin deep; The effect of botulinum toxin-A on emotion processing. Toxicon, 118: 86.

4   Hatfield E. & Sprecher S. (1986) Measuring passionate love in intimate relations. Journal of Adolescence, 9, 383-410.

5   Bjornsson A. S. (2010) Body dysmorphic disorder. Dialogues Clin Neurosci. Jun; 12(2): 221–232.

6   Kenrick D. T. & Gutierres S. E. (1980) Contrast effects and judgments of physical attractiveness: When beauty becomes a social problem. Journal of Personality and Social Psychology, 38(1), 131-140.

7   Kniffin K. M. & Wilson D. S. (2004) The effect of nonphysical traits on the perception of physical attractiveness Three naturalistic studies. Evolution and Human Behavior 25, 88–101.

8   Diener E., Wolsic B., Fujita F. (1995) Physical Attractiveness and Subjective Weil-Being. Journal of Personality and Social Psychology, Vol. 69, No. 1, 120-129,

9   박은아(2003), 「신체존중감이 주관적 안녕감에 미치는 영향에 관한 비교문화 연구: 한국과 미국 여대생을 대상으로」, 한국심리학회지, 22(2): 35~56.

1장   9. 외모를 보고 유전자 품질을 평가한다

1   Baudouin J. Y. & Tiberghien G. (2004) Symmetry, averageness, and feature size in the facial attractiveness of women. Acta Psychol(Amst) Nov;117(3):313-32.

2   Grammer K. & Thornhill R. (1994) Human (Homo sapiens) Facial Attractiveness and Sexual Selection: The Role of Symmetry and Averageness. Journal of Comparative Psychology 108(3):233-42.

3   Møller A. P. (1992) Female swallow preference for symmetrical male sexual ornaments. Nature 357, 238 – 240. / (1993) Female preference for apparently symmetrical male sexual ornaments in the barn swallow Hirundo rustica. Behavioral Ecology and Sociobiology, Volume 32, Issue 6, 371–376.

4   Thornhill R. & Gangestad S. W. (1993) Human facial beauty: averageness, symmetry and parasite resistance. Human Nature 4:237-269.

5   Perrett D. I. et al., (1999) Symmetry and Human Facial Attractiveness. Evolution and Human Behavior 20: 295–307.

6   데이비드 페렛(2014), 『끌리는 얼굴은 무엇이 다른가』, 박여진 역, 엘도라도, p. 135

7   데이비드 페렛(2014), 『끌리는 얼굴은 무엇이 다른가(In Your face)』, 박여진
     역, 엘도라도, p. 151.

8   Perrett D. & Yoshikawa S. (1994) Facial shape and judgements of female at-
     tractiveness. Nature 368(6468):239-42.

9   Langlois J. H. & Roggman L. A. (1990) Attractive Faces Are Only Average.
     Psychological Science, vol.1 no. 2 115-121.

10   Winkielman P. et al., (2006) Prototypes Are Attractive Because They Are
     Easy on the Mind. Psychological Science September 1, 17: 799-806.

11   Booth A. & Dabbs J. M. (1993) Testosterone and Men's Marriages. Social
     Forces, Volume 72, Issue 2, pp. 463–477.

12   Buss D. M. (1989) Sex differences in human mate preferences: Evolutionary
     hypotheses tested in 37 cultures. Behavioral and Brain Sciences, Volume
     12, Issue 1 March, pp. 1-14.

13   Rhodes G. (2006) The evolutionary psychology of facial beauty. Annu. Rev.
     Psychol. 57, 199–226.

14   Thune I. et al., (2004) Large breasts and narrow waists indicate high repro-
     ductive potential in women. Proc Biol Sci. Jun 22; 271(1545): 1213–1217.

15   Perrett D. et al., (2004) Female facial attractiveness increases during the fer-
     tile phase of the menstrual cycle. Proc Biol Sci. Aug 7; 271(Suppl 5): S270–
     S272.

16   Breiter H. C. et al., (2001) Beautiful faces have variable reward value: fMRI
     and behavioral evidence. Neuron, Nov 8;32(3):537-51.

17   Dolan R.J. et al., (2003) Beauty in a smile: the role of medial orbitofrontal
     cortex in facial attractiveness. Neuropsychologia 41, 147–155.

18   Aharon l. et al., (2001) Beautiful Faces Have Variable Reward Value: fMRI
     and Behavioral Evidence. Neuron, Volume 32, Issue 3, pp. 537-551.

19   Levy B. et al., (2008) Gender differences in the motivational processing of
     facial beauty. Learn Motiv.May;39(2)

20   Singh D. (1993)Adaptive significance of female physical attractiveness: Role
     of waist-to-hip ratio. Journal of Personality and Social Psychology, Vol
     65(2), 293-307.

21   Horvath T. (1979) Correlates of physical beauty in men and women. Social
     Behavior and Personality: An international journal, 7, 145-152.

22   Mienis H. K. et al., (2006) Middle Paleolithic shell beads in Israel and Alge-
     ria. Science, Jun 23;312(5781):1785-8

1장 10. 왜 인류는 다양한 얼굴을 갖게 됐는가

1   Sheehan M. J. & Nachman M. W. (2014) Morphological and population genomic evidence that human faces have evolved to signal individual identity. Nature Communications, volume 5, 16 September.

2   Langlois J. H. et al., (1987) Infant preferences for attractive faces: Rudiments of a stereotype? Developmental Psychology, 23(3), 363-369.

3   Tsukiura T. (2012) Neural mechanisms underlying the effects of face-based affective signals on memory for faces: a tentative model. Front. Integr. Neurosci., 24 July, Volume 6. / Hongbo Y., Zhiheng Z., Xiaolin Z. (2013) The amygdalostriatal and corticostriatal effective connectivity in anticipation and evaluation of facial attractiveness. Brain Cogn. Aug;82(3):291-300.

4   Langlois J. H,et al., (2000) Maxims or myths of beauty? A meta-analytic and theoretical review. Psychol Bull, May;126(3):390-423.

5   Hatfield E. & Sprecher S. (1986) Mirror, Mirror: The Importance of Looks in Everyday Life.State University of New York Press.

6   Judge T. A. & Cable D. M. (2004) The Effect of Physical Height on Workplace Success and Income: Preliminary Test of a Theoretical Model. Journal of Applied Psychology, Vol. 89, No. 3, 428–441.

7   Hamermesh D. S. & Biddle J. (1993) Beauty and the Labor Market. NBER Working Paper No. w4518.

8   Bosman C. M. et al., (2006) Business success and businesses' beauty capital. Economics Letters, Vol 93, 3, pp. 201~207.

9   Solnick S. J. & Schweitzer M. E. (1999) The Influence of Physical Attractiveness and Gender on Ultimatum Game Decisions. Organizational Behavior and Human Decision Processes, Volume 79, Issue 3, pp. 199-215.

10 Benson P. L., Karabenick S. A., Lerner R. M. (1976) Pretty pleases: The effects of physical attractiveness, race, and sex on receiving help. Journal of Experimental Social Psychology, Volume 12, Issue 5, pp. 409-415.

11 Collins N. A. et al., (2008) Facial Similarity between Voters and Candidates Causes Influence. Public Opin Q 72(5): 935-961.

12 DeBruine L. M. (2002) Facial Resemblance Enhances Trust. Proceedings of the Royal Society of London B, vol. 269, 1307~1312.

13 Burt M. & Perrett D. I. (1997) Perceptual asymmetries in judgements of facial attractiveness, age, gender, speech and expression. Neuropsychologia, 35(5), 685-693.

14 Piper J. et al., (2003) Alcohol consumption increases attractiveness ratings of opposite-sex faces: a possible third route to risky sex. Addiction.

Aug;98(8):1069-75.

15　　Gladue B. A., Delaney H. J. (1990) Gender Differences in Perception of At-
tractiveness of Men and Women in Bars. Personality and Social Psychol-
ogy Bulletin, June 1.

16　　Kniffin K. M. & Wilson D. S. (2004) The effect of nonphysical traits on the
perception of physical attractiveness: Three naturalistic studies. Evolution
and Human Behavior, 25(2), 88-101.

2장　1. 새해 결심을 어떻게 이룰 수 있을까

1　　Norcross J. & Vangarelli D. (1988) The resolution solution: Longitudinal
examination of New Year's change attempts, Journal of Substance Abuse,
vol: 1 (2) pp. 127-134.

2　　Thaler R. (1981) Some empirical evidence on dynamic inconsistency. Eco-
nomics Letters Volume 8, Issue 3, pp. 201-207.

3　　Loewenstein G. (1987) Anticipation and the Valuation of Delayed Con-
sumption. The Economic Journal, Vol. 97, No. 387, pp. 666-684.

4　　Schlüter C. et al., (2018) The Structural and Functional Signature of Action
Control. Psychological Science, August 17.

5　　Wohl M. J. A., Pychyl T. A., Bennett S. H. (2010) I forgive myself, now I
can study: How self-forgiveness for procrastinating can reduce future pro-
crastination. Personality and Individual Differences 48, 803–808.

6　　Hershfield H. et al., (2011) Increasing Saving Behavior Through Age-Pro-
gressed Renderings of the Future Self. J Mark Res. Nov; 48: S23–S37.

2장　2. 어떻게 하면 인생이 재미있어질 수 있는가

1　　Harlow H. F. (1949) The formation of learning sets. Psychological Review,
56(1), 51–65.

2　　Deci E. L. (1971) Effects of externally mediated rewards on intrinsic moti-
vation. Journal of Personality and Social Psychology, 18, 105–115.

3　　Hart W., Albarracín D. (2009) The effects of chronic achievement motiva-
tion and achievement primes on the activation of achievement and fun
goals. J Pers Soc Psychol. Dec; 97(6): 1129–1141.

4　　Lepper M. R., Greene D., Nisbett R. E. (1973) Undermining children's
intrinsic interest with extrinsic reward: A test of the "overjustification" hy-
pothesis. Journal of Personality and Social Psychology, Vol 28(1), Oct, 129-
137.

5　　Wrzesniewskia A. et al., (2014) Multiple types of motives don't multiply the motivation of West Point cadets. PNAS, July 29, vol. 111, no. 30.

6   Ruby M. B. et al., (2011) The invisible benefits of exercise. Health Psychol. 2011 Jan;30(1):67-74.

2장   3. 돈 많이 벌고 부자가 되면 행복해질 수 있는가

1   Diener R. B. & Diener E. (2006) The Subjective Well-Being of the Home-less, and Lessons for Happiness. Social Indicators Research, April, Volume 76, Issue 2, pp. 85–205.

2   Easterlin R. (1974) Does Economic Growth Improve the Human Lot? Some Empirical Evidence. In David P. A. & Reder M. W. (eds.) Na-tions and Households in Economic Growth: Essays in Honor of Moses Abramovitz. New York: Academic Press, Inc.

3   Kahneman D. & Deaton A. (2010) High income improves evaluation of life but not emotional well-being. Proceedings of the National Academy of Sciences, 107, 16489-16493.

4   Tella R. D., Haisken-De New J., MacCulloch R. (2007) Happiness adapta-tion to income and to status in an individual panel. June, SSRN Electronic Journal 76(3):834-852.

5   Stevenson B. & Wolfers J. (2008) Economic Growth and Subjective Well-Being: Reassessing the Easterlin Paradox. Brookings Papers on Economic Activity, Spring.

6   Easterlin R. (2001) Life cycle welfare: evidence and conjecture. The Journal of Socio-Economics, vol. 30, no. 1, Jan. p. 31.

2장   4. 돈으로 물건이 아닌 경험과 의미를 구매한다

1   Van Boven L. & Gilovich T. (2003) To Do or to Have? That Is the Ques-tion. Journal of Personality and Social Psychology, 85(6), 1193–1202.

2   Howell R. T. & Hill G. (2009) The mediators of experiential purchases: Determining the impact of psychological needs satisfaction and social comparison. The Journal of Positive Psychology Vol. 4, No. 6, November 2009, 511–522.

3   Ruvio A., Somer E., Aric Rindfleisch. (2014) When bad gets worse: the amplifying effect of materialism on traumatic stress and maladaptive con-sumption. Journal of the Academy of Marketing Science, Volume 42, Issue 1, pp. 90–101.

4   Rik Pieters. (2013) Bidirectional Dynamics of Materialism and Loneliness: Not Just a Vicious Cycle. Journal of Consumer Research, Volume 40, Is-

sue 4, 1, pp. 615–631.

5   Cooney G., Gilbert D. T., Wilson T. D. (2014) The Unforeseen Costs of Extraordinary Experience. Psychological Science.

2장   5. 돈을 '내'가 아니라 '타인'을 위해서 써보자

1   Dunn E. W., Aknin L. B. & Norton M. I. (2008) Spending money on others promotes happiness. Science, 319, 1687-1688.

2   Aknin L. B. et al., (2013) Prosocial spending and well-being: Cross-cultural evidence for a psychological universal. Journal of Personality and Social Psychology, 104, 635-652.

3   Van Boven L. & Gilovich T. (2003) To Do or to Have? That Is the Question. Journal of Personality and Social Psychology, Vol 85(6), Dec, 1193-1202.

4   Dunn E. W., Gilbert D. T., Wilson T. D. (2011) If money doesn't make you happy, then you probably aren't spending it right. Journal of Consumer Psychology Volume 21, April, pp. 115–125.

2장   6. '사다리 질서'를 '원탁 질서'로 바꿀 수 있다

1   Petit A., Geoffroy P., Bélisle S. (1997) Expression of G proteins in human placentas from pregnancies complicated by gestational hypertension. Life Sciences, Volume 60, Issue 12, 14 February, pp. 953-960.

2   Kaplan J. R., Chen H., Manuck S. B. (2009) The relationship between social status and atherosclerosis in male and female monkeys as revealed by meta-analysis. Am J Primatol. Sep;71(9):732-41.

3   Kaplan J. R., et al., (1982) Social status, environment, and atherosclerosis in cynomolgus monkeys. Arteriosclerosis. Sep-Oct 1982;2(5):359-68.

4   Shively C. A. & Clarkson T. B. (1994) Social status and coronary artery atherosclerosis in female monkeys. Arteriosclerosis And Thrombosis: A Journal Of Vascular Biology, 01 May, 14(5):721-726.

5   Sapolsky R. M. (1993) Endocrinology alfresco: Psychoendocrine studies of wild baboons. Recent Progress in Hormone Research, 48:437–468.

6   Rose G. & Marmot M. G. (1981) Social class and coronary heart disease. Br Heart J. Jan; 45(1): 13–19.

7   Gneezy U., Niederle M., Rustichini A. (2003) Performance in Competitive Environments: Gender Differences. Q J Econ, 118(3): 1049-1074.

8   Avishalom T. & Stephen G. M. (2009) The N-Effect: Beyond Winning Probabilities. Psychological Science, November 9.

9   Bongsoo J. et al., (2017) Emergence of unusual coexistence states in cyclic game systems. Scientific Reports volume 7, Article number: 7465.

2장   7. 하는 일 없이 빈둥거리면 행복해질 수 없다

1   Gustavson D. E. et al., (2014) Genetic Relations Among Procrastination, Impulsivity, and Goal-Management Ability: Implications for the Evolutionary Origin of Procrastination. Psychological Science April 4.

2   Charbonneau D. & Dornhaus A. (2015) Workers 'specialized' on inactivity: Behavioral consistency of inactive workers and their role in task allocation. Behavioral Ecology and Sociobiology,Volume 69, Issue 9, pp. 1459-1472.

3   Hasegawa E. et al., (2016) Lazy workers are necessary for long-term sustainability in insect societies. Scientific reports Vol.6: Article 20846.

4   Hsee C. K., Yang A. X. & Wang L. (2010) Idleness aversion and the need for justifiable busyness. Psychological, Science, 21, 926-930.

2장   8. 몰입 상태에 들어서면 지혜를 체험하게 된다

1   Csikszentmihalyi M., LeFevre J. (1989) Optimal experience in work and leisure. Journal of Personality and Social Psychology, Vol 56(5), May, 815-822.

2   미하이 칙센트미하이(2009), 『몰입의 재발견(The Evolving Self)』, 김우열 역, 한국경제신문

3   Metcalfe J. et al., (2014) The cognitive antecedents and motivational consequences of the feeling of being in the zone. Consciousness and Cognition Volume 30, November 2014, pp. 48–61.

4   Ginis K. M., Bray S. R. (2010) Application of the limited strength model of self-regulation to understanding exercise effort, planning and adherence. Psychology & Health, Volume 25, Issue 10.

5   케네스 토마스(2011), 『열정과 몰입의 방법』, 장윤재 · 구자숙 역, 지식공작소

6   Killingsworth M. A., Gilbert D. T. (2010) A Wandering Mind Is an Unhappy Mind. Science 12 November: Vol. 330 no. 6006 p. 932.

7   Buckner R. L. et al., (2008) The Brain's Default Network: Anatomy, Function, and Relevance to Disease. Annals of the New York Academy of Sciences 1124 (1): 1–38.

8   Sridharan D., Levitin D. J., Menon V. (2008) A critical role for the right fronto-insular cortex in switching between central-executive and default-mode networks. Proc Natl Acad Sci U S A. Aug 26;105(34):12569-74.

Franklin M. S. et al., (2013) The silver lining of a mind in the clouds: interesting musings are associated with positive mood while mind-wandering. Front. Psychol., 27 August.

2장   9. 하고 싶은 일을 하며 의미를 찾아야 한다

1   Kray L. & Gonzalez R. (1999) Differential weighting in choice versus advice: I'll do this, you do that. Journal of Behavioral Decision Making. 12(3), 207–217.

2   Faulkner W. (1956)『The Paris Review』, spring.

3   Schwartz B. et al., (1997) Jobs, Careers, and Callings: People's Relations to Their Work. Journal of Research in Personality, 31, 21–33.

4   Wrzesniewski A. & Dutton J. E. (2001) Crafting a Job: Revisioning Employees as Active Crafters of Their Work. The Academy of Management Review, Vol. 26, No. 2, pp. 179-201.

5   Ariely D. et al., (2012) The 'IKEA Effect': When Labor Leads to Love. Journal of Consumer Psychology, 22(3) July: 453–460.

2장   10. 자신의 실수를 용납하지 못하면 불행해진다

1   Hewitt P. L., Flett G. L. (1991) Perfectionism in the self and social contexts: conceptualization, assessment, and association with psychopathology. J Pers Soc Psychol. Mar;60(3):456-70.

2   탈 벤 샤하르(2010), 『완벽의 추구』, 노혜숙 역, 위즈덤하우스

3   Allen A. B., Barton, J. & Stevenson O. (2015) Presenting a self-compassionate image after an interpersonal transgression. Self and Identity, 14, 33-50.

4   Smith M. M. et al., (2018) Are perfectionism dimensions risk factors for anxiety symptoms? A meta-analysis of 11 longitudinal studies. Anxiety Stress Coping, Jan;31(1):4-20.

5   Smith M. M. et al., (2017) Is socially prescribed perfectionism veridical? A new take on the stressfulness of perfectionism. Personality and Individual Differences, Volume 110, 1 May, pp. 115-118.

6   Smith M. M. et al., (2016) Are Perfectionism Dimensions Vulnerability Factors for Depressive Symptoms After Controlling for Neuroticism? A Meta□analysis of 10 Longitudinal Studies. 11 March.

7   Hewitt P. L. et al., (2017) The perniciousness of perfectionism: A meta□analytic review of the perfectionism–suicide relationship. Personality, Volume 86, Issue3, 22 July, 522-542.

8   Saklofske D. H. et al, (2019) Are perfectionism dimensions risk factors for

bulimic symptoms? A meta-analysis of longitudinal studies. Personality and Individual Differences, Volume 138, 1 February, pp. 117-125.

9   Smith M. M. et al., (2019) Perfectionism and the Five-Factor Model of Personality: A Meta-Analytic Review. Personality and Social Psychology Review, Oct;23(4):367-390.

10 Stoeber J. & Harvey L. N. (2016) Multidimensional Sexual Perfectionism and Female Sexual Function: A Longitudinal Investigation. Archives of Sexual Behavior, November, Volume 45, Issue 8, pp. 2003–2014.

11 Hill A. P. & Curran T. (2015) Multidimensional Perfectionism and Burnout: A Meta-Analysis. Personality and Social Psychology Review, July 31.

12 Smith M. M. et al., (2019) Perfectionism and the Five-Factor Model of Personality: A Meta-Analytic Review. Personality and Social Psychology Review, Oct;23(4):367-390.

13 Curran Thomas. & Hill A. P. (2019) Perfectionism is increasing over time: A meta-analysis of birth cohort differences from 1989 to 2016. Psychological Bulletin, Vol 145(4), 410-429.

3장   1. 불행해진 사람은 벌받을 짓을 했을까

1   Piaget J. (1932) The moral judgment of the child. Harcourt, Brace.

2   Jose P. E. (1991) Measurement Issues in Children's Immanent Justice Judgments. Merrill-Palmer Quarterly, Vol. 37, No. 4, pp. 601-617.

3   Decety J., Echols S., Correll J. (2010) The blame game: the effect of responsibility and social stigma on empathy for pain. J Cogn Neurosci. May;22(5):985-97.

4   Sadow D. (1983) Irrational Attributions of Responsibility: Who, What, When, and Why. Psychological Reports, April 1.

5   Janoff-Bulman R., Timko C., Carli L. (1985) Cognitive biases in blaming the victim. Journal of Experimental Social Psychology, March, 21(2):161-177.

6   Sykes G. M. & Matza D. (1957) Techniques of Neutralization: A Theory of Delinquency. American Sociological Review, Vol. 22, No. 6, pp. 664-670

7   Zuckerman M. (1975) Belief in a just world and altruistic behavior. Journal of Personality and Social Psychology, 31(5), 972–976.

8   Lerner M. J. (1965) Evaluation of performance as a function of performer's reward and attractiveness. Journal of Personality and Social Psychology, 1(4), 355-360.

9   Kay A. C. et al., (2019) Understanding Contemporary Forms of Exploitation: Attributions of Passion Serve to Legitimize the Poor Treatment of

Workers. Journal of Personality and Social Psychology, 118(1).

10   Van Lange P. A. (2017) The rich are easily offended by unfairness: Wealth triggers spiteful rejection of unfair offers. Journal of Experimental Social Psychology, 71, 138-144.

11   Jost J. T., Banaji M. R., Nosek B. A. (2004) A decade of system justification theory: Accumulated evidence of conscious and unconscious bolstering of the status quo. Political Psychology, 25, 881–919.

12   Jost J. T., & Banaji M. R. (1994) The role of stereotyping in system-justification and the production of false consciousness. British Journal of Social Psychology, 33(1), 1–27.

13   Zucker G. S. & Weiner B. (1993) Conservatism and perceptions of poverty: An attributional analysis. Journal of Applied Social Psychology, 23(12), 925–943.

14   Bègue L. (2005) Self-esteem regulation in threatening social comparison: The roles of belief in a just world and self-efficacy. Social Behavior and Personality: An International Journal, 33(1), 69–76.

15   Pancer S. M. (1988) Salience of appeal and avoidance of helping situations. Canadian Journal of Behavioural Science / Revue canadienne des sciences du comportement, 20(2), 133–139.

16   Bègue L. et at., (2008) Altruistic behavior and the bidimensional just world belief. Am J Psychol. Spring 121(1):47-56.

17   Zuckerman M. (1975) Belief in a just world and altruistic behavior. Journal of Personality and Social Psychology, 31(5), 972–976.

3장   2. 공정성을 따지고 분노하는 것은 본성이다

1   Brosnan S. F. & De Waal F. B. M. (2003) Monkeys reject unequal pay. Nature, Sep 18; 425(6955):297-9.

2   Oswald A. J. & Zizzo D. J. (2000) Are people willing to pay to reduce others' incomes? Working Paper. Coventry: University of Warwick.

3   Dolan R. J. (2012) Human responses to unfairness with primary rewards and their biological limits. Scientific Reports, volume 2, Article number: 593.

4   Cohen J. D. et al., (2003) The neural basis of economic decision-making in the Ultimatum Game. Science, Jun 13;300(5626):1755-8.

5   Fehr E. et al., (2006) Diminishing Reciprocal Fairness by Disrupting the Right Prefrontal Cortex. Science, 03 Nov: Vol. 314, Issue 5800, pp. 829-832.

6   Sanfey A. G. et al., (2003) The Neural Basis of Economic Decision-Making in the Ultimatum Game. Science, New Series, Vol. 300, No. 5626, Jun. 13, pp. 1755-1758.

7   Sanfey A. G. (2018) Neurobiological Mechanisms of Responding to Injustice. Journal of Neuroscience 19 February, 1242-17.

8   Mendes N. et al., (2017) Preschool children and chimpanzees incur costs to watch punishment of antisocial others. Nature Human Behaviour, 18 December.

9   Bhalla J. (2013) Justice Is in Our Nature. Scientific American, May 29.

10   Hegtvedt K. A. & Killian C. (1999) Fairness and Emotions: Reactions to the Process and Outcomes of Negotiations. Soc Forces, 78(1): 269-302.

11   Tricomi E. et al., (2010) Neural evidence for inequality-averse social preferences. Nature 463, 25 February, 1089-1091.

3장   3. 복수한다는 생각만으로 달콤함을 느낀다

1   Fehr E. & Gächter S. (2002) Altruistic punishment in humans. Nature 415, January, 137-140.

2   DeQuervain D. et al., (2004) The Neural Basis of Altruistic Punishment. Science, 305(5688), pp. 1254–58.

3   Chester D. S. & DeWall C. N. (2016) The pleasure of revenge: retaliatory aggression arises from a neural imbalance toward reward. Soc Cogn Affect Neurosci 11(7): 1173-1182.

4   Chester D. S. & DeWall C. N. (2017) Combating the sting of rejection with the pleasure of revenge: A new look at how emotion shapes aggression. J Pers Soc Psychol. Mar;112(3):413-430.

5   Eadeh F. R., Peak S. A., Lambert A. J. (2017) The bittersweet taste of revenge: On the negative and positive consequences of retaliation. Journal of Experimental Social Psychology, Volume 68, January, pp. 27-39.

6   마이클 맥컬러프(2009), 『복수의 심리학(Beyond Revenge)』, 김정희 역, 살림.

3장   4. 우리는 진보주의자인 동시에 보수주의자다

1   Hatemi P., McDermott R. (2012) The genetics of politics: discovery, challenges, and progress. Trends in Genetics, October, Vol. 28, No. 10.

2   Kanai R. et al., (2011) Political orientations are correlated with brain structure in young adults. Curr Biol,21(8): pp. 677-80.

3   Inbar Y. et al., (2012) Disgust Sensitivity, Political Conservatism, and Voting. Social Psychological and Personality Science, 3(5): pp. 537-544.

4   Settle J. E. et al., (2010) Friendships Moderate an Association Between a Dopamine Gene Variant and Political Ideology. J Polit, 72(4): pp. 1189-1198.

5   Hatemi P. K., McDermott R. (2012) The genetics of politics: discovery, challenges, and progress. Trends in Genetics, October, Vol. 28, No. 10.

6   조지 레이코프(2012), 『폴리티컬 마인드』, 나익주 역, 한울아카데미

7   Waytz A., Dungan J., Young L. (2013) The whistleblower's dilemma and the fairness–loyalty tradeoff. Journal of Experimental Social Psychology 49, 1027–1033.

8   조너선 하이트(2014), 『바른 마음』, 왕수민 역, 웅진지식하우스

9   최인수 외(2014), 『트렌드 모니터 2015』, 마크로밀엠브레인 컨텐츠사업부 편, 지식노마드

10   Todorov A. et al., (2005) Inferences of Competence from Faces Predict Election Outcomes. Science, Vol 308, 10 June.

11   Bailenson J. N. et al., (2008) Facial Similarity between Voters and Candidates Causes Social Influence. Public Opinion Quarterly, Volume 72, Issue 5, December, pp. 935–961.

12   조지 레이코프, (2006) 『코끼리는 생각하지 마』, 유나영 역, 삼인

3장   5. 보수주의자와 진보주의자 중 누가 더 행복한가

1   Waismel-Manor I., Ifergane G., Cohen H. (2011) When endocrinology and democracy collide: Emotions, cortisol and voting at national elections. European Neuropsychopharmacology.

2   Hibbing J. R. et al., (2011) The Stress of Politics: Endocrinology and Voter Participation. Annual Meeting of the International Society for Political Psychology.

3   Schreiber D. et al., (2013) Red Brain, Blue Brain: Evaluative Processes Differ in Democrats and Republicans. PLoS ONE, 8(2): e52970.

4   Daniel M. et al., (2005) American Roulette: The Effect of Reminders of Death on Support for George W. Bush in the 2004 Presidential Election. Analyses of Social Issues and Public Policy 5(1): 177-187.

5   Craig M. A. & Richeson J. A. (2014) On the precipice of a "Majority-Minority" America perceived status threat from the racial demographic shift affects white Americans' political ideology. Psychological Science, 0956797614527113.

6   Napier J. L. & Jost J. T. (2008) Why Are Conservatives Happier Than Liberals? Psychological Science, Volume 19 Number 6, New York University.

7   Kent J. M. et al., (2005) Youth-Parent Socialization Panel Study, 1965-1997: Four Waves Combined. Ann Arbor, MI: Inter-university Consortium for Political and Social Research.

3장   6. 감정적으로 호감을 느낀 후보에게 투표한다

1   Sumner W. G. (1918) The Forgotten Man and Other Essays. Edited by Albert Galloway Keller (New Haven: Yale University Press), pp. 465-495.

2   Lenz G. S. & Lawson C. (2011) Looking the Part: Television Leads Less Informed Citizens to Vote Based on Candidates' Appearance. American Journal of Political Science, Volume 55, Issue 3 July, pp. 574–589.

3   Klofstad C. A. et al. (2012), Sounds like a winner: voice pitch influences perception of leadership capacity in both men and women. Proc Biol Sci. Jul 7; 279(1738): 2698–2704.

4   이강형(2009), 「네거티브 선거 캠페인의 효과: 2007년 대통령선거 투표참여를 중심으로」, 언론과학연구 vol.9, no.2, 통권 29호, pp. 355-394.

5   강원택(2009), 「2007년 대통령 선거와 네거티브 캠페인의 효과」, 한국정치학회보, 2009, vol.43, no.2, pp. 131-146.

6   Hibbing J. R. (2011) The Stress of Politics: Endocrinology and Voter Participation. Annual Meeting of the International Society for Political Psychology.

7   Tashjian S. M. & Galván A. (2018) The Role of Mesolimbic Circuitry in Buffering Election-Related Distress. Journal of Neuroscience, Mar 14;38(11):2887-2898.

3장   7. 왜 인간은 맹목적으로 추종하는가

1   Anderson C. A., Lepper M. R., Ross L. (1980) Perseverance of Social Theories: The Role of Explanation in the Persistence of Discredited Information. Journal of Personality and Social Psychology, Vol. 39, No.6, 1037-1049.

2   Horcajo J., Petty R. E., Briñol P. (2010) The effects of majority versus minority source status on persuasion: A self-validation analysis. Journal of Personality and Social Psychology, Vol 99(3), Sep, 498-512.

3   Mercier H. et al., (2016) The Selective Laziness of Reasoning. Cogn Sci. Nov;40(8):2122-2136.

4   Rozenblit L. & Keil F. (2002) The misunderstood limits of folk science: an illusion of explanatory depth. Cogn Sci. Sep 1; 26(5): 521–562.

5   Fernbach P. M. et al., (2013) Political extremism is supported by an illusion

of understanding. Psychol Sci. 2013 Jun;24(6):939-46.

3장 8. 왜 선동자나 독재자에게 세뇌되는가

1 Keltner D. et al., (2012) Class and compassion: socioeconomic factors pre-dict responses to suffering. Emotion, Jun;12(3):449-59.

2 Dietze P. &. Knowles E. D. (2016) Social Class and the Motivational Rel-evance of Other Human Beings Evidence From Visual Attention. Psycho-logical Science, October 3.

3 크리스 프리스(2009), 『인문학에게 뇌과학을 말하다(Making up the mind)』, 장호연 역, 동녘사이언스, p. 244

4 MacLean P. D. (1985) Brain evolution relating to family, play, and the sepa-ration call. Archives of General Psychiatry, 42(4), 405–417.

5 Langford D. J. et al., (2006) Social modulation of pain as evidence for em-pathy in mice. Science, Jun 30;312(5782):1967-70.

6 Avenanti A. et al., (2005) Transcranial magnetic stimulation highlights the sensorimotor side of empathy for pain. Nat Neurosci. Jul;8(7):955-60.

7 Singer T. et al., (2004) Empathy for pain involves the affective but not sen-sory components of pain. Science. Feb 20;303(5661):1157-62.

8 Batson C. D., Fultz, J., & Schoenrade, P. A. (1987) Distress and empathy: Two qualitatively distinct vicarious emotions with different motivational consequences. Journal of Personality, 55, 19-39.

9 Zaki J., Ochsner K. N. (2012) The neuroscience of empathy: progress, pit-falls and promise. Nat Neurosci. Apr 15;15(5):675-80.

10 Batson, C. D. (1991) The altruism question: Toward a social-psychological answer. Lawrence Erlbaum Associates, Inc.

11 Stotland E. (1969) Exploratory studies in empathy. In L. Berkowitz (Ed.), Advances in experimental social psychology (Vol. 4, pp. 271-314.

12 Decety J. et al., (2007) Expertise modulates the perception of pain in others. Curr Biol. Oct 9;17(19):1708-13.

3장 9. 왜 똑똑한 사람이 이상한 것을 믿는가

1 토머스 키다(2007), 『생각의 오류』, 박윤정 역, 열음사

2 미르치아 엘리아데(2003), 『영원회귀의 신화(Le mythe de l'eternel retour)』, 심재중 역, 이학사, p.102.

3 마이클 셔머(2012), 『믿음의 탄생』, 김소희 역, 지식갤러리, p. 13.

3장 10. 왜 허무맹랑한 이야기에 빠져드는가

1   조너선 하이트, (2014) 『바른 마음(The Righteous Mind)』, 왕수민 역, 웅진지식하우스

2   Mendes N. et al., (2017) Preschool children and chimpanzees incur costs to watch punishment of antisocial others. Nature Human Behaviour, 18 December.

3장 11. 스토리텔링은 믿음과 행복을 준다

1   Mesoudi A., Whiten A., Dunbar R, (2010) A bias for social information in human cultural transmission. British Journal of Social Psychology, 24 December.

2   Schank R. C. (1990) Tell me a story: A new look at real and artificial memory. New York : Scribner

3   클라우스 포그 · 크리스티안 부츠 · 바리스 야카보루(2008), 『스토리텔링의 기술』, 황신웅 역, 멘토르

4   Gottschall J. (2013) The Storytelling Animal: How Stories Make Us Human. Houghton Mifflin Harcourt.

4장 1. 행복을 추구하도록 진화했다

1   서은국(2014), 『행복의 기원』, 21세기북스, p.10

2   쇼펜하우어(1994), 『인생론(Parerga und Paralipomena)』, 최민홍 역, 집문당,p. 65 수정 인용.

3   Lykken D. & Tellegen A. (1996) Happiness is a stochastic phenomenon. Psychological Science, 7(3), 186–189.

4   Cesarini D. et al., (2016) Genetic variants associated with subjective well-being, depressive symptoms, and neuroticism identified through genome-wide analyses. Nature Genetics, volume 48, pp.624–633.

5   De Neve J. E. et al., (2012) Genes, economics, and happiness. Journal of Neuroscience, Psychology, and Economics, 5(4), 193–211.

6   Dincheva I. et al., (2015) FAAH genetic variation enhances fronto-amygdala function in mouse and human. Nat Commun. Mar 3;6:6395.

7   Cesarini D. et al., (2016) Genetic variants associated with subjective well-being, depressive symptoms, and neuroticism identified through genome-wide analyses. Nature Genetics, Jun;48(6):624-33.

8   Baselmans B. M. L. & Bartels M. (2018) A genetic perspective on the relationship between eudaimonic –and hedonic well-being. Scientific Reports volume 8, Article number: 14610.

9   프리드리히 니체(1982), 『선악을 넘어서』, 「잠언과 간주곡」, 김훈 역, 청하

4장   2. 뇌는 호르몬으로 행복을 느끼게 한다

1   Olds J. & Milner P. (1954) Positive reinforcement produced by electrical stimulation of septal area and other regions of rat brain. Journal of Comparative and Physiological Psychology, 47(6), 419–427.

2   Berridge K. C. et al., (2009) Dissecting components of reward: 'liking', 'wanting', and learning. Curr Opin Pharmacol. Feb; 9(1): 65–73.

3   Berridge K. C. & Kringelbach M. L. (2015) Pleasure Systems in the Brain. Neuron 86, May 6.

4   로버트 노직(1997), 『아나키에서 유토피아로』, 남경희 역, 문학과지성사, pp. 68~70.

4장   3. 공포는 인간을 쫓기는 동물로 만든다

1   Casscells W., Schoenberger A., Graboys T. B. (1978) Interpretation by physicians of clinical laboratory results. N Engl J Med. Nov 2;299(18):999-1001.

2   Chadeau-Hyam M. & Alpérovitch A. (2005) Risk of variant Creutzfeldt-Jakob disease in France. Int J Epidemiol, Feb;34(1):46-52.

3   Semin G. R. et al., (2015) A Sniff of Happiness. Psychological Science. 26(6), 684–700.

4   Bains J. S. et al., (2018) Social transmission and buffering of synaptic changes after stress. Nature Neuroscience. Mar;21(3):393-403.

5   Levari D. E. et al., (2018) Prevalence-induced concept change in human judgment. Science 29 Jun:Vol. 360, Issue 6396, pp. 1465-1467.

4장   4. 인간은 행복에 중독된 행복한 노예다

1   Brickman P., Coates D., Janoff-Bulman R. (1978) Lottery winners and accident victims: is happiness relative? Journal of Personality and Soc Psychol. Aug;36(8):917-27.

2   Galiani S., Gertler P. J., Undurraga R. (2015) The Half-Life of Happiness: Hedonic Adaptation in the Subjective Well-Being of Poor Slum Dwellers to a Large Improvement in Housing. NBER Working Papers 21098, National Bureau of Economic Research, Inc.

3   Lucas R. E. et al., (2003) Reexamining adaptation and the set point model of happiness: reactions to changes in marital status. J Pers Soc Psychol. Mar;84(3):527-39.

4장   5. 웃음은 인류의 경이로운 발명품이다

1   Nagasawa M. et al., (2015) Oxytocin-gaze positive loop and the coevolution of human-dog bonds. Science 17 April, Vol. 348 no. 6232, pp. 333-336.

2   마크 챈기지(2012), 『우리 눈은 왜 앞을 향해 있을까?』, 이은주 역, 뜨인돌

3   Panksepp J. & Burgdorf J. (2000) 50-kHz chirping (laughter?) in response to conditioned and unconditioned tickle-induced reward in rats: effects of social housing and genetic variables. Behavioural Brain Research, Volume 115, Issue 1, October, pp. 25–38.

4   Ishiyama S. & Brecht M. (2016) Neural correlates of ticklishness in the rat somatosensory cortex. Science, 11 Nov, Vol. 354, Issue 6313, pp. 757-760.

5   Sauter D. (2018) How do babies laugh? The Journal of the Acoustical Society of America 144, 1840.

6   Fried I. et al., (1998) Electric current stimulates laughter. Nature, 391:650.

7   Willie J. T. et al., (2018) Cingulum stimulation enhances positive affect and anxiolysis to facilitate awake craniotomy. Journal of Clinical Investigation.

8   앙리 베르그송(2008), 『웃음』, 이희영 역, 동서문화사

9   Ramachandran V. S. (1998) The neurology and evolution of humor, laughter, and smiling: the false alarm theory. Med Hypotheses. Oct;51(4):351-4.

10 Simonet P., Versteeg D., Storie D. (2005) Dog-laughter: Recorded playback reduces stress related behavior in shelter dogs. Proceedings of the 7th International Conference on Environmental Enrichment July 31 – August 5.

11 Provine R. R. & Fischer K. R. (1989) Laughing, smiling and talking: Relation to sleeping and social context in humans. Ethology 83, 295—305.

12 Provine R. R. (1993) Laughter Punctuates Speech: Linguistic, Social and Gender Contexts of Laughter. Ethology, Volume 95, Issue 4 January-December, pp. 291–298.

13 Haase C. M. et al., (2013) The 5-HTTLPR polymorphism in the serotonin transporter gene moderates the association between emotional behavior and changes in marital satisfaction over time. Emotion, Vol 13(6), 1068-1079.

14 Kraus M. W. & Chen T. W. (2013) A Winning Smile? Smile Intensity, Physical Dominance, and Fighter Performance. Emotion, Apr;13(2):270-9.

15 Gregory A. et al., (2014) The animal nature of spontaneous human laughter. Evolution and Human Behavior, July, Volume 35, Issue 4, pp. 327–335.

16 McKeown G. et al., (2015) Gender Differences in the Perceptions of Genuine and Simulated Laughter and Amused Facial Expressions. Emotion Review, January, vol. 7 no. 1 30-38.

17   Gunnery S. D. et al., (2013) The Deliberate Duchenne Smile: Individual Differences in Expressive Control. Journal of Nonverbal Behavior, March, Volume 37, Issue 1, pp. 29-41.

18   Harker L. & Keltner D. (2001) Expressions of positive emotion in women's college yearbook pictures and their relationship to personality and life outcomes across adulthood. Journal of Personality and Social Psychology, Vol 80(1), Jan, 112-124.

19   Ando V. et al., (2014) Psychotic Traits in Comedians. The British Journal of Psychiatry, Vol 207, Issue 3.

4장   6. 웃음과 유머는 행복에 기여한다

1   빅터 E. 프랑클, (2000), 『죽음의 수용소에서』, 김충선 역, 청아출판사

2   McGraw A. P., Warren C. (2010) Benign Violations: Making Immoral Behavior Funny. Psychological Science, Aug;21(8):1141-1149.

3   Lynch R. (2010) It's funny because we think it's true: laughter is augmented by implicit preferences. Evolution and Human Behavior, Volume 31, Issue 2, March, 141–148.

4   신디 메스턴 · 데이비스 버스(2010), 『여자가 섹스를 하는 237가지 이유 (Why Women Have Sex)』, 정병선 역, 사이언스북스

5   Isen A. M. (2001) An Influence of Positive Affect on Decision Making in Complex Situations: Theoretical Issues With Practical Implications. Journal of Consumer Psychology, 11(2), 75–85.

4장   7. 왜 우리는 눈물을 흘리는가

1   Frey W. H. (1977) Crying: The Mystery of Tears. Paperback, Winston Press, Texas.

2   Hasson O. (2009) Emotional tears as biological signals. Evolutionary Psychology, 7(3), 363-370.

3   Hasson O. (1997) Towards a general theory of biological signaling. Journal of Theoretical Biology, 185, 139–156.

4   Nelson J. K. (2005) Seeing Through Tears: Crying and Attachment. Psychology Press.

5   Balsters M. J. H. et al., (2013) Emotional tears facilitate the recognition of sadness and the perceived need for social support. Evolutionary Psychology.

6   Van Hemert D. A. et al., (2011) Culture and crying: Prevalences and gender differences. Cross-Cultural Research: The Journal of Comparative Social

Science, 45(4), 399–431.

7   Sobel N. et al., (2011) Human Tears Contain a Chemosignal. Science, 14 Jan.: Vol. 331, Issue 6014, pp. 226-230.

8   Haga S. et al., (2010) The male mouse pheromone ESP1 enhances female sexual receptive behaviour through a specific vomeronasal receptor. Nature 466, 118–122.

9   Bylsma L. M., Vingerhoets A. J. J. M., & Rottenberg J. (2008) When is Crying Cathartic? An International Study. Journal of Social and Clinical Psychology: Vol. 27, No. 10, pp. 1165-1187.

10   Bylsma L. M., et al., (2011) When and for whom does crying improve mood? A daily diary study of 1004 crying episodes. Journal of Research in Personality, Volume 45, Issue 4, August, pp. 385-392.

11   Wertenbaker L. (1984) The Eye: Window to the World, Torstar Books, New York.

12   Boothby E. J., Clark M. S., Bargh J. A. (2014) Shared Experiences Are Amplified. Psychological Science December, vol.25 no. 12 2209-2216.

5장   1. 후회를 남기지 않는 인생을 살아야 한다

1   Roese N. J. & Summerville A. (2005) What We Regret Most … and Why. Pers Soc Psychol Bull, Sep; 31(9): 1273–1285.

2   MarkkuJokisaari. (2003) Regret appraisals, age, and subjective well-being. Journal of Research in Personality, Volume 37, Issue 6, December, pp. 487-503.

3   Morrison M., Epstude K., & Roese N. J. (2012) Life regrets and the need to belong. Social Psychological and Personality Science, 3, 675-681.

4   Abe H. & Lee D. (2011) Distributed coding of actual and hypothetical outcomes in the orbital and dorsolateral prefrontal cortex. Neuron, May 26;70(4):731-41.

5   Rushworth M. F. S. et al., (2019) The macaque anterior cingulate cortex translates counterfactual choice value into actual behavioral change. Nature Neuroscience.

6   Coricelli G. et al., (2005) Regret and its avoidance: a neuroimaging study of choice behavior. Nature Neuroscience 8, 1255-1262.

7   Gilovich T. & Medvec V. H. (1995) The experience of regret: What, when, and why. Psychological Review, 102(2), 379–395.

8   Davidai S. & Gilovich T. (2018) The ideal road not taken: The self-discrepancies involved in people's most enduring regrets. Emotion. Apr;18(3):439-

452.

5장 2. 지금의 네 운명을 사랑하라

1   Pelham B. W., Mirenberg M. C., Jones J. T. (2002) Why Susie sells seashells by the seashore: implicit egotism and major life decisions. J Pers Soc Psychol. Apr;82(4):469-87.

2   Arntz A., Van Eck M., de Jong P. J. (1992) Unpredictable sudden increases in intensity of pain and acquired fear. Journal of Psychophysiology.

3   Tetlock P. E. (2005) Expert Political Judgment: How Good Is It? How Can We Know? Princeton University Press.

4   위의 책

5   Langer E. J., & Roth J. (1975) Heads I win, tails it's chance: The illusion of control as a function of the sequence of outcomes in a purely chance task. Journal of Personality and Social Psychology, 32(6), 951-955.

6   Forer B. R. (1949) The fallacy of personal validation: A classroom demonstration of gullibility. Journal of Abnormal and Social Psychology. 44 (1): 118–123.

5장 3. 인생의 시간을 길게 늘려라

1   대니얼 길버트(2006), 『행복에 걸려 비틀거리다(Stumbling on Happiness)』, 최인철 · 김미정 · 서은국 역, 김영사

2   Aekyoung K. & Maglio S. J. (2018) Vanishing time in the pursuit of happiness. Psychon Bull Rev. Aug;25(4):1337-1342.

3   Healy K. et al., (2013) Metabolic rate and body size are linked with perception of temporal information. Animal Behaviour 86, 685-696.

4   Stetson C., Fiesta M. P. & Eagleman D. M. (2007) Does time really slow down during a frightening event? PLoS One 2, e1295.

5   윌리엄 제임스(2005), 『심리학의 원리』 2, 정양은 역, 아카넷, pp. 1138-1140.

6   Parsons B. D. et al., (2013) Lengthened temporal integration in schizophrenia. Neuropsychologia 51, 372–376.

7   Whillans A. V. et al., (2017) Buying time promotes happiness. PNAS August 8, vol. 114 no. 32 8523–8527.

8   Whillans A. V., Weidman A. C., Dunn E. W. (2016) Valuing Time Over Money Is Associated With Greater Happiness. Social Psychological and Personality Science, January 7.

9   Mogilner C., Chance Z., Norton M. I. (2012) Giving time gives you time,

Psychological Science, Oct 1;23(10):1233-8.

10   Aaker L. J., Melanie R., Moligilner C. (2011) If money does not make you happy, consider time. Journal of Consumer Psychology 21, 123-13.

5장   4. 선물은 타인의 마음을 여는 열쇠다

1   크리스토퍼 시(2008), 『이코노믹 액션: 선택과 행동의 경제적 오류 분석』, 양성희 역, 북돋움

2   Mellström C. & Johannesson M. (2008) Crowding Out in Blood Donation: Was Titmuss Right? Journal of the European Economic Association, Volume 6, Issue 4, pp. 845–863.

3   Schwarz N. et al., (2012) The Presenter's Paradox. Journal of Consumer Research, Vol. 39, No. 3, pp. 445-460.

4   Hsee C. K. (1998) Less Is Better: When Low-value Options Are Valued More Highly than High-value Options. Journal of Behavioral Decision Making, 11: 107-121.

5   Steffel M. & LeBoeuf R. A. (2014) Over-Individuation in Gift Giving: Shopping for Multiple Recipients Leads Givers to Choose Unique but Less Preferred Gifts. Journal of Consumer Research, Vol. 40, No. 6, pp. 1167-1180.

6   Zhang Y. & Epley N. (2012) Exaggerated, mispredicted, and misplaced: When "it's the thought that counts" in gift exchanges. Journal of Experimental Psychology: General, 141(4), 667–681.

7   Steffel M. et al., (2015) Overly Specific Gift Giving: Givers Choose Personalized But Less-Versatile and Less-Preferred Gifts. Advances in Consumer Research, Volume 43, eds. Kristin Diehl , Carolyn Yoon, and , Duluth, MN : Association for Consumer Research, pp.229-233.

5장   5. 절망 속에서도 희망을 잃지 않는다

1   Winterich K. P., Haws K. L. (2011) Helpful Hopefulness: The Effect of Future Positive Emotions on Consumption. Journal of Consumer Research, Vol. 38, No. 3, pp. 505-524.

2   Richter C. P. (1957) On the Phenomenon of sudden death in animals and man. Psychosom. Med. 19:191-98.

3   Visintainer M. A. et al., (1982) Tumor rejection in rats after inescapable or escapable shock. Science. Apr 23;216(4544):437-9.

4   Job V., Dweck C. S., Walton G. M. (2010) Ego Depletion--Is It All in Your Head?: Implicit Theories About Willpower Affect Self-Regulation. Psy-

chological science, September.

5   알렉산드로 조도로프스키(2002), 『행복한 바보 성자 물라』, 임왕준 역, 샘터사

6   Feldman D. B., Dreher D. E. (2012) Can hope be changed in 90 minutes? Testing the efficacy of a single-session goal-pursuit intervention for college students. Journal of Happiness Studies, 13, 745-257.

5장   6. 행복의 기초는 감사하는 마음이다

1   Emmons R. A., McCullough M. E. (2003) Counting Blessings Versus Burdens: An Experimental Investigation of Gratitude and Subjective Well-Being in Daily Life. Journal of Personality and Social Psychology, Vol. 84, No. 2, 377–389.

2   McCullough M. E., Tsang J., Emmons R. A. (2004) Gratitude in intermediate affective terrain: Links of grateful moods to individual differences and daily emotional experience. Journal of Personality and Social Psychology, 86, 295-309.

3   Algoe S. B., Way B. M. (2014) Evidence for a role of the oxytocin system, indexed by genetic variation in CD38, in the social bonding effects of expressed gratitude. Soc Cogn Affect Neurosci. 9(12):1855-1861.

4   Cho Y. & Fast N. J. (2012) Power, defensive denigration, and the assuaging effect of gratitude expression. Journal of Experimental Social Psychology. Volume 48, Issue 3, May, pp.778–782.

5장   7. 신이 모든 것을 용서하진 못한다

1   North J. (1987) Wrongdoing and Forgiveness. Philosophy 62, 499-508.

2   강남순(2017), 『용서에 대하여-용서의 가능성과 불가능성』, 동녘

행복의 메커니즘

나의 행복은 타인의 행복과 연결돼 있다

초판 1쇄 인쇄 2025년 1월 9일
초판 1쇄 발행 2025년 1월 16일

지은이 이용범
펴낸이 안현주

기획 류재운 **편집** 안선영 김재열 **브랜드마케팅** 이민규 **영업** 안현영
디자인 표지 정태성 본문 장덕종

펴낸 곳 클라우드나인   **출판등록** 2013년 12월 12일(제2013-101호)
주소 우) 03993 서울시 마포구 월드컵북로 4길 82(동교동) 신흥빌딩 3층
전화 02-332-8939   **팩스** 02-6008-8938
이메일 c9book@naver.com

값 20,000원
ISBN 979-11-94534-04-4 03320